De lector a escritor

Sofía Segovia

El manual para
contar historias
efectivas e inolvidables

El papel utilizado para la impresión de este libro ha sido fabricado a partir de madera procedente de bosques y plantaciones gestionadas con los más altos estándares ambientales, garantizando una explotación de los recursos sostenible con el medio ambiente y beneficiosa para las personas.

De lector a escritor
El manual para contar historias efectivas e inolvidables

Primera edición: noviembre, 2024

D. R. © 2024, Sofía Segovia

D. R. © 2024, derechos de edición mundiales en lengua castellana:
Penguin Random House Grupo Editorial, S. A. de C. V.
Blvd. Miguel de Cervantes Saavedra núm. 301, 1er piso,
colonia Granada, alcaldía Miguel Hidalgo, C. P. 11520,
Ciudad de México

penguinlibros.com

ISBN: 978-607-385-154-1

Impreso en México – *Printed in Mexico*

Índice

Para José y para nuestros hijos
Sofía, Ricardo, David, Cristina, Catharina.

Para mis padres, Enrique y Susana,
Por ser el Santa Clós
que llegaba con libros en su costal.

Para todos los lectores, con la esperanza de que
se animen a traspasar la frontera entre
la lectura y la escritura.

Introducción

Qué cierto es eso de que si no encuentras el libro que necesitas, entonces debes escribirlo tú. Esto te lo digo a ti como invitación, pero también me lo dije cuando extrañé un libro como este que abordara lo que he aprendido sobre el oficio de contar historias y también sobre el oficio de enseñar a otros.

Lo primero que aprendí en los años coordinando mis talleres de creación literaria y como novelista que conversa con tantos lectores, es que el mundo está lleno de escritores que dicen tener grandes historias que contar, pero que no las escriben por tres razones: ya sea porque no se atreven, porque no logran encontrar la disciplina para sentarse a hacerlo o porque no saben por dónde ni cómo empezar. O una combinación de los tres factores.

Pero lo escritores escriben. Piensa en cualquier escritor que admires y comprende esto: él o ella también empezó como lector, pero luego, en un acto de arrojo, se atrevió a dar el paso al otro lado de la literatura y se convirtió en escritor. Y qué suerte hemos tenido sus lectores. ¿Qué seríamos hoy sin sus miserables, sin sus dos ciudades, sin sus mosqueteros, sin su soledad o sin su coronel, sin su sueño de una noche de verano, sin su odisea, sin su guerra y su paz, sin su burrito de plata, sin sus cronopios, sin su escuela de magos?

La buena noticia es que el cántaro donde se vierten las historias que contamos los humanos nunca se llena ni se llenará. Es universal, además. El mundo necesita siempre de más historias. ¿Por qué no sumar la tuya?

Pero da miedo empezar algo nuevo. Hemingway dice que escribir es el único oficio en el que nadie deja de ser aprendiz. Concuerdo.

Porque cada vez que empezamos una nueva historia, volvemos a andar por caminos nunca antes transitados. Por eso, escribir es un acto de valentía constante y una conquista diaria. El camino de por sí está lleno de incertidumbre, pero caminar a ciegas puede ser paralizante.

Y por eso la intención de este manual, el cual deseo que te sirva como luz para empezar y avanzar con confianza. En paralelo espero que te ayude a encontrar la disciplina necesaria para llegar al punto final de tu historia. Que te sirva para distinguir y vencer los impedimentos con los que te toparás para animarte a pasar de ser lector a ser escritor, tal y como hemos hecho todos los escritores de la historia.

Tenía mucho tiempo de querer escribir este manual para escritores. En un principio lo dejé pasar por falta de tiempo: tenía que construir mi carrera como novelista. Comprendí además que para escribir un libro como este, primero debía hacer méritos, ya que me hacía falta un nombre que lo respaldara.

Los años y mi obra me dieron el nombre y la autoridad, pero también me dejaron menos tiempo y me distrajeron. Luego la pandemia y otros tirabuzones y ganchos al hígado que me asestó la vida en años recientes, no sólo me alejaron de este proyecto, sino de la escritura en general. Entré en un bloqueo escritor, no por falta de ideas, sino por falta de la alegría con la que me gusta escribir. Tenía el corazón invertido en otro lado. Lo bueno es que nunca dejé de leer ni de enseñar o de investigar.

Pero algo sucedió en julio de 2023: tuve la oportunidad de dar un curso súper intensivo de creación literaria para escritores con grandes anhelos, pero aún sin idea de cómo comenzar. Precisamente lo que más me gusta enseñar y lo que la experiencia me convenció de que hacía más falta.

Me propuse hablarles sobre los temas que siempre he abordado en este tipo de cursos con escritores principiantes, sólo que de manera mucho más profunda. Incluiría ejercicios, ejemplos y citas de autores famosos que he coleccionado por años y que siempre me han sonado a verdad porque resuenan con mis propias ideas y estrategias. Me propuse compartirles no sólo mis conocimientos en las charlas, sino también material entregable en forma de manual. A todo vapor me senté a escribir, según yo, lo que serían unos simples folletos que abordarían los temas de cada semana.

Un día me di cuenta de que estaba escribiendo el libro que había deseado desde siempre. Gracias a este manual, rompí el bloqueo, mi corazón regresó a su sitio y, entonces, regresé al deseo original.

En los más de 12 años como maestra de talleres de creación literaria, he observado que muchos de mis alumnos, que deseaban escribir su primera novela, y la mayoría —aunque no todos— de gran experiencia lectora, se sorprendían cuando en la sesión salían temas como la construcción del arco del personaje, el diálogo y la acción como descriptores, la voz coherente del personaje, las estrategias en la construcción de la trama, las transiciones, el planteamiento, el desarrollo y el final o las promesas que les hace un escritor a sus lectores y que debe cumplir.

¿Cómo? ¿En verdad hay que considerar tantos factores a la hora de contar la historia que queremos contar? Sí. Hay muchos factores y estrategias que el lector común no observa y que no es necesario ni deseable que observe. Si la historia ha sido bien construida, bien tejida, se espera que el lector se deje llevar por la narrativa hasta el punto final y que sólo disfrute de la historia. Pero los autores deben de exigirse y saber mucho más.

Y es que los que quieren pasar de ser lectores a escritores deberán de abrir los ojos para distinguir la construcción que cimienta la historia, porque a la literatura hay que apreciarla en dos niveles generales: mientras que la mayoría de los lectores observarán lo estético, casi lo puro "arquitectónico", el que desea escribir debe también analizarla a nivel estratégico, técnico, casi ingenieril. No sólo admirar la fachada, sino también saber distinguir y admirar los cimientos.

Es un hecho que la arquitectura sin cimientos, por más hermosa que sea, se derrumba. Los que quieran contar una historia que funciona deberán leer como escritores y observar y aprender de los dos niveles, porque es necesario que un escritor conozca de ingeniería narrativa para apuntalar bien una historia. A partir de esta maestría surgirá una belleza bien cimentada y perdurable.

Verás que a lo largo del manual hablaremos de la historia que funciona, del narrador que funciona, del personaje, del diálogo y la descripción que funcionan. ¿Por qué? Porque, como bien decía

Hemingway, mientras que siempre que empezamos una historia es inevitable lanzarse a lo desconocido —ya que cada historia que escribamos es un mundo desconocido—, eso no significa que nos lancemos al vacío: hay que ser creadores armados de todos los recursos y sabiduría acumulados durante toda la historia de la humanidad desde que se contó el primer relato.

Esto es un hecho universal: hay elementos o factores que todas las historias que funcionan comparten, sin importar su fecha de creación, su cultura o su idioma. No hay fórmulas, pero una gran verdad eterna es que funciona lo que funciona.

En este manual hablaremos de lo que sirve pero también de lo que no es efectivo, porque creo que debemos de analizarlo. Quiero hacerte notar el contraste y aprender de lo bueno, pero también de lo malo para distinguirlo y evitarlo. Para ejemplificar lo que funciona, incluí fragmentos de novelas muy diversas y de todas las épocas. Verás que también incluí ejemplos de mis novelas porque son las que más conozco y sé lo que estaba pensando y planeando cuando las escribí, así que ¿cómo no compartirlos?

A lo largo de los años como tallerista he diseñado y coleccionado ejercicios de creación literaria que han detonado en mis alumnos desde muy buenos párrafos hasta muy buenas novelas. Vas a encontrar muchos aquí, algunos de observación y otros para ejercitar tu escritura, para inspirarte. Unos los harás una vez. Otros te invitarán a volver a ellos y a nunca dejarlos, porque en el oficio de la escritura nunca debemos de dejar de aprender y de acumular ideas y observaciones. Traté de incluirlos aquí en incrementos de complejidad y de exigencia: cuanto más avances en el manual, más avanzará en el grado de dificultad.

También he coleccionado citas de autores del mundo y de todos los tiempos. Muchas las incluí en estas páginas porque me pareció importante hacerte notar que lo que funciona nos ha funcionado, nos funciona y nos funcionará a todos. Escribas lo que escribas, espero que te sirvan tanto como a mí.

Al final encontrarás una lista de libros, novelas y películas citadas a lo largo del manual.

> 66 No podemos preguntar qué es más
> importante, la estructura o el personaje,
> porque la estructura es personaje;
> el personaje es estructura. Son lo mismo,
> y por lo tanto, uno no puede
> ser más importante que el otro. 99
>
> Robert McKee

La dificultad más grande que encontré al escribir este libro fue decidir el orden en que debía abordar los temas. ¿Debía empezar por el narrador? ¿Por los personajes? ¿Por hablar de la estructura? La decisión fue difícil porque no se puede abordar ningún tema esencial de la estructura de una narrativa sin mencionar a los otros. Finalmente me decidí por empezar por ti y por los retos que vas a enfrentar a nivel personal y por las decisiones y sacrificios que harás. Luego seguí con la creación misma: ¿de dónde vienen las ideas? Y sólo entonces entramos de lleno al tema del andamiaje de una historia. Y sí: no se puede hablar de un tema sin hablar de los otros, pero creo que logré un orden bastante lógico y ascendente. Síguelo en orden, pero después consúltalo según lo necesites.

Y, si todos los escritores debemos pensar a quién va dirigido nuestro mensaje, entonces ¿para quién es este manual? Primero que nada, es para todo ser humano que quiera cruzar el umbral de lector a escritor. En este sentido, tuve que tomar en cuenta que es 2024 y un tema que debe abordarse es el lenguaje inclusivo, fue otra consideración que me hizo decidir a quién dirigir el mensaje de este libro. Creo que el término ser humano ya nos abarca e incluye a todos, a todas y a todes. Pero esta es la última vez que me leerás usando estos pronombres. Cuando hablo de lectores o escritores durante el libro, estoy hablando de seres humanos. Igual cuando hablo de personajes y narradores. Si lo lees impreso en las páginas de este manual, es que me estoy dirigiendo a ti, ser humano, seas quien seas, que quiere es contar una historia para compartir por el medio que sea —ya sea una novela, una película, un guion de teatro o un cuento o como se te ocurra—.

Contar una historia es contar una historia. Por eso, en este libro encontrarás muchas menciones de novelas y novelistas, porque, bueno, nadie puede negar la cruz de su parroquia, pero verás que también citaré ejemplos de películas u obras de teatro, pues no importa el medio en el que se comparte una historia, como tampoco importa el género. Yo misma he escrito cuentos, novelas, guiones de teatro, guiones para cortos audiovisuales y, lo último, guiones para serie de audio. Sé lo que te digo: serán diferentes medios, diferentes públicos y diferentes experiencias, pero a la hora de contar una historia funciona lo que funciona y falla lo que falla universalmente, así de simple.

Este manual es para ti, con el deseo de que sumes tu narrativa al cántaro de las historias humanas. Espero que este libro te sirva como uno de tus recursos para iluminar tu camino.

Y bueno, ¿qué esperas? Dale vuelta a la página. Empieza a tejer tu magia.

❝ La escritura es quizás el mayor de los inventos humanos, pues ata a personas de épocas lejanas que nunca coincidieron. Los libros rompen las cadenas del tiempo: una prueba de que los humanos pueden hacer magia. ❞

CARL SAGAN

Capítulo 1

El primer mandamiento: siéntate y escribe

La inspiración... yo no la concibo como un estado de gracia ni como un soplo divino, sino como tenacidad y dominio; consecuencia de ello hay un momento en que todos los obstáculos se derrumban, todos los conflictos se apartan, y a uno se le ocurren cosas que no había soñado, y, entonces, no hay en la vida nada mejor que escribir.

GABRIEL GARCÍA MÁRQUEZ

Este es un buen sitio para empezar a escribir. Ya sabes, ya quieres. Tienes una historia que te ronda en la mente. Ahora quieres escribir narrativa, pero ¿cómo se empieza?, ¿cuál es la fórmula para contarla bien?, ¿cuál es el secreto para llegar al punto final?

El primer secreto que delataré es que los escritores escriben. Esto requiere disciplina personal y autodominio.

El segundo es que para empezar bien, te conviene pertenecer a o construir una comunidad escritora / lectora que te aliente.

El tercer secreto es que, aunque no hay fórmulas, sí existen elementos y estrategias universales que comparten todas las historias que funcionan.

En este manual los plantearemos y los discutiremos. Aquí descubriremos que, aunque no hay fórmulas y el verdadero secreto lo contiene y se descubre en cada nueva novela que escribirás, sí hay buenas ideas que te servirán como brújula en tu primera novela y en las subsecuentes.

Aquí encontrarás estrategias que te quiero recomendar para que las adaptes a tu estilo.

Ya estás aquí, diste un gran paso. Empezarás a explorar tu talento y a ejercitar tu disciplina. Sí, de entrada te digo que ambos van de la mano. Pero antes de pasar al tema de la historia que vas a contar, antes de descifrar los elementos que necesitará para que funcione, debes descifrarte a ti.

Antes de empezar

Estas son sugerencias que parecen lógicas, pero he encontrado que, a veces, lo lógico es lo que dejamos sin atender. Seguir estas recomendaciones te servirá mucho y, en cambio, no seguirlas podrá paralizarte o llevarte a abandonar tu proyecto.

Tómate en serio

Este es el primer reto y cuesta mucho. Tienes que tomarte en serio para que tu entorno lo haga también. Establece tu espacio y tu horario. Anuncia que es tu momento de escritura. Avisa que estás escribiendo a unas cuantas personas de confianza. No tienen que ser escritores. El único requisito es que se interesen por ti. Ellas te ayudarán a mantener la llama encendida cada vez que te pregunten: "¿Cómo va tu novela?".

Tú descubrirás otras formas de darle seriedad a tu oficio de escribir, pero aquí te recomiendo varias acciones básicas:

- **Establece tu espacio y tu horario.** Que lo sepan en tu casa (o donde sea que vayas a escribir) para que establezcas límites y que se lo tomen en serio también.

- **Anuncia que es tu momento de escritura.** Entrar a un taller sirve, pero también avisa que estás escribiendo a unas cuantas personas de confianza y de interés: ellas te ayudarán a seguir con la llama encendida cada vez que te pregunten: "¿Cómo va tu novela?". (Nota: no les tienes que enseñar tus avances).

- **Respeta tu espacio y tu horario.** El primero que debe respetar los límites eres tú. Esto conlleva mucho sacrificio. Tendrás que decir que no a muchas actividades que antes te distraían. Ya no las dejes en tu horario y en tu espacio.

- **Si empiezas bien, seguirás bien.** Hay un estereotipo algo romántico sobre el arte de escribir que incluye alcohol, cigarros o estimulantes de otros tipos para detonar la creatividad. Hay autores que
sin fumar o beber no saben escribir. Nunca dependas de ese tipo
de estimulantes —o la falta de ellos— para crear lo tuyo. Escribir
es un trabajo serio. Tu salud a largo plazo también es tema serio.

Descubre cómo trabajas mejor

Averigua cómo fluyes mejor sin sentirte obligado a la forma que sigue
tal o cual autor admirado. Hemingway fluía así, García Márquez asá.
No importa, ellos se conocían e hicieron lo suyo. Tú eres tú, y debes
sentirte cómodo con tu método.

¿Escribirás a mano? Adelante, inténtalo. Suena romántico. Puede
serlo, si es lo tuyo. Lo importante es que funcione y puedas escribir. Hay quienes dicen que poner tinta real sobre papel real le da
foco. Hay quienes tienen cuadernos especiales, plumas fuente.
Hacen de eso parte del ritual de la creación.

¿Escribirás directo en la computadora? Suena frío, pero hay escritores a los que les funciona. Yo escribo directo en computadora, lo
hago con abandono. Ya no me puedo concentrar escribiendo a
mano porque mi proceso de edición es constante y no me gustan los tachones y sé que los habrá. En la computadora ya no
tengo que pensar en el acto de teclear, sólo en el acto de crear.
Lo que te funcione a ti es lo válido.

¿Necesitarás total privacidad al escribir? A mí me gusta, pero no
la necesito. Mi oficina tiene umbral sin puerta. Por ahí entra la
vida. Puede que me interrumpa un poco, pero no me distrae. Re-
tomo de inmediato. ¿Qué tal tú?

¿Eres metódico o libertario? Hay diferentes métodos para abordar
la escritura: el de los autores metódicos que investigan todo y
planean cada detalle antes de empezar, que hacen gráficas, líneas del tiempo, esquemas, tablas de personalidad para cada
personaje.

Hay otro método que usan los autores libertarios, quienes se lanzan a la aventura por descubrir lo que encontrarán, como si en verdad fueran el primer lector de una historia nunca antes contada. Sobre la marcha descubren el camino para llegar al punto final y van conociendo a sus personajes. Al final, pueden lograr una historia que funciona sin perderse.

Por como escribo, se nota que soy de los segundos. Me conozco: las gráficas, las listas y similares no detonan mi creatividad; al contrario, me frustran. El método libertario me sirve a mí por mi personalidad, pero ¿cuál es mejor?

El que te sirva a ti. Para los metódicos, mi sistema puede parecer un caos, podría parecer una brújula sin Norte. En papel, cualquiera diría que el primer método hace más sentido, porque parece que hay más orden y planeación. Pero yo reconozco que tanto orden y planeación domarían mi creatividad. No hay signos del zodiaco para esto, aunque nadie te conoce mejor que tú. Analiza tu personalidad y decide qué metodología te sirve más.

¿Qué género escribirás? Hay autores que saben que escribirán terror, fantasía, novela negra o novela histórica desde el principio. Hay otros que quieren contar una historia sin definir un solo género. Esto no tiene que ser definitivo o absoluto. Además, una novela puede combinar géneros, ¿por qué no? De todas maneras, si escoges escribir un género, tampoco tienes que definirte por éste para siempre.

¿Qué quieres lograr? ¿Quieres escribir la siguiente gran novela, el siguiente clásico? ¡Es válido! ¿Quieres ser Borges, Gabriel García Márquez, etcétera? Cambia de plan, porque Borges y compañía son únicos. Léelos mucho y confía en que lo que has leído te ha formado, que tienes sus ritmos y su cadencia dentro de ti. Pero comprende algo que esos autores admirados comprendieron también en su momento como escritores noveles: ellos, como novatos, se convirtieron en lo que hoy son porque encontraron y cultivaron su propia voz sin imitaciones. Tú también eres único y así tu voz debe ser única.

¿Quieres premios? También vale, pero mi recomendación es que no escribas pensando en el premio, porque dejarás de ser fiel a tu voz y a tu historia. Nunca debes escribir pensando en jueces ni en modas o tendencias. Mouloud Benzadi, autor inglés, lo dice muy bien: "La historia nos enseña que los más grandes autores son aquellos que escribieron en silencio sin esperanza de elogio o recompensa. Escribieron para defender principios y ganarse el corazón de la gente, y no para complacer a un comité de premios o ganar un premio literario". Encuentra el gozo en el acto de contar una historia bien contada (y luego en ser leído).

¿Qué tipo de escritor quieres ser? Independientemente del género que te llame a escribir, puedes escoger ser:

- Del tipo que quiere contar una historia *para usar sus palabras*. Es decir, la historia es el vehículo y las palabras el fin.

- Del tipo que quiere utiliza las palabras *para contar una historia*. Es decir, las palabras son el vehículo y la historia el fin.

- Del tipo que busca un *equilibrio entre el fondo y la forma*.

Los tres tipos logran grandes obras. No hay uno mejor que otro, pero los resultados y hasta los géneros a los que se dirigen los esfuerzos creativos son diferentes. Ésta es una decisión de la cual partirán muchas estrategias y más decisiones. Por lo general, si escribirás una novela juvenil, por ejemplo, es seguro que seas del segundo tipo. Si escribes una novela muy, muy literaria, casi rozando en poesía, serás de los primeros. Yo me identifico en el tipo 3. Me gusta contar historias con estructura y personajes complejos. Tomar riesgos narrativos me emociona. Aspiro a dejar algo que aporte a la literatura, pero sin distraer con mis palabras al lector de lo importante, que es la historia que le quiero contar, sin olvidar que mi objetivo final es contar una historia que funcione. ¿Tú qué tipo de escritor serás?

❝ Lee, lee, lee. Lee todo: basura, clásicos, buenos y malos, y observa cómo lo hacen. Como un carpintero que trabaja como aprendiz y estudia al maestro. ¡Lee! Lo absorberás. Luego escribe. ❞

WILLIAM FAULKNER

¿Sabes leer como escritor? No se puede tener éxito si no se lee. La lectura es la mejor maestra para cualquiera, pero muy en particular y en especial para los escritores.

Hasta ahora has leído mucho, aunque lo más probable es que hayas leído como lector, no como escritor. Los lectores no necesitan escribir, pero todos los escritores deben y necesitan leer.

Pero ojo: el escritor es un lector diferente. Debe analizar la estructura de lo que lee. Debe observar el tipo de narrador, el ritmo narrativo, los cierres de capítulos, los saltos de tiempo, los diálogos, los personajes, los conflictos.

¿Funcionan?, ¿cómo hizo el autor para transitar de la narración al diálogo y luego regresar?, ¿fue natural?

Ahora que vas a escribir, fíjate qué y cómo lo hacen otros escritores, lo que te parece bien y mal hecho.

¿Conoces tus recursos? Aunque escribas a mano, deberás vaciar todo tu avance a un documento digital. No hay opción, y además se edita mejor. Hay diversas plataformas o *apps* procesadoras de palabras, pero a veces lo más simple es... más simple. Hasta ahora, todas las editoriales profesionales con las que he trabajado editan con Word y esperan recibir los documentos en Word. Esto es importante, porque cuando mandes tu novela a la editorial de tu selección, la deberás mandar ¡en Word!

Entonces vendrá el proceso de edición: un proceso de varias idas y vueltas que requerirá que trabajes exclusivamente en... Word, y conozcas su sistema. Éste es más que un simple procesador de palabras, pues le ofrece muchos recursos al escritor. Por eso te recomiendo familiarizarte con él desde el principio.

Aprende el formato básico correcto para empezar tu documento:

- Formatea el texto en Word, tipo Times New Roman o Arial de 12 puntos, espacio 1.5, justificado. (Esto servirá para que, de un vistazo, tu editor calcule la extensión posible del libro publicado).

- No dar saltos de renglón entre un párrafo y otro.

- Numera las hojas.

- Haz un índice.

- Cuida de no utilizar dobles espacios. Deja sólo un espacio entre palabras y después de puntuación, incluyendo punto y seguido.

- Observa el corrector de errores, pero no dependas de él porque no es todopoderoso.

- Da clic a la cejilla que indica las páginas en el documento para buscar palabras o frases específicas, páginas específicas, espacios de más, hacer correcciones reemplazando palabras.

- Entre capítulos, inserta saltos de página, para que tu documento conserve su orden y estructura.

Escribir para ser leído

Es muy común que un escritor diga que escribe para entenderse o para entender el mundo. Que, al escribir lo lejano, desea comprender lo cercano. Es lo mismo que a veces encontramos y deseamos como lectores. Conectar con lo propio es vital, pero esto no excluye que desees conectar con alguien más. Que desees ser leído.

Jorge Luis Borges dice esto: "Cuando escribo, lo hago urgido por una necesidad de intimidad. No tengo en mente a un público específico o un público de multitudes. No pienso en lo que quiero decir". Pero también dice: "Es un hecho que la poesía no está en los libros de una biblioteca. Está en el encuentro con el lector, en el descubrimiento del libro".

Éstas no son declaraciones contradictorias; se complementan. Borges escribe para encontrarse, pero también lanza un mensaje al mundo y aspira a que éste sea recibido. No caigas en la trampa en la que caen muchos escritores que dicen escribir para sí mismos, sin aspiración a ser leídos. Será verdad o será pose, no lo sabemos. De cualquier modo, libérate de esa idea.

Hablemos del proceso más primitivo, más presente y más futuro de la comunicación humana: emisor-mensaje-receptor. Así es como aprendimos a ser humanos, comunicándonos en un constante vaivén. Así es como aprendimos a contarnos nuestras historias. Un emisor que lanza un mensaje sin aspirar —o sin lograr— tener un receptor es, de seguro, un emisor frustrado. Cuando escribas, te invito a imaginar que participas en la comunicación, la actividad más humana: eres el emisor de un mensaje, tu historia es el mensaje, y el lector es el receptor.

Puedes escribir para ti y aun así aceptar que quieres compartir tu historia. Yo creo que se debe escribir con la aspiración a conectar, a compartir, a lanzar un mensaje, a comunicar "esa gran comprensión". Por escritores que consiguen eso, es que hay historias que trascienden las fronteras del tiempo, del espacio y las culturas.

Se debe escribir con la aspiración y la misión de SER humano, pues en la escritura emprendemos uno de los ejercicios más antiguos: la comunicación. Ser emisor, emitir un mensaje y que éste tenga un receptor.

Así que te invito a escribir lo que quieras, pero a hacerlo con la aspiración de que tu obra sea leída.

Guía para escritores felices y efectivos

Aquí, como en el Fight Club: la primera regla es que no hay reglas. Te daré algunas sugerencias que pueden servirte para este proceso que estás por comenzar.

Lee mucho y de temas, estilos y géneros diversos

La lectura es la mejor maestra para cualquiera, pero en especial para un escritor. Eres lo que comes, ¿verdad? Pues igual eres lo que lees. Nadie puede fortalecerse comiendo puro puré de papa, aunque lo disfrute. Igual, nadie puede estar sano comiendo puro pato *à l'orange*. Se necesita un balance. Igual en la lectura. Eres lo que lees. Si sólo lees de un género, te vas a desnutrir. Vas a escribir lo mismo y del mismo modo que escriben todos los de ese género. Sal de tu zona de confort. Explora. No quiere decir que si lees fantasía tengas que escribir así. Quiere decir que aprenderás algo de los ritmos de las creaciones de fantasía o de las de terror, de las policiacas y hasta de las de romance. ¿Qué aprenderás? Será el ritmo de un buen diálogo, la habilidad para escribir *cliffhangers*, será la construcción de grandes personajes o el *world building*... lo que sea, todo lo que se pueda. Un lector que lee como escritor siempre tiene mucho que aprender de lo bueno y, por qué no, de lo malo.

A mí me preguntan mucho sobre lo que leo. Mi respuesta es que leo de todo tipo de género, hasta cuentos infantiles. Lo que yo disfruto es una muy buena historia muy bien contada. Creo que se nota en cómo y en lo que escribo que leo novelas de misterio, de terror, juveniles (con mis hijos), clásicas, policiacas, latinoamericanas, europeas, anglosajonas, de fantasía, de ciencia ficción, etc. Que me cuenten una historia emocionante muy bien contada y ahí estaré yo hasta el punto final.

Toma nota de cuanta idea te pase por la mente; ten siempre papel y pluma a la mano.
No confíes en que te vas a acordar de una gran idea. Si no escribes las grandes ideas, es muy posible que, para cuando llegues al teclado, te preguntes: "¿Cómo era esa solución maravillosa que pensé en no sé qué lado para no sé qué parte?".

Escribe diario, no importa si son notas, cuentos o avances de novela.
La práctica hace al maestro: es un gran cliché, porque es una gran verdad.

Únete a un taller o grupo de creación literaria sólido y de buena voluntad.
Dice Margaret Atwood: "Los talleres de escritura creativa son como un campo de entrenamiento para tu imaginación. Te empujan a ir más allá y profundizar más". Por otro lado, Neil Gaiman dice que "una de las mejores cosas de un taller de escritura es que te da una fecha

límite. No hay nada como una fecha límite para hacer que te pongas a escribir".

Hay gente que logra escribir sin este apoyo (aunque sea moral). Yo escribí mi primera novela con el apoyo de un buen grupo y fue un gran sistema que no sólo me enseñó disciplina, me convirtió en una buena editora de lo propio y de lo ajeno.

Ten un buen diccionario físico a la mano.
O una liga a uno muy bueno *online*.

Ármate de preguntas.
Las preguntas son un gran detonante para la imaginación y las conexiones.

Aprende a ser un buen investigador en la web y en bibliotecas.
También un buen entrevistador.
Aprende a investigar *online*, en periódicos o en bibliotecas. Aquí es donde las buenas preguntas son un gran motor: ahora debes resolver tus dudas.

Aprende a decir que sí a todo lo que te acerque a tener éxito.
aunque te dé miedo.
Escribir y luego ser leídos da miedo, por ejemplo. Dile sí a tu historia. Escríbela. Dile que sí a *esa* publicación, a *esa* entrevista, a *esa* oportunidad, a *esa* conexión, a *esa* visita con lectores, a *esa* conferencia...

Aprende a decir que no a cualquier cosa que se interponga,
como el miedo.
Si los seres humanos le dijeramos que no a todo lo que da miedo, ¿dónde estaríamos hoy? Si los contadores de historias no escribiéramos sobre tal o cual tema, o de tal o cual forma, por miedo a lo desconocido, a lo nunca antes visto, a lo nunca antes vivido, a lo nunca antes sentido, nunca nos hubiéramos atrevido ni siquiera a contar esa historia que cuentan las pinturas rupestres de Altamira. Escribir es un riesgo, pero vale la pena. Así que ¡dile que no al miedo! Además, escribir implica sacrificio y por eso los escritores serios no están en todas las fiestas ni en todas las comidas con los o las amigas. Los escritores serios saben decir que no.

La rutina y la disciplina hacen al escritor.

En México tenemos una expresión que aplica bien aquí: "Talón mata carita". Quiere decir que, para la conquista, logra más el que invierte tiempo y esfuerzo que el que es guapo. Lo mismo para escribir. Esa novela no se escribe sola. El talento no sirve de nada si no se usa. Sé disciplinado: hasta los escritores más talentosos invierten tiempo y esfuerzo, y escriben.

¡Lo más difícil! Escribe lo que te nace escribir, no lo que está de moda.

No escribas lo que está de moda. Tienes que encontrar lo tuyo. Hay maravillosas novelas de vampiros, pero no todas las novelas tienen que ser de vampiros. O de narcos o de torneos de magos juveniles.

Encuentra tu voz.

No hay atajos. Sólo la reconocerás y la ejercitarás si escribes mucho.

Confía en ti y en lo que has leído.

No te compares con nadie, ni trates de imitar el estilo de nadie, por más consagrado que sea.

Archiva todo lo que escribas, aunque hoy te parezcan fragmentos sin sentido.

A las ideas se las lleva el viento del tiempo y de la mala memoria. Escríbelas. Algún día te pueden ser de utilidad.

No tengas miedo de fallar.

Créeme, vas a fallar. Phillip Pullman dijo: "Si quieres algo, puedes tenerlo, pero sólo si quieres todo lo que conlleva, incluido todo el trabajo duro y la desesperación, y sólo si estás dispuesto a arriesgarte al fracaso". Si fallas, sigue o vuelve a empezar, aunque sea de cero. Y te dejo con esta joya atribuida a George Moore, autor irlandés: "Un ganador es un perdedor que vuelve a intentar". Yo volví a intentar después de esperar 10 años a que alguien quisiera publicar *Huracán*. El resultado fue *El murmullo de las abejas*. Y gané.

Cuida tu cuerpo. (Mente sana en cuerpo sano, y en mente sana fluyen mejor las ideas).

E. B. White dice: "Escribir es trabajo duro y malo para la salud". Digo yo que escribir es un deporte de alto impacto en las asentaderas, es un hecho. Y en la circulación y en la espalda. Y en las piernas, y en los brazos, y en el cuello. Bueno, y si te dejas, es posible que te duelan hasta las ideas. Cuida tu cuerpo, haz ejercicio. Aléjate, además, de estimulantes innecesarios.

No escribas por riqueza ni fama ni premios.
Los premios están ahí, pero deja que vengan por añadidura.

Respeta a tus lectores.
Y a los lectores de otros escritores, para que cuando lleguen a ti tengan la puerta abierta.

Entiende que escribir significa reescribir una y otra vez.
No existe la perfección, pero sí debe existir el intento de alcanzarla.

No odies a tus editores beta o profesionales cuando te marquen con rojo tu manuscrito.

¡Revisa, revisa, revisa! ¡Edita sin piedad!
Recuerda: no existe la perfección, pero...

¡Termina lo que empezaste!
Pocas cosas son más sabrosas que un punto final.

Sé valiente.
Los escritores auténticos con ideas y voz propias tienen que ser valientes cada día.

¡Respalda todo!
El mundo está "vacío" de tantos párrafos / capítulos / novelas (siempre los mejores) que se han perdido por accidente, por descuido o porque se "fundió el fusible" de la computadora, y todo sin respaldo. Yo, que tengo más cercanía con mi imaginación que con las explicaciones técnicas, entre broma y broma, digo que existe un duende cibernético que vaga el éter en busca de las mejores ideas para borrarlas. Entre más entusiasmo sintamos con nuestro manuscrito, más se acercará para hacernos la mala jugada de borrar "lo mejor que hemos escrito hasta ahora". No es una bonita sensación. No le des oportunidad. Oprime "guardar" cada cierto tiempo que estés frente al teclado y en especial cada vez que te retires a atender otros asuntos. Además crea un respaldo.

❝ Es una locura convertirse en escritor.
La única compensación es la libertad absoluta.
Un escritor no tiene más amo que su propia alma,
y estoy seguro de que por eso lo hace. **❞**

ROALD DAHL

Capítulo 2

¿De dónde vienen las ideas?

En otros escritores, creo, un libro nace de una idea, de un concepto. Yo siempre parto de una imagen. "La siesta del martes", que considero mi mejor cuento, surgió de la visión de una mujer y una niña vestidas de negro y con un paraguas negro, caminando bajo un sol ardiente en un pueblo desierto. *La hojarasca* es un viejo que lleva a su nieto a un entierro. El punto de partida de *El coronel no tiene quien le escriba* es la imagen de un hombre esperando una lancha en el mercado de Barranquilla. La esperaba con una especie de silenciosa zozobra. Años después yo me encontré en París esperando una carta, quizás un giro, con la misma angustia, y me identifiqué con el recuerdo de aquel hombre.

GABRIEL GARCÍA MÁRQUEZ

Los buenos narradores toman las ideas de muchos lados para sus historias y las utilizan como recursos propios del escritor. ¿Dónde se guardan? Todas las personas tenemos un gran bodegón llamado memoria. Ese bodegón puede estar lleno de datos inútiles para la persona común, pero que para un escritor se convierten en grandes recursos. En un cofre del tesoro.

Ahí tenemos momentos y sensaciones que vienen de la experiencia propia, pero también de la ajena, de noticias en el periódico, y de los libros que nos han llevado a vivir, en efecto, otras vidas.

Cuando escribimos, podemos darnos permiso de utilizarlos, porque todo lo que nos ha sucedido nos pertenece, dice Borges. Cuando los sacamos de la bodega, cuando nos resultan útiles, éstos vienen cargados con sensaciones que emanan de los sentidos y de los efectos que nos dejaron.

Para un escritor, entonces, no existen los datos inútiles, sólo los datos que esperan a salir a la luz. Somos libres de usarlos. Al final de *El murmullo de las abejas* adjunté unas notas de autor:

> No hay mayor libertad que escribir una historia de ficción, aun cuando esta se inspire en hechos históricos, como la mía. La palabra clave aquí es "inspiración", pues me abre a un sinfín de posibilidades y me concede —me concedo— la prerrogativa de moldear ciertos hechos a mi conveniencia, para el mejor desarrollo de mi novela tal y como la imaginé. A esto se le llama "licencia artística". No existe dependencia alguna, de gobierno alguno, que la otorgue. Uno se la otorga cuando quiere, y de ahí la libertad.

En busca de las ideas

Las ideas se encuentran en todas partes, en el presente, en el pasado y en lo que imaginamos como futuro. Pueden surgir de las experiencias que hemos vivido en carne propia o de aquellas que nos contaron, de lo que entra por nuestros sentidos o de lo que emana como una fuente de inspiración.

" Todo lo que te sucede, te pertenece. "

JORGE LUIS BORGES

De experiencias propias o ajenas

Todo lo que te sucede es un recurso valiosísimo. Pero esto no quiere decir que lo escribas como biografía. Puedes escribir ficción y hacerles regalos a tus personajes.

Una vez estaba en Cozumel, cuando llegó un huracán. ¿Cuáles fueron mis impresiones?, ¿a qué olía?, ¿qué se sentía? Esa experiencia me sirvió como recurso —muchos años después— para determinar la ubicación y la situación en *Huracán*. Todavía más. Años después, y sin relación alguna con el huracán de mi experiencia, conocí un hombre que se presentó conmigo así: "Hola, qué tal, yo soy regalado".

Después procedió a darme su nombre y poco más. Éste es un pequeño momento que me impactó. De ahí surge mi interés por explorar a
un personaje que se define antes por una etiqueta que por su nombre propio. De ahí nace, en *Huracán*, Aniceto Mora, el Regalado. En
otra ocasión, una amiga me platicó la anécdota de su madre cuando niña, abrazada a su hermano en una carreta desbocada. De ahí
surge mi interés por contar *Peregrinos*. Y también la perspectiva y el
tono. Mis hijos participaban en una recaudación de fondos para ciru-
gías para niños con labio leporino y paladar hendido. De ahí surge la
peculiaridad de Simonopio.

    ¿Qué experiencias propias o ajenas podrías contar tú? Haz tu lista.

> **"** Todo el mundo pasa por delante
> de mil ideas para historias todos los días.
> Los buenos escritores son los que ven cinco
> o seis de ellas. La mayoría de la gente
> no ve ninguna. **"**
>
> ORSON SCOTT CARD

De recuerdos

Mi nana me cantaba corridos y me contaba cuentos y leyendas. Así se convirtió en la cuentacuentos Soledad Betancourt de *El murmullo de las abejas*. Mi abuelo contaba anécdotas de Linares, que usé como recurso en la construcción de *El murmullo de las abejas*, porque a la hora de escribir la novela era imposible ir a Linares, por peligroso. Recordarlas me ayudó a darle color, sonido, sabor y dimensión a Linares y a su gente de ese momento revolucionario. Una de esas anécdotas era sobre un niño apodado Simonopio, al cual él le salvó la vida con un sinapismo. Y el resto es... novela.

De una imagen

Para Gabriel García Márquez sus textos parten de una imagen, pero éstas pueden surgir de varios estímulos. Aunque las más comunes vienen de la vista, esas imágenes también pueden marcarse en nuestra mente a través del olfato, del oído, de la sensación en la piel y de un sabor en la boca.

¿Te suena a *El murmullo de las abejas*?

" Una historia es como un tren en movimiento: no importa dónde te subas, estás a punto de vivir una aventura. Hacer las preguntas correctas sobre tus personajes, el escenario y la trama puede impulsar este viaje y mantener el tren en marcha. **"**

JOHN STEINBECK

De una pregunta (o de miles)

Walt Disney decía que las ideas vienen de la curiosidad. Agrego que son las preguntas la buena gasolina que mueve ese motor. Y la curiosidad podrá matar al gato, pero hace al novelista. Las mejores respuestas las encuentran quienes se atreven a preguntar, porque "las buenas preguntas te empujan hacia lo desconocido, haciéndote profundizar y encontrar la verdad de lo que estás tratando de decir", dice Natalie Goldman.

Te comparto esta lista de preguntas para que las uses para empezar y que detones las tuyas: ¿qué sucedería si...? ¿Qué me interesa contar? ¿Qué historia hace falta en el mundo? ¿Qué quiero explorar, desentrañar y comprender más profundamente, o de qué quiero desahogarme o reírme? ¿Qué respuesta no existe? ¿Qué pregunta nadie ha hecho?

Algunas de mis preguntas son: ¿por qué Monterrey olvida su pasado?, ¿qué ha olvidado?, ¿por qué México nunca cuenta sobre Monterrey? Que mi abuelo se defendiera en una emboscada y que viviera para contarla, cambió el destino de la familia, pues tuvo que emigrar a Monterrey. ¿Qué hubiera pasado si mi abuelo se hubiera dejado matar? Preguntas que dieron pie a la esencia de *El murmullo de las abejas*.

La curiosidad es hermana de la creatividad y se ejercita cuando dejas surgir las preguntas que la mayoría suprime por presión social o política, porque no hay tiempo, porque no quieres ser latoso. Los novelistas tenemos que ser más atrevidos.

Rápido: ¿cuáles son tus preguntas?

_____

_____

_____

_____

_____

De un robo

No te asustes: ¡un robo es muy diferente a un plagio! Hay quienes dicen (como Rulfo) que las ideas se "roban", porque la autenticidad es invaluable, pero la originalidad es inexistente. Por otro lado, leí que los amateurs copian o plagian, pero los verdaderos maestros roban. Ejemplos:

- En *Hamlet* (1603) de Shakespeare y en *El rey león* (1994) de Disney hay una estructura similar. Ambas tramas giran en torno a un príncipe cuyo padre es asesinado por su tío y que debe reclamar su legítimo lugar en el reino.

- En *1984* (1949) George Orwell toma muchas ideas de la novela distópica rusa *Nosotros* (1924) de Yevgeny Zamyatin. Ambas obras presentan un Estado totalitario que controla todos los aspectos de la vida de sus ciudadanos y suprimen la individualidad y la libertad.

¿Hay plagio aquí? No. Lo que hay es una idea universal que traspasa las fronteras del espacio y del tiempo e inspira a otros a escribir lo propio.

¿Cómo distinguir una obra inspirada por, *de una* basada en *de otra* plagiada?

Una novela *inspirada por* utiliza una obra existente como fuente de inspiración, pero crea una obra nueva y distinta. Permite una importante libertad creativa y reinterpretación. No requiere un reconocimiento formal del trabajo original, aunque puede ser beneficioso.

Una novela *basada en* tiene una conexión clara y directa con la obra original. Normalmente se mantiene más fiel al material original y, a menudo, adapta la trama principal, los personajes y el escenario. Suele reconocer explícitamente el trabajo original.

Una novela *plagiada* implica copiar texto, ideas o expresiones creativas sin el permiso o reconocimiento adecuado. Carece de originalidad y muchas veces presenta el trabajo de otra persona como propio. Puede tener consecuencias legales y daños a la reputación.

Un ejemplo de plagio es la famosísima *Roots* o *Raíces* de Alex Haley, plagiada de *El africano* de Harold Courlander. En 1978 Alex Haley fue demandado por Harold Courlander, quien afirmó que *Roots* contenía pasajes sustanciales copiados de su novela de 1967, *The African*. El tribunal determinó que Haley había plagiado partes del trabajo de Courlander y el caso se resolvió con Haley pagando a Courlander una suma no revelada. Lo curioso es que sigue siendo *Roots* la versión más conocida y exitosa entre las dos.

No hay necesidad de plagiar cuando hay tantas ideas que pueden inspirarte. Por ejemplo: la idea de un joven que se enamora de una chica hermosa, que sus familias no aprueban la relación, pero su amor lo conquista todo (o no), ¿tiene dueño? No. Bajo esa premisa podrías estar escribiendo sobre Helena de Esparta y París de Troya, personajes de la *Ilíada* y la *Odisea* de Homero, sobre Romeo Montesco y Julieta Capuleto de *Romeo y Julieta* de William Shakespeare, o sobre Anne Elliott y Frederick Wentworth de *Persuasión* de Jane Austen.

Las ideas no están protegidas por los derechos de autor. Tener ideas similares no te causará problemas; de hecho, esto es fundamental en la narración de historias. Hemos contado historias durante milenios, por lo que es lógico que tu idea se asemeje a otras. No son las ideas las que constituyen plagio, sino los detalles específicos. Es ahí donde debes tener cuidado.

Por ejemplo, ¿cuántas historias se ajustan a esta premisa básica: un huérfano descubre que tiene un poder especial que es la única esperanza del mundo contra una fuerza maligna? Sin pensarlo mucho, puedes aplicar esto a *La guerra de las galaxias*, a *Harry Potter*, a *El murmullo de las abejas*, y a cientos de otras historias en el mundo. Por otro lado, las novelas inspiradas en los temas, símbolos y estructuras cristianas abundan, como *The Lion, the Witch and the Wardrobe*, donde se narra el sacrificio de Aslan, el león, o *Dune*, donde Paul Atreides representa a una figura mesiánica.

No te preocupes por las ideas básicas, ésas son casi siempre universales. Preocúpate por los detalles, ya que ahí es donde puedes diferenciar entre "inspirado por" y "plagiado". No importa que se haya contado en todos los tiempos y en todos los idiomas y geografías: lo que hacemos nosotros con esas ideas, qué historias construimos, a dónde las llevamos y qué personajes les dejamos a los lectores es lo que las hará únicas.

> *A veces las ideas simplemente vienen a mí.
> Otras veces tengo que sudar y casi sangrar
> para que surjan. Es un proceso misterioso,
> pero espero nunca descubrir exactamente
> cómo funciona. Me gusta el misterio,
> como habrás notado.*
>
> J. K. ROWLING

De libros

Leer ampliamente en diferentes géneros y estilos expone a los autores a distintas ideas, técnicas de escritura y enfoques narrativos. Otros libros e historias pueden servir como estímulos o inspiración para explorar diversas situaciones sociopolíticas, por ejemplo. Es que hay mucho buen arte que siembra preguntas en la mente, y las preguntas son grandes detonadoras. También inspírate con el cine, la música, el teatro, el arte, fotografías, sueños, nubes, luz y sombras... las posibilidades son infinitas.

Cuando escribes ficción no es necesario que tengas las citas específicas ni las fichas bibliográficas. Todo lo que lees vive en ti y se te guarda en el bodegón de los datos inútiles... hasta que son de utilidad para el novelista sagaz.

En mi novela *Huracán* hay un personaje que se encarga de una porqueriza. Los puercos se convierten en una parte muy importante de su vida. Muchos lectores me han preguntado si acaso en mi familia hay ranchos de cerdos, porque parece que los conozco bien. Y no, mi familia no tiene ranchos de nada. Es más, soy flor de pavimento: nunca antes había visto a un cerdo vivo en mi vida. Sin embargo, los escribí bien. ¿Cómo? Mi respuesta es que debo haberlos leído en alguna novela. Es la única explicación. ¿Cuándo? No sé. ¿Cuál? Ni idea.

De los "pequeños momentos"

En los años que tengo dando talleres para escritores, muchas veces me preguntan que, ya con la trama definida, cómo convierten su historia en una novela, con qué la van a llenar. Aquí es donde sirven lo que en inglés llaman *small moments* o los pequeños momentos.

Ya hablamos de que todo lo que te ha sucedido te pertenece. Quizá piensas que en tu vida nunca ha sucedido nada interesante. Pero estás equivocado. Puede que tengas la vida más ordinaria del planeta, pero estamos en el negocio de hacer de lo ordinario lo extraordinario. Todos los días te suceden pequeños momentos, sólo tienes que saber observarlos y guardarlos para su uso algún día.

Los pequeños momentos son más que una imagen, menos que una anécdota y mucho menos que una historia completa. Son la impresión que te deja un pequeño momento. Parecen insignificantes, aunque no lo son. Éstos no detonan la trama entera de una narrativa, pero les dan sustancia, detalles, dimensión y hasta sensación a los personajes, la trama y hasta al entorno.

El uso de "pequeños momentos" en la escritura creativa es un recurso poderoso que puede mejorar la profundidad y autenticidad de una narrativa. Los pequeños momentos se refieren a eventos aparentemente menores o cotidianos que revelan el carácter, construyen la atmósfera y evocan respuestas emocionales. Enfocarse en pequeños momentos permite a los escritores proporcionar detalles ricos y específicos que dan vida a las escenas y que pueden revelar mucho sobre la personalidad, los valores, las sensaciones y las emociones de un personaje.

Un ejemplo de ello es la impresión que me dejó el hombre que, antes de darme su nombre, se presentó como "regalado". Ese momento no me provocó una novela, pero agregó un gran elemento a un personaje y detonó una gran exploración en *Huracán*. En otra ocasión me encontré a un anciano al borde de un muelle que, mirando a la distancia, me dijo: "Dicen que el huracán va a regresar". Ése es el final de *Huracán*. Escribí toda una novela para llegar a ese final y encontrarle razón y lugar a ese pequeño momento. Y así más ejemplos: la anécdota de mi bisabuelo fusilado y sus últimas palabras le dan dolor a Beatriz, en *El murmullo de las abejas*. El recuerdo de un sapo que sale de la tierra mojada tras la sequía le da sentido travieso a un niño en *El murmullo de las abejas*.

Si te das cuenta, los "pequeños momentos" no son la trama de una novela entera, pero, ah, ¡cómo la enriquecen! ¿Utilizar los pequeños momentos significa que estoy escribiendo sobre mí? No. Significa que les hice un regalo a mis personajes y a la historia que estoy contando para que el momento y la sensación seas suyos y se sientan auténticos. Significa que mientras que creo que podemos escribir hasta donde nos alcance la imaginación (y por eso se escribe fantasía y ciencia ficción), llevamos nuestro bagaje lleno de ideas y pequeños momentos que nos pertenecen para usar a nuestra conveniencia. Mira éste: porque he estado en un lugar nevado, neblinoso y helado (esquiando), me fijé y recuerdo ese frío y el crujir de la nieve nueva. Por eso me atreví a escribir la escena de una emboscada en pleno invierno ruso en *Peregrinos*.

Ahora tú. Haz una lista de pequeños momentos. Por ejemplo: te puede servir recordar el asco que tuviste aquella vez, el aroma que te llegó y que te transportó a... la sensación del pasto en la piel, la sensación de aquella lluvia cuando saliste a mojarte, etc. Luego regálaselos a tus personajes y a tu narrativa.

> **" Pero ¿cómo puedes vivir y no tener una historia que contar? "**
>
> FIÓDOR DOSTOYEVSKI

De descubrir lo extraordinario en lo cotidiano

Prestar atención al mundo que les rodea permite a los autores encontrar inspiración en la vida cotidiana. Observar a las personas, los lugares, las interacciones y el mundo natural puede generar ideas para personajes, escenarios y tramas. En *El murmullo de las abejas* hay un personaje que cose en una máquina Singer, pero ésta se convierte en el desfogue de las presiones de su mundo en guerra. En *Peregrinos* la niña quiere las galletas de jengibre tradicionales de Navidad, pero Alemania está en guerra, ya no hay jengibre, ni azúcar. No es la galleta en sí, es lo que significa para el momento familiar e histórico la falta de galleta.

Lo que es ordinario para ti, puede llegar a ser extraordinario si lo piensas bien y si te atreves. Escribe listas para detonar tu creatividad: listas de palabras interesantes. Listas de personajes. Listas de escenarios. Listas de anécdotas de padres y abuelos. Listas de animales: domésticos y salvajes. Listas de plantas: de interior y exterior. Listas de tareas: de interior y exterior. Listas de acciones. Listas de actividades deportivas. Listas de ropa. Listas de primeros ministros. Listas de cosas que te asustan, cosas que te hacen reír y cosas que te hacen llorar.

De descubrir el pasado para nuevas narrativas

Adentrarse en la historia, el folclor y la mitología puede proporcionar una gran cantidad de ideas. Los autores pueden reinterpretar eventos históricos, incorporar elementos míticos o explorar historias no contadas. En *El murmullo de las abejas* me di permiso de crear una mitología de la creación de la vida del noreste de México inspirada en una combinación de la inglesa, la gaélica y la mexicana. J. K. Rowling, en *Harry Potter* adapta figuras de diversas mitologías y las inserta en el mundo de Hogwarts. Otros ejemplos recientes:

American Gods, de Neil Gaiman, explora la idea de dioses antiguos de diversas mitologías que existen en la América moderna, luchando por relevancia y poder contra nuevos dioses que representan obsesiones contemporáneas como la tecnología y los medios.

El Golem y el Jinni, de Helene Wecker, sigue las historias de un golem, una criatura del folclor judío, y un jinni, un ser de la mitología árabe, mientras navegan por la vida en la ciudad de Nueva York de principios de siglo.

> " Una de las grandes cosas acerca
> de la ficción histórica es que invita a las personas
> a ver los eventos históricos y a las personas
> de una manera diferente, a sentirlos
> como reales e inmediatos. "
>
> Diana Gabaldon

De eventos actuales

Las noticias, los problemas sociales y los eventos contemporáneos pueden ser una fuente de inspiración. Los autores pueden explorar temas relevantes, adentrarse en comentarios sociales o abordar problemas urgentes a través de su escritura. En el año 2000, cuando escribí *Huracán*, no se hablaba de manera común sobre la violencia sexual y menos la de dentro de los hogares en ninguna conversación. De vez en cuando —muy de vez en cuando— salía en la nota roja del periódico. Me pareció entonces que urgía poner el tema sobre la mesa y a la vista de quien me leyera.

> ❝ Te llegan ideas cuando sueñas despierto, te llegan cuando estás aburrido. Te vienen ideas todo el tiempo. La única diferencia entre los escritores y otras personas, es que los escritores las sabemos reconocer. ❞
>
> NEIL GAIMAN

De la imaginación y la ensoñación

Dejar que la mente divague y abrazarse de la imaginación puede llevar a ideas creativas. Los autores pueden explorar escenarios, "qué pasaría si...", inventar nuevos mundos o imaginar resultados alternativos.

De los sueños y el subconsciente

Los sueños pueden ser una rica fuente de inspiración. Los autores pueden extraer elementos interesantes de sus sueños, pesadillas o de las profundidades de su subconsciente.

De las conversaciones

Interactuar con otras personas, escuchar conversaciones y explorar diferentes perspectivas puede generar ideas para personajes, diálogos, conflictos o temas. Un amigo me contó que, en Cozumel, unos albañiles le platicaron que la costumbre entre ellos era que los padres "estrenaran" sexualmente a sus hijas; de ahí surge el tema del incesto en *Huracán*.

De los viajes y la exploración

Visitar nuevos lugares, experimentar diferentes culturas y sumergirse en entornos desconocidos puede brindar inspiración para escenarios, dinámicas culturales y desarrollo de personajes.

> **"** Lo que no nos mata
> nos da algo nuevo de qué escribir. **"**
>
> JULIE WRIGHT

De estímulos y ejercicios

Los estímulos de escritura, los ejercicios y los desafíos pueden estimular la creatividad al proporcionar temas, escenarios o limitaciones específicas para trabajar.

Ejercicios para detonar ideas

1. De experiencias propias o ajenas

Instrucciones: elige un evento significativo de tu vida (o de la vida de alguien más) y escribe una versión ficticia del mismo. Explora diferentes perspectivas, introduce nuevos personajes o altera el resultado para crear una narrativa cautivadora que refleje la esencia de tu experiencia personal al tiempo que permita espacio para la exploración creativa.

2. De recuerdos

Los recuerdos pueden ser anécdotas o hasta pequeños momentos.
Instrucciones: todos nos perdimos de niños o nos sentimos perdidos alguna vez. Todos los niños alguna vez tuvimos miedo. No
escribas la sensación de estar perdido o con miedo al relatar ese
momento. Imagina otro personaje infantil. Recuerda todas las sensaciones de tu experiencia. Regálale tu miedo. Escribe esa escena.
Hazlo que lo viva, aunque la situación sea distinta a la tuya.

_____

_____

_____

_____

_____

3. De una imagen

Instrucciones: más adelante haremos otro ejercicio con una imagen que me gusta mucho, pero por ahora escoge una tú. Abre una
revista, periódico o página web. Busca una imagen que te impacte
sin leer el calce. Ahora haz preguntas en torno a ella. Encuentra
respuestas. Escribe esa historia.

_____

_____

_____

_____

_____

4. De una pregunta

Una pregunta intrigante puede detonar una gran historia. Empieza tu propia colección de preguntas detonadoras.

Ejercicio:

1) Selecciona alguna de estas preguntas.

- ¿Qué harías si descubrieras que tienes superpoderes?

- ¿Qué pasaría si pudieras hablar con los animales?

- ¿Qué harías si te despertaras en un mundo diferente?

- ¿Qué pasaría si encontraras una carta escrita por ti mismo hace 20 años?

2) Dedica unos 5 o 10 minutos a anotar posibles respuestas a la pregunta. No te limites; deja que tu imaginación fluya. Considera diferentes escenarios, personajes, conflictos y resultados.

3) Ahora desarrolla la historia si ya te animas o deja anotado aquí este "detonador" para cuando termines de explorar este manual.

5. De un robo (no de un plagio)

Instrucciones: cuenta una versión muy tuya inspirada en el cuento de *Los tres cerditos y el lobo*.

_____

_____

_____

_____

_____

6. De libros

Instrucciones: elige un libro favorito u obra literaria. Identifica un personaje secundario o un punto de la trama que te llame la atención. Reescribe la historia de ese personaje o desarrolla una nueva narrativa centrada en ese punto de la trama, ofreciendo una perspectiva fresca y dando nueva vida a la obra original.

_____

_____

_____

_____

_____

7. De "los pequeños momentos"

Instrucciones: haz una lista de momentos indelebles de tu vida; sobre los aromas en casa de tu abuela o describe tu escondite infantil. Guárdalos. Nunca dejes de agregar elementos. Nunca sabes cuándo los vas a utilizar.

_____

_____

_____

8. De descubrir lo extraordinario en lo cotidiano

Instrucciones:

1) Elige un objeto común. Puede ser algo tan simple como un reloj de arena, una campana en casa de tu abuela, un ropero, un
   libro.

2) Imagina su potencial oculto. Piensa en cómo este objeto podría
   poseer cualidades extraordinarias o desempeñar un papel fundamental en una historia fantástica más amplia. ¿Qué secretos o poderes podría contener?

3) Desarrolla una historia de fondo. Considera preguntas como:

   • ¿De dónde vino?

   • ¿Quién lo hizo?

   • ¿Cómo llegó a estar en su ubicación actual?

   • ¿Qué lo hace especial o único?

   Si quieres seguirle ahora o al terminar de repasar este manual,
entonces concibe el entorno y el personaje que lo encontrará y los
conflictos que se detonarán y resolverán.

9. De descubrir el pasado para nuevas narrativas

Instrucciones: elige un evento histórico o un relato mitológico que te fascine. Investiga los detalles que lo rodean y luego reimagina la historia desde la perspectiva de un personaje menos conocido o explora un resultado alternativo. Utiliza tu creatividad para impregnar la narrativa con detalles vívidos y profundidad emocional.

10. De eventos actuales

Instrucciones: explora las noticias o redes sociales en busca de un evento actual o un problema social que despierte tu interés. Escribe un cuento corto o una escena que explore el impacto humano del evento, arrojando luz sobre las luchas personales, los triunfos o los conflictos que surgen en el contexto del problema más amplio.

11. De la imaginación y la ensoñación

Instrucciones: dedica tiempo específico para ensoñar despierto y permite que tu mente divague libremente. Escribe un texto de flujo de conciencia inspirado en tus ensoñaciones, capturando las imágenes vívidas, las conexiones inesperadas y los elementos fantásticos que surgen durante esta exploración sin restricciones de tu imaginación.

_____

_____

_____

_____

_____

12. De los sueños y el subconsciente

Instrucciones: en un diario, escribe tus sueños. Selecciona un sueño vívido y úsalo como inspiración para un cuento corto o una escena. Utiliza las emociones, los símbolos y las atmósferas del sueño para crear una narrativa única y evocadora.

_____

_____

_____

_____

13. De las conversaciones

Instrucciones: mantén o recuerda una conversación con alguien que conoces bien o con un desconocido. Presta atención a su tono, lenguaje corporal y particularidades únicas. Después, escribe una escena basada en diálogos entre dos personajes ficticios, incorporando elementos de la conversación que tuviste. Concéntrate en capturar los matices del habla y crear interacciones dinámicas.

_____

_____

_____

_____

14. De los viajes y la exploración

Instrucciones: imagínate en una ciudad extranjera o en un lugar que siempre hayas deseado visitar. Investiga su cultura, puntos de referencia y costumbres locales. Escribe un cuento corto o una escena ambientada en ese lugar, utilizando tu conocimiento e imaginación para dar vida al entorno y llenarlo de detalles auténticos.

15. De estímulos y ejercicios

Instrucciones: programa un cronómetro por 15 minutos y escribe sin parar, comenzando con el detonante: "La puerta se abrió chirriando, revelando…". Deja que tu imaginación guíe la historia, sin preocuparte por la perfección. El propósito es detonar tu creatividad y futuros proyectos de escritura.

Capítulo 3

Tema y trama: desde el "Había una vez" hasta el "Colorín colorado"

Las cosas que la literatura puede buscar y enseñar son pocas, pero insustituibles: la forma de mirar al prójimo y a los demás, de poner en relación hechos personales y hechos generales, de atribuir valor a cosas grandes y a cosas pequeñas, de considerar los límites y vicios propios y los de los demás, de encontrar las proporciones de la vida, el lugar que ocupa el amor en esta, así como su fuerza y su ritmo, y el lugar que corresponde a la muerte y la forma de considerar a esta; la literatura puede enseñar la dureza, la piedad, la tristeza, la ironía, el humorismo, y tantas otras cosas necesarias y difíciles. Lo demás debe aprenderse en otra parte, en la ciencia, en la historia, en la vida.

ITALO CALVINO

La mayoría de las historias que funcionan, las que perduran, ya sean novelas, relatos cortos, guiones de películas, de teatro o de series de radio o televisión, tienen elementos en común. Comprender cómo funcionan nos ayuda a crear o a analizar mejor las narrativas y a determinar los significados.

Tema

El tema es la idea general que el escritor de la historia quiere que el lector comprenda. Este elemento contiene el mensaje subyacente o la idea central de la historia. Explora significados profundos, dilemas morales o verdades universales. Un tema sólido agrega profundidad y resonancia a la narración. Por ejemplo, en *El señor de los anillos*, J. R. R. Tolkien explora la lucha de fuerzas opuestas, el bien contra el mal. Pero éste, a su vez, es un tema que aparece en muchas novelas, tal como en la serie de *Harry Potter*.

En un tema, el autor puede transmitir a través de su obra una filosofía conceptual amplia. Ese concepto les puede ayudar a los lectores en su vida, si logran hacer conexión. Y las mejores novelas son las que precisamente logran eso: conexión para que el lector descubra la verdad acerca de la condición humana, para que medite, que llegue a sus propias conclusiones. Para eso sirve el tema bien planteado en una historia.

Para extraer el tema de una historia, el lector debe ir más allá de la superficie, más allá de la simple acción que la narrativa muestra. El autor debe dejar que el tema crezca y se esclarezca sólo ante la mirada lectora: sin necesidad de deletrearlo o subrayarlo, sin sermones ni al principio, ni en el desarrollo o final de la historia.

¡Ojo! No confundas tema con moraleja: estos conceptos literarios están relacionados, pero no son sinónimos. La moraleja de un libro es una lección que el autor desea transmitir a su audiencia. (Por lo tanto, las moralejas han sido componentes clave en libros infantiles y literatura para adultos jóvenes). En las fábulas tradicionales y los cuentos infantiles clásicos se acostumbra dictarle al lector la moraleja de manera directa al final, pero en esta época esa práctica ya ha caído en el desuso: el lector, incluso el lector infantil, se ha sofisticado y no quiere, ni necesita, que le dicten ni que lo sermoneen. El tema de un libro no es tanto una lección como una idea que el autor espera que la audiencia explore en busca de un significado más profundo. Al contar su historia, el autor no necesita "avisar" cuál es el tema; debe tener la certeza de que la combinación de los elementos en el desarrollo de su trama —los personajes y lo que a éstos acontece, su interacción con otros y con su entorno, lo que piensan y lo que hacen, etcétera— guíen al lector a intuirlo por sí mismo.

" Sabemos perfectamente que no existen más
que tres temas básicos: el amor, la vida y la muerte.
No hay más, no hay más temas, así es que hay
que saber cómo tratarlos, qué forma darles;
no repetir lo que han dicho otros. Entonces, el
tratamiento que se le da a un cuento nos lleva,
aunque el tema se haya tratado infinitamente, a decir las
cosas de otro modo; estamos contando
lo mismo que han contado desde Virgilio hasta
no sé quiénes más, los chinos o quien sea. Pero
hay que buscar el fundamento, la forma de tratar
el tema, y creo que dentro de la creación literaria,
la forma —la llaman la forma literaria— es la que
rige, la que provoca que una historia tenga interés
y llame la atención a los demás. "

JUAN RULFO

Ejemplos de temas en la literatura

El tema casi siempre se puede expresar en enunciados cortos como:

- El crimen paga.

- El que se atreve, gana.

- El amor lo conquista todo.

- La sangre llama.

- Lo que no mata, fortalece.

Pero el tema de un libro nunca debe ser anunciado por el autor: debe ser desarrollado a través de cambios en los personajes y de la tensión en la trama. Personajes bien definidos mueven la trama, pero es importante la consistencia de mostrar cambios en la vida, el desarrollo de su "arco". Los personajes deben adaptarse, evolucionar, adquirir y entender nuevas filosofías, lo cual logran sólo después de enfrentar enormes obstáculos.

Éste es un tema que encuentras en muchas novelas, novelas cortas y cuentos: los seres humanos son naturalmente libres y la sociedad restringe esa libertad. Este tema de la era de la Ilustración se deriva de la filosofía de europeos como Jean-Jacques Rousseau y John Locke.

Novelas para adultos

Aquí tienes algunos ejemplos de novelas para adultos que exploran ese tema. ¿Las conoces?

1984 de George Orwell. Esta distopía clásica presenta un mundo totalitario en el que el gobierno controla todos los aspectos de la vida de las personas, restringiendo su libertad de pensamiento, expresión y acción. El protagonista, Winston Smith, lucha por mantener su individualidad y liberarse del control opresivo del Estado.

Fahrenheit 451 de **Ray Bradbury.** En esta novela, la sociedad futurista ha prohibido los libros y la lectura, limitando así la libertad de pensamiento y expresión. El protagonista, Guy Montag, es un bombero encargado de quemar libros, pero comienza a cuestionar la represión y se rebela contra el sistema.

El cuento de la criada de **Margaret Atwood.** Situada en un régimen teocrático totalitario, la novela muestra cómo las mujeres son sometidas a una opresión extrema, perdiendo su autonomía y libertad. La protagonista, Offred, lucha por mantener su identidad y encontrar formas de resistencia en un mundo controlado por hombres.

Un mundo feliz de **Aldous Huxley.** Esta obra distópica presenta una sociedad futurista en la que la felicidad superficial y la estabilidad son prioritarias, pero a costa de la libertad individual. Los personajes viven en un sistema de control eugenésico y consumismo desenfrenado, enfrentándose al dilema de seguir el *statu quo* o buscar la verdadera libertad.

Estas novelas examinan los temas de la libertad individual y la represión social. Todas cuestionan cómo las estructuras y normas de la sociedad pueden limitar la libertad inherente de los seres humanos. A través de la narrativa, los personajes y los conflictos, los autores plantean interrogantes sobre *la* importancia de la autonomía y la lucha por preservarla en un mundo restrictivo.

El tema de una novela es cosa seria, pero no por ello se restringe a novelas escritas para adultos. Recordemos *Las aventuras de Huckleberry Finn* de Mark Twain, una historia de *coming of age* (para jóvenes) centrada en un niño que crece en el sur antes de la Guerra Civil; ésta tiene un significado más profundo que va más allá de las hazañas de su personaje principal, pues ofrece una visión temáticamente clara sobre el significado de la libertad humana.

Si el tema de una novela es universal, traspasará todas las fronteras de edad, de género, de país, de cultura.

Novelas para jóvenes

Aquí tienes una lista de novelas infantiles o juveniles que comparten el mismo tema. Así como *Las aventuras de Huckleberry Finn*, estas novelas infantiles o juveniles abordan el mismo tema (y que también te recomiendo si no las has leído porque... ¡sí, son universales!). Éstas ofrecen a los jóvenes lectores la misma oportunidad que a los adultos de reflexionar sobre la libertad y la importancia de desafiar las normas opresivas. A través de personajes valientes y situaciones desafiantes, estos libros transmiten mensajes de empoderamiento, resiliencia y la idea de que los seres humanos tienen el derecho inherente a la libertad.

El jardín secreto **de Frances Hodgson Burnett.** Mary Lennox, una niña huérfana, descubre un jardín abandonado en la mansión en la que vive. A medida que trabaja en la reconstrucción del jardín, Mary encuentra una conexión con la naturaleza y experimenta una sensación de libertad y autenticidad que contrasta con la opresiva sociedad en la que ha crecido.

Los juegos del hambre **de Suzanne Collins.** Aunque está clasificada como una novela juvenil, *Los juegos del hambre* aborda temas profundos, como la opresión y la lucha por la libertad. La historia sigue a Katniss Everdeen, quien se convierte en un símbolo de resistencia en un mundo distópico donde los niños y jóvenes son obligados a luchar en una batalla mortal. La novela explora cómo el sistema controla y limita la libertad de las personas, y cómo la valentía y la resistencia pueden desafiar esas restricciones.

El principito **de Antoine de Saint-Exupéry.** Aunque es considerado un libro para niños, *El principito* aborda temas filosóficos y existenciales, incluida la idea de la libertad. A través del viaje del protagonista, el principito, los lectores exploran la importancia de la libertad individual, la búsqueda de sentido y el cuestionamiento de las normas impuestas por la sociedad.

Matilda de **Roald Dahl.** Matilda, una niña con habilidades especiales, enfrenta la opresión y la injusticia en su vida familiar y escolar. Ella encuentra libertad y empoderamiento a través de su amor por los libros y su intelecto, desafiando las expectativas y las limitaciones impuestas por la sociedad.

Otros temas comunes en la literatura

Ejercicio para identificar temas

1. Ya hablamos sobre el tema en las novelas listadas arriba. Si ya leíste algunas de ellas, ¿te acuerdas de haber distinguido este tema? ¿Qué impresión te dejó el tema? ¿Cómo cambió tu visión del mundo?

_____

_____

_____

_____

_____

2. Si no has leído estas novelas (para adultos o para niños), te invito a hacerlo como escritor. Fíjate cómo se plantea el tema, cómo lo desarrolla el autor y qué recursos usa para "sembrarlo" en tu mente. ¿Lo hace de manera velada, pero efectiva? O ¿lo hace de manera directa en algún momento?

_____

_____

_____

_____

_____

3. ¿Qué otros temas repetidos recuerdas haber leído en diversas novelas? (Ejemplo: tema del amor por la familia).

_____

_____

_____

_____

4. ¿Qué opinas? Que más de una novela tenga el mismo tema, ¿obliga a que las historias sean iguales?

_____

_____

_____

_____

Cómo desarrollar un tema

A veces tendrás un núcleo temático claro para tu historia antes de comenzar el proceso de escritura, otras veces el tema de la historia se revelará después de haber avanzado en el primer borrador. Si te cuesta reconocer un tema para tu historia, considera los siguientes consejos:

Busca tópicos universales

Hay muchas experiencias humanas comunes sin importar ubicación, cultura, religión raza o género. El amor, la pérdida, la lucha por la identidad, la justicia, el bien contra el mal, la libertad y el sacrificio han existido en la humanidad en todos los tiempos. Éstos son temas que la mayoría de las personas pueden reconocer, comprender y con los que pueden identificarse. Como prueba de esto, piensa en la literatura clásica: recuerda o descubre obras que permanecen a lo largo del tiempo e identifica los temas que abordan. Descubrirás que la universalidad del tema es un buen comienzo para entender la razón de trascender todo tipo de fronteras, incluidas las de tiempo y espacio.

Para crear tu historia con la intención de que funcione, pregúntate: ¿qué aspecto de tu trama se repite en las historias de personas de todas las edades, razas, géneros y condiciones de vida?, ¿qué aspecto de tu historia aborda la condición humana? La siguiente guía te ayudará a identificar y seleccionar un tema universal para tu historia.

❝ Escribir ficción es el acto de tejer una serie
de mentiras para descubrir una gran verdad. **❞**

KHALED HOSSEINI

Identifica un tema

Reflexiona sobre las experiencias humanas comunes. Considera temas como el amor, la pérdida, la lucha por la identidad, la justicia, el bien contra el mal, la libertad y el sacrificio. Éstos son temas que la mayoría de las personas pueden comprender y con los que pueden identificarse.

Observa la literatura clásica. Analiza obras que han perdurado a lo largo del tiempo y los temas que abordan. Pregúntate por qué siguen siendo relevantes hoy en día.

Desarrolla personajes complejos. Crea personajes multidimensionales con deseos, miedos, conflictos internos y externos. Sus experiencias y emociones deben reflejar la universalidad del tema.

Asegúrate de que la ambientación sea accesible. Aunque tu novela tenga un contexto específico, los temas deben ser reconocibles y relevantes más allá de ese ambiente. Por ejemplo, una historia sobre una guerra específica puede explorar temas universales como la valentía y el sacrificio. En *Peregrinos* exploro el tema de la inocencia infantil y la protección que merece. Mi propósito es que el lector lea esa infancia "lejana" y la identifique como propia.

Equilibra lo específico y lo universal. Usa detalles específicos para dar vida a la historia, pero asegúrate de que los temas subyacentes sean comprensibles en cualquier contexto cultural. Es decir, en *El murmullo de las abejas* la historia sucede en Linares, donde existen las brujas de la Petaca, pero mi propósito era que distinguiéramos la vida de pueblo de cualquier lado, la vida familiar y los valores universales.

Elige un tema que impacte a tu lector

Considera qué ideas quieres que tu lector siga pensando mucho tiempo después de haber olvidado la trama específica de tu libro.

Comienza con otro elemento de la historia

No te preocupes si antes de iniciar no tienes definido el tema. Si bien el tema de tu historia puede elevarla por encima de otros libros con narrativas similares, pocos autores comienzan una buena historia con un tema. Por lo general, inician con otro elemento de la historia: una premisa cautivadora, un personaje principal divertido, una historia de amor conmovedora o un evento de la vida real, y construyen a partir de ahí. Incluso algunos autores se embarcan en un primer borrador sin saber completamente cuál será su tema general. A mí me gusta descubrir una diversidad de temas mientras voy escribiendo. Es decir: no tienes que conformarte con un solo tema. Hay temas que se complementan y se echan luz los unos a los otros.

Crea un esquema

Para asegurarte de que un buen tema esté presente en toda tu novela, haz que el tema forme parte del proceso de esquematización. En *El murmullo de las abejas*, la memoria y la desmemoria están tejidas en la narrativa desde el principio hasta el final.

Construye una narrativa sólida. La trama debe reflejar y apoyar el desarrollo del tema. Los eventos de la historia deben surgir de manera orgánica a partir de los conflictos y deseos de los personajes.

Usa una estructura adecuada. La estructura de la novela debe permitir que el tema se desarrolle y evolucione de manera natural, desde la introducción hasta la resolución.

Incorpora símbolos. Utiliza símbolos que representen aspectos del tema. Por ejemplo, en *El gran Gatsby* de F. Scott Fitzgerald, la luz verde al final del muelle simboliza el sueño inalcanzable de Gatsby. En *El murmullo de las abejas* uso a las abejas como símbolo de vida y comunidad, y al coyote como símbolo de la envidia.

Utiliza motivos recurrentes. Integra y entrelaza elementos que aparezcan a lo largo de la historia para reforzar el tema. Éstos pueden ser objetos, frases, situaciones o eventos. En *El murmullo de las abejas* uso el féretro para resaltar el tema de la vida y la muerte.

> *❝ Ser escritor no significa predicar una verdad, significa descubrir una verdad. ❞*
>
> Milan Kundera

El tema como inspiración para la trama

Desarrolla tu tema con tiempo y experimentación. Explora diferentes enfoques y ajusta tu tema a medida que escribes. Disfruta del proceso creativo y permítele a tu imaginación volar sin restricciones.

Paso 1. Reflexiona sobre tus intereses y preocupaciones personales.
Anota cinco temas que te interesen, como naturaleza, justicia social, amor, identidad, tecnología, etcétera.

Paso 2. Explora los temas formulando preguntas relacionadas.
Por ejemplo, si eliges "justicia social", pregúntate sobre las injusticias sociales, cómo lograr cambios positivos y el impacto de la desigualdad.

Paso 3. Realiza una lluvia de ideas basada en una de las preguntas.
Anota todas las ideas que se te ocurran sin juzgarlas ni filtrarlas.

Paso 4. Encuentra el enfoque y conflicto específicos para tu novela.
Elige la idea más interesante e identifica el conflicto principal que enfrentarán tus personajes en relación con el tema.

Paso 5. Define tu mensaje o declaración temática.
Reflexiona sobre la lección o idea que quieres transmitir a los lectores. Por ejemplo, si el tema es justicia social y el conflicto se centra

en un personaje que lucha por los derechos de los marginados, tu mensaje podría ser: "La solidaridad y la acción pueden marcar la diferencia en la lucha por la justicia social".

Paso 6. Desarrolla la trama y los personajes.
Construye la historia alrededor del tema y el conflicto elegidos. Crea situaciones y eventos que exploren y profundicen en el tema a lo largo de la narrativa.

El tema es importante pero...

Recuerda: un tema sin trama es un ensayo.

El tema es importante, pero un escritor no debe perder de vista que lo más importante de una narración es contar una historia, por lo que no debes concentrarte sólo en el tema. Si un autor cae en ese vicio puede llevar a una buena historia a fracasar, ya que esas historias se hacen más filosóficas que literarias, o tan abstractas que ni destacan del montón ni llaman a terminar de leerlas.

Lo que sí debe hacer un escritor es contar una historia, y mientras lo hace poner mucho empeño en la construcción de los personajes y su entorno; ya el propio lector deducirá, de lo que les sucede a los personajes, los temas que crea conveniente.

> **"** Es en la literatura donde se puede encontrar la verdadera vida. Es bajo la máscara de la ficción donde se puede contar la verdad. **"**
>
> Gao Xingjian

Trama

Es la estructura de la narrativa la que, a medida que avanza en el tiempo, incluye una serie de eventos o acciones que crean tensión, generan suspenso y conducen a una resolución satisfactoria.

La narrativa debe contar una historia, porque sin una historia que contar, lo único que se logra es usar palabras para probar que se pueden hilar en oraciones coherentes.

- Una trama debe decirle al lector de qué va la historia.

- Es un esbozo del ¿quién?, ¿qué?, ¿dónde?, ¿cómo? y ¿por qué?

- La trama se va tejiendo como una tira (simple o complicada) de macramé, donde cada personaje, cada evento, cada conflicto, es un hilo que colaborará para un tejido, sencillo o elaborado, como lo desee el autor, pero que termine en nudos perfectos y sin dejar cabos sueltos.

Aunque puede darse en diferente orden, más o menos te puedes imaginar que la trama se divide así:

El primer 25% de la historia: una acción (momento incitante) en algún lado (ambientación) que comete alguien (antagonista de algún tipo) tiene un impacto negativo en alguien (protagonista). Esto causa problemas (conflicto) que el protagonista debe resolver a través de la acción (se fija su meta).

El siguiente 50% de la historia: el protagonista se apoya en alguien (personajes de apoyo) para lograr su meta a pesar de sus limitaciones y dificultades. Esto los lleva a la confrontación (conflicto).

El último 25% de la historia: los personajes siguen hasta que logran o fallan en lograr la meta.

Dentro de la trama debe haber

1. Una entidad narradora o voz narradora

Se refiere a la perspectiva y el tono desde los cuales se cuenta la historia. Este elemento incluye narradores en primera, segunda, tercera persona y tercera persona omnisciente. También puede haber narradores múltiples.

La consistencia y autenticidad en la voz narrativa ayudan a establecer la voz de la historia y conectar con los lectores.

Ejercicio para toda la vida lectora y escritora:

- ¿Qué tipo de narrador tiene el texto que estás leyendo o escribiendo?

- ¿Cómo afecta el tipo de narrador a tu comprensión o exposición de la historia?

2. Personajes

Personajes memorables y con los que el lector pueda identificarse son esenciales para una historia convincente. Los lectores deben conectar con los personajes, comprender sus motivaciones y sentirse involucrados en su viaje.

Al proceso mediante el cual un escritor crea un personaje se le conoce como caracterización. El personaje principal o central —el héroe— es el protagonista. El personaje principal que se opone al protagonista es el antagonista, a veces visto como el villano. El análisis literario de los personajes a menudo se centra en si un personaje cambia o no, y en qué medida a lo largo de la historia. A esto se le conoce como el arco de los personajes.

Preguntas útiles para la creación o análisis de los personajes:

- ¿Cuál es la motivación de cada personaje?

- ¿Cómo evolucionan o se transforman los personajes a lo largo de la historia?

- ¿O acaso no experimentan crecimiento o cambio alguno?

- ¿Qué revela su crecimiento o falta de crecimiento sobre el tema de la historia?

3. Diálogo

Un diálogo bien elaborado da vida a los personajes y revela sus personalidades, relaciones y conflictos. Debe ser natural, atractivo y hacer avanzar la trama o desarrollar a los personajes.

4. Ambientación

La ambientación de una historia establece el tiempo, el lugar y la atmósfera en donde se desarrollan los eventos. Una ambientación vívida e inmersiva agrega profundidad a la narrativa, mejora la experiencia del lector y debe servir para que avance la historia.

La ubicación puede tener un impacto directo en los personajes, un significado simbólico o simplemente servir como telón de fondo para que la historia se desarrolle.

Para determinar la ambientación de tu historia o apreciar la ambientación de la historia que leas, siempre cuestiona lo siguiente: ¿cómo afecta la ubicación, el tiempo y la fecha de la historia al tema? ¿Cómo influye la ambientación en la forma en que los personajes responden al conflicto?

5. Conflicto

Se refiere al problema o dilema con el que se enfrentan los personajes en una historia. La narrativa se estructura en torno a cómo los personajes enfrentan el conflicto. En una novela pueden coexistir varios conflictos.

El conflicto es el que crea tensión e impulsa la historia. Ya sea un conflicto interno dentro de un personaje o los conflictos externos entre personajes o fuerzas, agregan emoción y llevan la narrativa hacia adelante.

6. Resolución del conflicto

Una resolución satisfactoria de los conflictos presentados cierra la historia y resuelve los cabos sueltos. Debe ser creíble, lógica y ofrecer una sensación de catarsis o satisfacción emocional para los lectores.

7. Estilo

Este elemento se refiere a la forma en que el escritor utiliza el lenguaje, incluyendo la elección de palabras, el tono, el estilo de las oraciones, etcétera. Prestar atención a estos detalles permite al lector identificar cómo y por qué la elección de palabras y el estilo de las oraciones pueden ayudar a crear el efecto y el significado de la historia.

¿Es la dicción difícil o fácil de entender?, ¿las oraciones son cortas o complejas?, ¿por qué el escritor hizo estas elecciones estilísticas?, ¿cómo estas elecciones añaden o restan efecto a la historia?

8. Ritmo

Un ritmo efectivo mantiene un equilibrio entre momentos rápidos y más lentos, teniendo a los lectores interesados. Implica ajustar el ritmo de la historia, la tensión y los giros de la trama para crear una experiencia de lectura satisfactoria.

9. Impacto emocional

Una buena narración suscita respuestas emocionales en los lectores; los hace sentir alegría, tristeza, miedo, emoción o empatía. La capacidad de evocar emociones y crear una conexión emocional con los lectores es un sello distintivo de una narración efectiva.

La estructura de una historia que funciona

Afortunadamente, contar historias es algo que todos hacemos de forma natural, desde una edad muy temprana. Pero hay una diferencia entre contar buenas historias y contar grandes historias. Las grandes historias tienen una estructura clara y un propósito.

A grandes rasgos, se pueden dividir en cinco etapas: principio, conflicto, desarrollo, clímax y final. Esta secuencia básica aparece como
la forma general de la historia o en subsecuencias, como capítulos y
escenas.

Cada etapa en el arco narrativo de una historia desempeña un papel fundamental en el desarrollo y la estructura general de la trama
y tiene su propia importancia; contribuye al desarrollo general de la
historia. Al comprender y aplicar estas etapas, todos los escritores,
sin importar su experiencia, pueden crear una estructura sólida y coherente que mantenga el interés de los lectores y les brinde una experiencia narrativa gratificante.

1. Planteamiento (o principio)

- Proporciona el contexto necesario para que los lectores comprendan la situación inicial y se involucren en la historia.

- Se lanzan los "hilos sueltos" de la historia.

- Aquí se capta el interés del lector, se establece el escenario donde se desenvolverá la historia y los personajes principales.

2. Conflicto

- Aquí se establece el conflicto o el momento incitante que de-
tonará el arco de la acción y del personaje por el resto de la
historia.

- La confrontación genera tensión y suscita el interés de los lectores, ya que esperan ver cómo se resolverá el conflicto.

- En una buena trama, los personajes —en especial el principal— siempre tienen conflictos que superar. El conflicto puede ser interno (emocional o psicológico) o externo (enfrentamiento con otros personajes, fuerzas naturales, etcétera).

3. Desarrollo

- La historia se desarrolla, se intensifica, introduce cronología y el conflicto se detona (momento incitante).

- Los personajes interactúan para intentar resolver los conflictos (protagónicos) o interactúan para acrecentar el conflicto (antagónicos).

- Los personajes enfrentan obstáculos y desafíos que complican aún más la situación.

- Se presentan nuevas situaciones, se desarrollan subtramas y se construye el suspenso.

- Se reafirma el suspenso, el misterio.

- La acción creciente mantiene el ritmo de la historia y mantiene el interés de los lectores mientras se acercan al clímax.

- Los "hilos sueltos" empiezan a tejerse poco a poco, aunque todavía se pueden introducir hilos nuevos.

4. Clímax

- El clímax es el punto culminante de la historia, el momento de mayor intensidad y tensión.

- Los personajes se enfrentan entre sí o le dan la cara al conflicto.

- La tensión y el ritmo de la narrativa aumenta.

- Se revela el proceso para resolver los conflictos.

- Se resuelve el conflicto principal y se produce el punto de inflexión de la narrativa. (Puede haber un enfrentamiento decisivo, una revelación importante o una transformación significativa en los personajes).

- El clímax genera un impacto emocional en los lectores y marca un cambio significativo en la historia.

- Ya casi no hay hilos sueltos: todos se han ido anudando entre sí.

- Ya es difícil introducir personajes nuevos o ideas nuevas a la trama.

5. Final (resolución o desenlace)

- Ya no se introducen personajes nuevos.

- Después del clímax, la historia entra en la etapa de resolución.

- En el desenlace se revelan las consecuencias finales del conflicto y se proporcionan respuestas a las preguntas planteadas a lo largo de la narrativa.

- Se muestra cómo la resolución de los conflictos ha afectado a los personajes y su aprendizaje.

- El lector entiende el tema de la narrativa, pues permite que los lectores reflexionen sobre los eventos de la historia y saquen conclusiones sobre su significado.

- Todos los hilos o cabos se ataron en un gran nudo y no queda hilo suelto. Se brinda una sensación de cierre y se ofrece una conclusión satisfactoria de la trama.

Columna vertebral narrativa (CVN)

Había una vez... Todos los días... Un día... Y por eso... Hasta que finalmente... Si te suena infantil esta columna vertebral, es porque lo es. De hecho, también debe sonarte familiar. La conoces desde la niñez. Es universal, es eterna, pero Pixar, uno de los más grandes contadores de historias del mundo moderno, llama a esto "columna vertebral narrativa" (CVN). Si conoces sus historias, sabes que saben lo que hacen. ¿Y qué hacen? No importa si sus historias suceden en un juguetero o en un mundo alienígena, siempre se aferran a su CVN, siguen la estructura básica de cinco etapas de la narrativa en cada historia y les funciona muy bien.

Pero no descubrieron el hilo negro, sólo señalan —y siguen— de manera muy precisa las etapas de una historia que funciona, tal y como vimos más arriba en el arco de la narrativa: principio, conflicto, desarrollo, clímax y final. Ellos saben que lo esencial de una buena historia nunca cambia y que es universal. Desde el escritor principiante hasta el más experimentado, desde el que escribe para niños o para adultos, en cualquier género, para guion o para novela: los buenos contadores de historias deben saber y dominar la estructura de las cinco etapas para que una historia funcione.

Lo que funciona, funciona en todos las edades, niveles y géneros, llámesele como se le llame, ya sea CVN o estructura narrativa. Por ejemplo: de seguro leíste o viste la película *El código Da Vinci* de Dan Brown. En esta novela nada infantil que fue tan popular, el autor sigue la misma CVN, o sea, una estructura básica de principio, desarrollo y final en su narrativa. Veamos:

1 y 2. **Principio (Había una vez / Todos los días)**: la novela comienza con un prólogo intrigante que establece el tono y el misterio que envolverá la historia. Luego, se presenta al lector el personaje principal, el profesor de simbología Robert Langdon, quien se convierte en el protagonista de la historia.

3. **Conflicto y desarrollo (Un día)**: sucede un crimen que hay que investigar en el contexto histórico-religioso en el que se desarrollará la trama. Langdon se embarca en una búsqueda llena de pistas y enigmas, acompañado por Sophie Neveu, una criptóloga francesa. El segundo acto se enfoca en la creciente tensión y el avance de la investigación llena de giros y revelaciones de los personajes principales.

4 y 5. Clímax y final (Y por eso / Hasta que finalmente): la trama alcanza su clímax cuando Langdon y Neveu descubren la ubicación del Santo Grial y encaran a los antagonistas en un enfrentamiento emocionante. En el tercer acto se resuelven los misterios y se descubren las verdades ocultas, revelando la trama detrás del código Da Vinci. El final de la novela muestra la resolución de los conflictos principales y la revelación de la verdad sobre el enigma central. Además, se ofrecen algunos cierres emocionales para los personajes principales y se deja abierta la posibilidad de nuevas aventuras.

El orden de los factores

Se puede romper con el orden de los factores: el orden en cómo se cuenta una historia. Se puede empezar *in media res* (a medio camino) o *in extremis* (al final), pero tienes que saber manejar los elementos de una estructura sólida. Con eso no se puede romper nunca. Es decir, puedes experimentar, pero tu historia debe contar con todas las etapas de una historia que funciona. Aquí hay ejemplos adecuados, a pesar de haber roto "el orden". Pero ojo: estas historias, aunque en desorden, tienen todos los elementos de la CVN y por eso funcionan.

Crónica de una muerte anunciada de Gabriel García Márquez empieza *in extremis*, por el final. Desde el principio revela el asesinato del personaje principal, Santiago Nasar. El narrador presenta de inmediato el hecho de que Santiago será asesinado y se adentra en los detalles de cómo se desarrolla la historia. A lo largo de la novela, el lector va retrocediendo en el tiempo y conociendo los eventos que llevaron al inevitable desenlace. La narrativa basa su atractivo en la construcción de la atmósfera y la tensión dramática, a pesar de que el lector ya conoce el desenlace. Esta estructura inusual, que comienza por el final y luego retrocede en el tiempo, crea una sensación de inevitabilidad y suspenso, ya que el lector se pregunta cómo se llegó a ese trágico desenlace a pesar de que estaba anunciado desde el principio.

En *El murmullo de las abejas* escribí dos comienzos: uno que empieza en el inicio de todo, con el niño tirado en un monte y la nana Reja que va a buscarlo, y otro que empieza en el final, con un viejo que emprende un viaje para recordar el pasado, que en realidad hacia el final resulta ser un salto en el tiempo. La narrativa no es cronológica y recurre a *flashbacks* que parecen conducir al lector en espiral. Al final se resuelven ambas historias cuando él llega a su destino.

Citizen Kane, película estelarizada y dirigida por Orson Welles, empieza por el final. Comienza con la muerte de Charles Foster Kane, un magnate de los medios de comunicación, e introduce la enigmática última palabra que pronuncia: "Rosebud". Esto establece el misterio que impulsa la compleja narrativa. Se cuenta en una estructura de *flashbacks*, o narrativa no lineal, fragmentada y de rompecabezas, donde el espectador atento va descubriendo gradualmente la vida de Kane, su ascenso al poder, sus relaciones y su eventual caída. La cronología la construye el lector, pero le es dada por partes, pero de manera magistral, en la narrativa.

Ejercicio para trabajar la CVN de Pixar...

1. Cuenta tu novela favorita siguiendo las etapas de la CVN.

2. Cuenta tu película favorita siguiendo las etapas de la CVN.

3. Cuenta tu libro infantil favorito siguiendo las etapas de la CVN.

4. Cuenta el cuento o la novela que escribirás siguiendo las etapas
   de la CVN.

> ❝ Después de alimento, cobijo y compañía,
> las historias son lo que más
> necesitamos en la vida. ❞
>
> PHILLIP PULLMAN

Tips para diseñar una trama que funciona

Para escribir una novela no hay reglas ni fórmulas, sólo sugerencias
basadas en lo que ha funcionado de manera universal y a través de
los tiempos.

1. **Determina tu final primero.** Esto te da un destino, una brújula.
   Tal vez lo cambies, pero tener una meta es más importante de lo
   que imaginas. A mí me gusta, libertaria que soy, ir descubriendo
   lo que sucederá en la novela que estoy escribiendo mientras la
   voy escribiendo. Pero al empezar, siempre sé a dónde quiero llegar. Esto me sirve para no perderme nunca, a pesar de las tangentes que me atreva a explorar.

2. **Elige bien al protagonista y al antagonista.** Y ámalos a ambos.
   Los escritores principiantes tienden a tener una idea de historia
   sin un claro antagonista, o crean villanos unidimensionales que
   no se ajustan a la historia del héroe. Tienes que hacerles justicia
   a todos los personajes.

3. **Dales metas tangibles a tus personajes.** Una meta tangible o
   física es aquella que se puede experimentar a través de los cinco sentidos. Tu protagonista y antagonista deberían tener metas
   opuestas entre sí. Las metas intangibles —los temas—, como la

ambición o encontrar fuerza interior, se revelarán como resultado de este conflicto. Al perseguir objetivos tangibles, los personajes revelan su verdadero ser, crecen a través de sus experiencias y, en última instancia, impulsan la historia hacia su resolución. Los objetivos físicos son específicos y medibles, como encontrar un tesoro, escapar del cautiverio o ganar una competencia. Requieren que el personaje tome acciones definitivas y a menudo implican movimiento o actividad física.

4. **Decide un género y mantente fiel a él.** Pero esto no impide que sumes géneros al escribir tu historia. Lo que no puedes es olvidarte del género que prometiste al principio. Es decepcionante para un lector si coge una novela romántica y resulta ser más un *thriller* de asesinos en serie. Una novela bien escrita puede ser multigénero. Aquí hay ejemplos de novelas multigénero que, sin embargo, no se desvían de su promesa original y muestran cómo los autores pueden mezclar géneros para crear historias más complejas y multidimensionales: *The Road*, de Cormac McCarthy, es una novela de ciencia ficción posapocalíptica que, sin abandonar este propósito, también agrega los géneros drama y *thriller*. *El nombre del viento*, de Patrick Rothfuss, que, es una novela de fantasía, nos ofrece también características de aventura y drama.

5. **Escribe una sinopsis.** No debe ser más larga que dos páginas. Cuenta toda la historia. No incluyas antecedentes. Si recortas detalles innecesarios aquí, ahorrarás tiempo. También podrás mantenerte en la historia. Una sinopsis te sirve como mapa para que no te pierdas. Pero siempre recuerda algo: mientras no escribas la sinopsis en piedra, la puedes cambiar.

6. **Sé disciplinado con la estructura de la novela.** El lector se desespera cuando al final introducimos a un personaje nuevo que resulta ser el asesino. Si bien para escribir no hay reglas, sí hay pecados capitales, y éste es uno de ellos, porque es un truco barato.

7. **Sé disciplinado con los escenarios.** Introduce los escenarios principales en el primer cuarto de tu libro. Es muy desconcertante

para los lectores cuando los autores introducen un nuevo escenario unos capítulos antes de concluir la novela o cuando a un escenario ya visitado de repente al final "le surgen" más elementos no descritos antes.

8. **Divide tu historia en escenas.** Y corta sin piedad cualquier escena o diálogo que no necesites para hacer avanzar la historia. Aquí es donde te aconsejo que no sólo leas novela: lee guiones de teatro y ve a ver las obras. Es donde más claramente distinguirás las escenas casi encapsuladas. Además, los diálogos del teatro son un absoluto que todo novelista debería de estudiar. Nota: Shakespeare fue mi gran maestro. Sus diálogos siempre son geniales.

9. *Wrap it up* y escribe "Fin". Termina la historia lo más pronto posible después de que tu protagonista haya logrado su meta. No expliques lo que ha sucedido ni resumas la trama. Tu lector no es estúpido.

10. **Él o ella gana, pero...** Los mejores finales en la ficción comercial y literaria, así como en las memorias, son cuando el protagonista logra su meta, pero... Estos ejemplos muestran cómo el protagonista puede lograr su objetivo o victoria inmediata, aunque todavía enfrente complejidades, dilemas morales o problemas no resueltos en el contexto más amplio de la historia.

Algunos ejemplos son los siguientes:

1984 de George Orwell
El protagonista, Winston Smith, logra mantener su individualidad y resistir al régimen opresivo, pero finalmente sucumbe al poder del Estado, perdiendo su libertad e identidad.

Los juegos del hambre de Suzanne Collins
La protagonista, Katniss Everdeen, sobrevive a los juegos mortales y ayuda a desencadenar una revolución contra el opresivo Capitolio, pero sufre el trauma y la pérdida experimentados durante los eventos.

Ejercicio para ensayar tus finales
(gran tema que retomaremos después)

1. ¿Qué otra novela recuerdas con un final parecido?

2. Piensa en un final al cual quisieras escribirle una historia.

3. Sin perder de vista el final, diseña tu cvn.

4. Sin perder el final o tu cvn de vista, amplía y escribe una sinopsis.

Capítulo 4

El narrador y su quién, cómo, cuándo y dónde: una decisión estratégica

Realmente creo que los lectores son lo suficientemente inteligentes y sofisticados como para darse cuenta de que el autor no es el narrador de sus novelas.

Bret Easton Ellis

En literatura, el narrador es la voz o el personaje que cuenta la historia al lector. Es quien lo ubica en tiempo y en espacio, y es quien maneja y manipula el tiempo y el espacio. La perspectiva y el estilo del narrador influyen en cómo se presenta y percibe la historia. Los narradores pueden clasificarse según su punto de vista: primera, segunda o tercera persona y, dependiendo de cuál se elija, afecta la intimidad, la fiabilidad y la experiencia general de la narrativa. La elección del narrador es una decisión estratégica. Quizá es la primera después de definir la trama, pues después de la primera pregunta, que es: ¿qué quiero contar?, necesariamente viene ésta: ¿cómo la voy a contar mejor?

66 Si sientes que existe el autor y luego el personaje, entonces el libro no funciona. La gente tiene la costumbre de identificar al autor con el narrador, y no puedes, obviamente, ser todos los narradores de todos tus libros, o de lo contrario serías una persona muy extraña. 99

Margaret Atwood

Las fronteras entre autor, narrador y personajes

Si bien el autor, el narrador y los personajes están interconectados en el ecosistema narrativo, es crucial reconocer sus planos de existencia, las fronteras que no pueden traspasar y sus roles distintos. El autor, el narrador y los personajes son entidades distintas dentro de una obra literaria, cada una con su propio papel y propósito. Es crucial comprender completamente esta dinámica de la narración para lograr la construcción de una historia que funciona.

George R. R. Martin dice que cuando escribe desde el punto de vista de un personaje, en esencia se convierte en ese personaje; comparte sus pensamientos, ve el mundo a través de sus ojos y trata de sentir todo lo que ellos sienten. Ojo: dice que él se convierte en el personaje y no que el personaje se convierte en él.

¿Te imaginas si todos los personajes de *Game of Thrones* hablaran y pensaran como su autor? Y entonces, ¿te imaginas qué sería si Jon Snow hablara igual que Robb y Bran Stark? ¿O que Sanza hablara igual que Hodor? ¿Y todos igual que el narrador? Para nuestra fortuna, Martin es un muy buen creador de personajes sólidos, tanto masculinos como femeninos, y tanto buenos como malvados y hasta monstruosos.

Un autor de una historia que funciona, como *Game of Thrones*, debe aspirar a vivir sus personajes, a sentir la otredad. Para cautivar lectores, debe desear mandar la imaginación a otros mundos desconocidos en tiempo y en espacio. Como autores, todos estamos obligados a *dejar de ser* y a *dejar ser* para crear historias que funcionan. ¿Para qué querremos crear un narrador (en primera, segunda o tercera persona) o unos personajes que hablan / piensan / juzgan como nosotros? ¿O un narrador que habla como los personajes y viceversa?

Deja a tu yo autor en su sillón, pero deja que vuele su imaginación. Deja que el narrador sea su primera creación. Deja que viva las mil vidas que desea a través de sus personajes. Conoce los planos de existencia y respeta las fronteras que existen entre el autor que concibe la historia y sus creaciones: narrador y personajes.

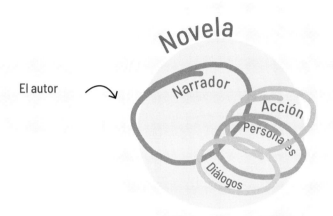

El autor, el narrador y los personajes habitan diferentes planos de existencia.

Autor

- Es de carne y hueso.

- Tiene necesidades y las debe atender en el mundo real, donde habita.

- Es la fuerza creativa detrás de la obra.

- Es la persona que concibe la historia, imagina a los personajes y da forma a la narrativa en general.

- Le gusta mandar su mente creativa a mundos imaginarios, pero es lo único de sí que puede mandar a un mundo de ficción.

- Se encarga de crear la trama, desarrollar los temas y establecer el tono y estilo del trabajo.

- Toma decisiones deliberadas con respecto a la estructura, el lenguaje y la dirección general de la historia.

- No es la voz que cuenta la historia, pero la escogerá y moldeará.

- Su voz y su visión impregnan todos los aspectos de la obra, y es a través de su creatividad y habilidad que la historia cobra vida, pero debe dar paso y voz propias al narrador y, en consecuencia, a los personajes.

Narrador

- Habita en un mundo de ficción.

- Depende de qué tipo sea, puede ser que no tenga género o identidad definida.

- Puede actuar casi como un dios.

- Puede ser un personaje dentro de la historia (narrador en primera persona) o una entidad externa que observa y relata los eventos (narrador en tercera persona).

- Aun si es un personaje, debe tener una voz distinta como narrador, porque ya sabe más que el personaje que es dentro de la historia (a menos de que narre en presente).

- Tiene el poder de moldear la percepción del lector a través del punto de vista que adopta, la información que elige revelar y el cómo.

- Maneja el ritmo, los saltos y las transiciones. Puede manipular el tiempo: puede decidir que un minuto en la vida de novela transcurra en varias páginas, o puede decidir que de un párrafo al siguiente hayan transcurrido siglos. Puede rebobinar el tiempo o puede llevar al lector a saltos al futuro.

- Puede tener conocimientos y perspectivas limitadas (narrador en tercera persona limitada) o poseer una perspectiva completa y omnisciente (narrador omnisciente).

- Su papel es involucrar al lector, proporcionar información y crear una experiencia narrativa específica.

- Es la voz que cuenta la historia, pero debe dar y respetar la voz propia de cada personaje.

- Sirve como intermediario entre el autor y el lector, guiando al lector a través de los eventos y experiencias de los personajes.

Personajes

- Son los seres ficticios que habitan y actúan en la historia.
- Son creaciones del autor, sirven como fuerza impulsora detrás de la trama.
- El narrador es quien los muestra a los lectores.
- Debe tener cada uno su propia voz y, además, no sonar ni como el autor ni como el narrador.
- Pueden ser protagonistas, antagonistas o figuras de apoyo, cada uno con sus propias personalidades, motivaciones y roles únicos dentro de la narrativa.
- A través de sus acciones, diálogos e interacciones, dan vida a la historia y experimentan desarrollo y crecimiento.
- Sortean conflictos, enfrentan desafíos y evolucionan a lo largo de la narrativa, impulsando la trama hacia adelante e involucrando emocionalmente al lector.

Diferencia entre narrador y voz narrativa

Cuando la voz narrativa funciona bien, la historia se enriquece, la imaginación se activa, los personajes viven para los lectores, y sus conflictos y victorias los emocionan. La historia se hace multidimensional, cobra sentido.

Narrador

- Es quien le habla al lector, utilizando el lenguaje y seleccionando las palabras, el tono y el ritmo para transmitir la historia.
- El narrador, ya sea en primera o en tercera persona, puede adoptar diferentes estilos de comunicación según el personaje que esté contando la historia.

- Su voz no es la del autor. El proceso de escritura permite al autor adoptar diferentes voces y estilos, según los personajes y la historia, empezando por la del narrador.

- El narrador en primera persona debe reflejar el discurso y la forma de hablar del personaje que cuenta la historia, pero considera que, si la cuenta en tiempo pasado, ese mismo personaje ya tendrá una perspectiva más evolucionada sobre los eventos que narra a la que tiene como personaje envuelto en la narrativa. Entonces considera dejar unos ciertos grados de separación entre la voz del narrador en primera persona y el personaje que todavía no sabe que vive eventos dignos de narrarse. Un ejemplo de esto lo podemos leer en *Matar a un ruiseñor*, ya que Scout Finch narra la historia desde su perspectiva de persona adulta ciertos eventos que marcaron su niñez. ¿Nos muestra su voz infantil como personaje? Harper Lee logra dar vida al espíritu de Scout-personaje. Pero también logra respetar la voz de Scout-narradora mostrando la distancia que le da a ésta el tiempo y su evolución. El resultado es que la voz no es la misma, a pesar de ser la misma persona.

Voz narrativa

- La voz narrativa en cada historia es una combinación de las decisiones estratégicas del autor, de la voz del narrador y de los personajes, así como del estilo natural de escritura del autor.

- El cambio de voz narrativa entre personajes y novelas permite al autor explorar diferentes estilos, actitudes y niveles de lenguaje, enriqueciendo la experiencia de lectura.

- La voz narrativa en una novela puede variar en actitud (cínica, cándida, pesimista, nostálgica, fría, etc.) y nivel de lenguaje (crudo, informal, formal, culto, científico, etc.). Un ejemplo de esto es *El guardián entre el centeno*, de J. D. Salinger, donde Holden-narrador hace evidente un tono sarcástico para mostrar su desdén por la falsedad que percibe en el mundo adulto y para transmitir su alienación y frustración. *El murmullo de las abejas* es nostálgica, pues la narra un viejo que va en camino a recuperar los recuerdos de su infancia truncada por la guerra.

- La voz narrativa es la sensación general que nos deja el lenguaje de una novela.

> **❝ Los escritores no son exactamente gente…**
> **son un montón de gente tratando**
> **de ser una persona. ❞**
>
> F. Scott Fitzgerald

El escritor concibe, pero el narrador da vida

El narrador debe ser, junto con la trama, una de las primeras decisiones tangibles del autor o autora. A menos de que sea una biografía, el autor no debe ser / no debe sentirse / no debe tener presencia en la figura del narrador. Aunque tradicionalmente no se cuenta al narrador dentro del elenco de personajes —incluso si se trata de un narrador en primera persona, porque un nivel es narrar y otro será actuar dentro de la historia—, de cierto modo conviene pensarlo como un primer personaje con derecho a ser. Es la primera creación a la que el autor debe infundirle vida y voz propia y el primer ejercicio del desprendimiento del YO del autor.

El narrador actúa como el guía, intérprete y manipulador de los elementos de la historia, influye en la conexión emocional del lector, moldea su comprensión y controla el tiempo, el ritmo y las revelaciones de la narrativa.

El papel del narrador es esencial para crear una experiencia de lectura convincente y envolvente, convirtiéndolo en un elemento crucial en el arte de contar historias.

*❝ Al escribir, la conexión entre el narrador
y la audiencia es igual de importante.
Mediante el uso de algunos dispositivos sutiles,
un narrador puede acercarse al lector y decir:
'Estamos juntos en esto'. ❞*

Constance Hale

El papel del narrador

El objetivo principal de un narrador en una novela es actuar como el contador de historias. El narrador es quien presenta a los personajes, describe los eventos, y transmite las emociones y pensamientos que surgen a lo largo de la trama. Maneja el tiempo, establece el tono y el estilo de la novela. Puede crear una atmósfera, establecer el ritmo de la narración y determinar el nivel de detalle y profundidad con el que se presenta la historia.

También, dependiendo de si es en primera, tercera o en segunda persona, puede influir en la interpretación de los eventos y los personajes, aportando su propia perspectiva y sesgos.

*❝ La narración es un acto de seducción,
de hacer que el lector olvide al narrador
mientras continúa asimilando la versión
de los hechos que este ofrece. ❞*

James Wood

El narrador tiene una influencia directa en la historia, ya que:

- Actúa como guía para el lector, proporcionando información relevante y contextualizando los sucesos de la historia.

- Guía incluso la mirada del lector hacia lo que el narrador desea que el lector vaya conociendo, y la desvía de las pequeñas claves que va dejando.

- Puede controlar la información que se revela al lector, dosificar los giros argumentales y manejar el ritmo narrativo para mantener el interés y la intriga.

- Puede ofrecer perspectivas sobre los personajes, sus motivaciones y pensamientos, así como contextualizar el trasfondo histórico, social o cultural de la trama. Esto ayuda al lector a comprender mejor la historia y a conectarse emocionalmente con los personajes y sus experiencias.

- Puede influir en la forma en que el lector se relaciona con los personajes.

- Dependiendo del enfoque narrativo elegido, el narrador puede permitir una identificación íntima con un personaje en particular, como en la primera persona, o bien, mantener cierta distancia emocional, como en la tercera persona.

- Esta elección afecta la empatía y el nivel de conexión emocional que el lector experimenta hacia los personajes y la historia.

- Tiene el poder de crear suspenso, sorpresa y tensión en la narrativa.

- El narrador puede jugar con las expectativas del lector y crear efectos dramáticos a través de la manera en que dosifica la información y revela los eventos.

> " Los personajes del escritor deben presentarse ante nosotros con la plenitud de la vida, y un narrador debe ser elegido con cuidado, porque el narrador es nuestro guía e intérprete. "
>
> JOHN GARDNER

Elige el mejor narrador para tu historia

¿En primera, segunda o tercera persona? A veces lo sabemos por instinto, a veces por costumbre. Pero la decisión del narrador es estratégica y crucial: siempre debe de haber un buen motivo para escogerlo. Le debe convenir a la historia que vas a contar para que funcione, pues la elección del narrador y su enfoque narrativo tienen un impacto significativo en la experiencia de lectura y en la forma en que se percibe la historia. Empezar por estos puntos te puede ser de ayuda:

Comprende la naturaleza de tu historia. Considera:

▶ Tema

▶ Mensaje

▶ Género literario

Define el público lector:

• Diferentes narradores pueden atraer a diferentes grupos de edad o demográficos. Por ejemplo, una novela para jóvenes podría usar un narrador adolescente para conectar con su audiencia, mientras que una novela histórica podría usar una voz más desapasionada para proporcionar el contexto adecuado.

Define el nivel de conocimiento que deseas que tenga tu lector:

• De eso depende que escojas un narrador en primera, segunda o tercera persona (limitada u omnisciente).

Define si te conviene un narrador fiable o uno no fiable:

• Si quieres que tu lector no tenga dudas sobre lo que sabrá, escoge un narrador en tercera persona, que narre desde la objetividad. En *Historia de dos ciudades* de Charles Dickens, el narrador guía al lector a lo largo de la historia, ofreciendo ideas sobre los elementos personales, así como como los históricos de la trama. A este narrador se le considera confiable, pues proporciona una visión completa de los pensamientos, sentimientos y el contexto sociopolítico de la época, incluso de los personajes antagonistas. La fiabilidad del narrador se refuerza por la manera en que Dickens lo utiliza para ofrecer una perspectiva moral y filosófica sobre los eventos de la novela, especialmente en relación con temas como el sacrificio y la injusticia social. Pero ojo: aunque el narrador proporciona una perspectiva bien equilibrada y sin emitir juicios propios, vale la pena señalar que las propias opiniones y el estilo narrativo de Dickens influyen en cómo se presenta e interpreta la historia. Dicho de otro modo, la objetividad absoluta no existe y un narrador ya va cargado con decisiones subjetivas al mostrarnos lo que desea que miremos —y lo que no— y cómo lo miramos.

- Si quieres producir esas dudas, causar una especie de ceguera narrativa, escoge un narrador en primera persona que narra desde la subjetividad. Un ejemplo de un narrador no fiable es Patrick Bateman en *American Psycho* de Bret Easton Ellis. Bateman, quien es el protagonista y narrador, presenta una visión de la realidad altamente subjetiva y distorsionada debido a sus tendencias psicopáticas e inestabilidad mental. Su narrativa está llena de contradicciones, delirios y relatos cuestionables de actos violentos, que dejan al lector inseguro sobre qué es verdad y qué es producto de su mente enferma. Esta falta de fiabilidad crea una sensación de inquietud y ambigüedad, lo que obliga a los lectores a cuestionar la autenticidad de su historia. Puede parecer contrario a la intuición crear un narrador así, pero en este caso ésa es precisamente la sensación que quiere dejar el autor en el lector: traspasar el umbral de la incredulidad al sentirse en manos de un psicópata. Otro ejemplo clásico de un narrador no fiable se encuentra en *El guardián entre el centeno* de J. D. Salinger. La fiabilidad de Holden-narrador se pone en duda debido a su estado mental, sus prejuicios contra figuras de autoridad y su perceptible visión sesgada del mundo. Los lectores batallan para distinguir lo que es verdad de lo que está influenciado por sus prejuicios personales y su confusión.

Antes de empezar a escribir tu historia, define en qué persona y tiempo te conviene que se cuente y por qué:

- En primera persona, desde el presente (yo vivo, siento y pienso).

- En primera persona, en retrospectiva (yo vivía, sentía y pensaba).

- En segunda persona, desde el presente (tú vives, sientes y piensas).

- En segunda persona, en retrospectiva (tú vivías, sentías y pensabas).

- En tercera persona omnisciente, desde el presente (él —y todos— viven, sienten y piensan).

- En tercera persona omnisciente, en retrospectiva (él —y todos— vivían, sentían y pensaban).

- En tercera persona limitada, desde el presente (él —o ella— vive, siente y piensa).

- En tercera persona limitada, en retrospectiva (él —o ella— vivía, sentía y pensaba).

Define dónde habita y de qué género es el narrador:

- Si imaginas que habita en el éter y es un ser narrador de género neutro, escoge tercera y segunda persona.

- Si habita en las páginas del libro como personaje y tiene género determinado, escoge primera o segunda persona.

Tipos de narradores

El narrador puede escoger contar la historia desde alguna perspectiva que le convenga. Esto nos da como resultado una variedad de narradores que podemos distinguir como narrador en primera, segunda o tercera persona. Según el acceso que tengan a la información, cambia lo que pueden comunicar.

¿Cuál de los narradores es el mejor? Últimamente, he leído opiniones que expresan que siempre es mejor y más moderno un narrador en primera persona y que el narrador en tercera ya es anticuado. Pero estoy convencida de que siempre es mejor el que convenga a la historia que queremos contar y al efecto que queremos lograr. ¿Te imaginas lo limitada que sería la narrativa de *Juego de tronos* si su autor hubiera escogido contarla con un narrador en primera persona? ¿A cuál de los personajes podría haber escogido Martin como narrador? ¿De cuánta información nos hubiéramos perdido?

En torno al narrador existen convenciones que guían a los escritores. Como por ejemplo que cuando escoges a tu narrador, te quedas con éste hasta el punto final. Esto va a funcionar en la inmensa mayoría de las novelas. Pero en la literatura las reglas, si acaso las hay, están para romperse.

Hay novelas que utilizan varios narradores, por lo general del mismo tipo de punto de vista: en primera persona. *En el tiempo de las mariposas* de Julia Álvarez es un buen ejemplo en el que las hermanas Miraval narran de diversa manera, desde su punto de vista y su experiencia. Otro ejemplo es *La biblia envenenada* de Barbara Kingsolver, donde la historia la van completando las hijas de la familia Price.

En *El murmullo de las abejas*, porque así convenía a mi historia, decidí no sólo usar múltiples narradores, sino además de diversos tipos. Fue una decisión creativa riesgosa que podría desconcertar a los lectores.

La novela empieza con dos narradores, uno en tercera persona omnisciente y otro en primera, pero llegan a un punto cerca del final en el que se encuentran y se funden en uno solo, uno que narra con las cualidades de ambos: en primera persona omnisciente, en pasado y presente. Fue un riesgo, te digo, pero la historia me lo demandaba y por eso me atreví. Quería que mi historia comunicara lo necesario y me funcionó. Estos narradores representan la consciencia (o los recuerdos que conservamos) y el subconsciente (los recuerdos —y la magia— suprimidos que buscan salir) y la fusión de los dos cuando se aceptan el uno al otro. Te muestro el momento en que los narradores, ya reconociéndose y dispuestos a fundirse en uno, entablan una conversación desde el título del capítulo.

TU MAMÁ NUNCA SE PERDONÓ ESA CACHETADA,

y hasta el día de su muerte, cuerda como se mantuvo siempre, continuó reclamándose ese desliz violento.

Cierto. Mi mamá siguió cosiendo en su Singer casi hasta su último día, en su afán por recordar lo bueno, olvidar lo malo y fortalecerse para enfrentar las sorpresas de la vida, buenas y malas.
Por cierto que nunca quiso la máquina de coser eléctrica que le
regalé —no cose igual, no suena bien, no puedo acomodar mis
manos, diría, siempre buscándole algún defecto—, así que mori-
ría con piernas más fuertes que una corredora de maratón de tanto pedalear al ritmo que la sosegaba y que sólo perdía cuando, en
su ensimismamiento, se le escabullía el recuerdo del recibimiento
que le había dado a Simonopio aquel día. Entonces su trácata, trácata se convertía en un desordenado tra-ca-tá que terminaba por
enredarle el hilo y desviarle la tela. Entonces se detenía sin terminar el proyecto y deambulaba un rato por la casa como perdida,
desolada, repasando los eventos de mi cumpleaños número siete
y deseando haber obrado de manera distinta con Simonopio, con
mi papá, conmigo.

El narrador debe significar una decisión creativa importante. Ésta
afectará tu narrativa de manera notoria, por lo que es una decisión
de peso. Conoce bien los tipos de narradores y las posibilidades que
te ofrecen. Si apenas estás empezando a descubrirte como escritor, te recomiendo que, como ejercicio permanente, analices al narrador de la novela o cuento que leas. Si apenas estás empezando a
escribir, al principio usa sólo uno por historia, exprímelo, domínalo.
Ya con más experiencia puedes empezar a experimentar. Pero, sobre
todo, hazte experto en determinar el narrador que tu historia precisa. En mis talleres insisto mucho en preguntar: ¿por qué escogiste a
este narrador?, ¿de qué te va a servir?, ¿qué te ayudará a lograr? Te
dejo estas preguntas para que te las hagas con cada proyecto.

❝ Con un narrador en tercera persona, puedes mostrar al lector lo que está sucediendo sin que los personajes lo sepan. Esto añade capas de dramatismo y complejidad a la historia. ❞

PHILLIP PULLMAN

Narrador en tercera persona

Éste es un enfoque narrativo en el cual la historia se cuenta desde una perspectiva externa, utilizando pronombres como "él", "ella" o "ellos" para referirse a los personajes. A diferencia del narrador en primera persona, el narrador en tercera persona no se identifica directamente como un personaje dentro de la historia, sino que se presenta como un observador objetivo. Algunas de sus características son las siguientes:

Perspectiva externa: el narrador en tercera persona ofrece una visión objetiva y externa de la historia, al no estar vinculado directamente a ningún personaje en particular. Esto permite al narrador tener una visión más amplia de los eventos y describirlos desde diferentes puntos de vista.

Acceso a la información: el narrador en tercera persona tiene acceso a información más amplia y completa sobre los personajes, eventos y escenarios. Puede revelar pensamientos, sentimientos e información que los personajes pueden no conocer o no expresar abiertamente.

Versatilidad narrativa: al no estar limitado por la perspectiva de un personaje específico, el narrador en tercera persona puede cambiar de escenario, saltar entre diferentes personajes y ofrecer una visión panorámica de la historia. Esto permite una mayor flexibilidad narrativa y la posibilidad de explorar múltiples subtramas y puntos de vista.

❝ El narrador siempre está presente,
aunque se finja que no lo está. **❞**

THOMAS C. FOSTER

Curiosamente, a pesar de ser el más "invasivo", el narrador en tercera persona bien hecho es el que puede pasar más desapercibido
para el lector. De acuerdo con la cantidad de información a la que
tenga acceso y la cercanía que entable con los personajes, distingui-
mos tres tipos de narradores en tercera persona.

Narrador omnisciente

- Tiene un conocimiento ilimitado y omnisciente de los personajes, la historia y los eventos que se desarrollan en la narrativa.

- El narrador omnisciente ofrece una visión completa y deta-
llada de la historia, brindando conocimiento completo y una
perspectiva amplia. Sin embargo, corre peligro de distanciar
emocionalmente al lector, dificultar la identificación con los
personajes, eliminar la sorpresa y aumentar la complejidad
narrativa.

- El narrador omnisciente lo sabe todo y puede abarcar cualquier
cosa y cualquier persona en su conocimiento. Habla desde el
punto de vista de dios y tiene un conocimiento ilimitado sobre
los personajes y los eventos. Conoce los pensamientos y experiencias pasadas y futuras de todos los personajes, así como el
perfil psicológico de la señora que espera el autobús y la razón
por la cual a los gatos les encantan las cajas. Todo.

- Pero no tiene que mostrarlo todo. Lo importante es que se tome
la libertad de escoger qué mostrar y qué no mostrar. Todo es
cuestión de estrategia para que convenga más al funcionamien-
to de la historia.

- Puedes decidir que el narrador sea selectivo en cuanto a la información que revela y no se adentre en las complejas motivaciones de los personajes.

- También puedes optar por que el narrador se centre en los sentimientos de los personajes y utilice un enfoque más cercano a la narración en tercera persona para otros aspectos.

- Puedes limitar el conocimiento del narrador a un periodo de tiempo específico.

- Para un novelista principiante puede ser más recomendable utilizar un narrador en tercera persona más limitado.

> " Esta perspectiva casi divina permite
> al autor ir a cualquier parte y explorar
> cualquier cosa dentro del mundo
> de la historia. "
>
> DAVID LODGE

Jane Austen se distingue por su uso del narrador en tercera persona omnisciente. Aquí, un fragmento del capítulo 3 de *Orgullo y prejuicio*, cuando introduce a Mr. Darcy:

Mr. Darcy pronto captó la atención de la habitación con su alta y distinguida figura, sus rasgos apuestos, su porte noble y la noticia que se difundió rápidamente, cinco minutos después de su entrada, de que tenía diez mil libras al año. Los caballeros lo consideraron un hombre de buena presencia, las damas afirmaron que era mucho más guapo que Mr. Bingley, y fue admirado profundamente durante casi la mitad de la velada, hasta que sus modales causaron disgusto y cambiaron la marea de su popularidad. Se descubrió que era orgulloso, distante con su compañía y ajeno a complacer a los demás, y ni siquiera su gran hacienda en Derbyshire pudo salvarlo de tener un semblante severo y desagradable, y de resultar indigno de compararse con su amigo.

Por otro lado, Mr. Bingley pronto se hizo amigo de todas las personas principales de la habitación; era animado y desinhibido, bailó cada baile, se enfadó cuando el baile terminó temprano y habló de dar uno él mismo en Netherfield. Tales cualidades amables hablaban por sí mismas. ¡Qué contraste con su amigo! Mr. Darcy sólo bailó una vez con Mrs. Hurst y una vez con Ms. Bingley, declinó ser presentado a cualquier otra dama y pasó el resto de la velada paseando por la habitación, conversando ocasionalmente con alguno de los miembros de su propio grupo. Su carácter estaba definido. Era el hombre más orgulloso y desagradable del mundo, y todos esperaban que nunca volviera allí. Entre los más vehementes en su contra se encontraba Mrs. Bennet, cuya aversión hacia su comportamiento en general se intensificó por haber desairado a una de sus hijas.

El personaje y el punto de vista principal de la novela es Elizabeth Bennet, pero aquí vemos a Mr. Darcy y a Mr. Bingley desde la percepción y juicio de la generalidad de los asistentes al baile y no desde el punto de vista de Elizabeth, aunque estas percepciones puedan coincidir.

Narrador en tercera persona limitada

- Permite una conexión emocional profunda sólo con el personaje principal. Sólo lo que el personaje sabe, siente, percibe, piensa, adivina, desea, recuerda, etc., puede ser narrado.

- Crea sorpresa y suspenso.

- Proporciona una narrativa más enfocada.

- Puede limitar la información, la objetividad, la flexibilidad narrativa y el desarrollo de personajes secundarios. El lector podrá inferir lo que otros sienten y son, pero sólo desde la perspectiva, opinión o el punto de vista del personaje principal, quien observa su comportamiento.

Ejemplo: *Harry Potter* de J. K. Rowling. La historia se cuenta desde la perspectiva de Harry Potter, limitándose al conocimiento y experiencia del protagonista. Si él no sabe dónde están o qué hacen Ron y Hermione, o Dumbledore y Voldemort, el lector tampoco.

En *Farenheit 451*, Ray Bradbury utiliza el narrador en tercera persona limitado para guiarnos a través del mundo de Guy Montag y su viaje de desilusión y disidencia. El lector sigue sólo a Montag mientras éste se libera de las restricciones sociopolíticas en un mundo distópico.

Era un placer quemar.

Era un placer especial ver cosas devoradas, ver cosas ennegrecidas y cambiadas. Con la boquilla de latón en sus puños, con esta gran serpiente escupiendo su venenoso queroseno sobre el mundo, la sangre golpeaba en su cabeza, y sus manos eran las manos de algún increíble director que interpretaba todas las sinfonías del ardor y la quema para derribar los andrajos y ruinas de carbón de la historia. Con su casco simbólico numerado 451 en su cabeza imperturbable, y sus ojos todos llamas anaranjadas con el pensamiento de lo que vendría después, él encendió el encendedor y la casa saltó en un fuego devorador que quemó el cielo vespertino en rojo, amarillo y negro. Avanzaba en un enjambre de luciérnagas. Él quería sobre todo, como el viejo chiste, meter un malvavisco en un palo en el horno, mientras los libros con alas de paloma aleteante morían en el porche y el césped de la casa. Mientras los libros se elevaban en torbellinos centelleantes y volaban lejos en un viento oscurecido por la quema.

Montag sonrió la feroz sonrisa de todos los hombres chamuscados y rechazados por la llama.

Narrador en tercera persona cinematográfica o externa

- Se refiere a un estilo narrativo en el que la historia se cuenta desde una perspectiva externa, como si se estuviera observando desde fuera.

- La tercera persona cinematográfica ofrece ventajas en términos de objetividad, enfoque en la acción y posibilidad de identificación con múltiples personajes.

- Tiene desventajas en cuanto al distanciamiento emocional, la falta de intimidad con los personajes y las limitaciones narrativas en la exploración de la psicología y las relaciones.

El código Da Vinci de Dan Brown, una novela de acción, misterio y conspiración, está narrada en tercera persona y sigue al profesor Robert Langdon mientras desentraña una serie de enigmas relacionados con el arte y la historia religiosa. La narrativa utiliza una perspectiva externa, llena de acciones, para mostrar las pistas, los escenarios y los giros de la trama, como si se estuviera viendo una película y sin poder adentrarse al mundo interno de los personajes.

El año pasado le había pasado factura, pero no apreciaba ver la prueba en el espejo. Sus habitualmente agudos ojos azules lucían esta noche turbios y cansados. Una sombra oscura cubría su fuerte mandíbula y mentón con hoyuelos. Alrededor de sus sienes, las canas avanzaban, adentrándose más en su espeso cabello negro y áspero. Aunque sus colegas mujeres insistían en que las canas sólo acentuaban su atractivo intelectual, Langdon sabía mejor.

Si la revista *Boston Magazine* me viera ahora.

El mes pasado, para vergüenza de Langdon, la revista *Boston Magazine* lo había incluido en la lista de las diez personas más intrigantes de esa ciudad, un honor dudoso que lo convirtió en el blanco de bromas interminables por parte de sus colegas de Harvard. Esta noche, a tres mil millas de su hogar, el elogio había resurgido para atormentarlo en la conferencia que acababa de dar.

—Señoras y señores… —anunció la anfitriona ante un auditorio lleno en el Pavillon Dauphine de la Universidad Americana de París—. Nuestro invitado de esta noche no necesita presentación. Es autor de numerosos libros: *La simbología de las sectas secretas, El arte de los Illuminati, El lenguaje perdido de los ideogramas*, y cuando digo que escribió el libro sobre Iconología Religiosa, lo digo literalmente. Muchos de ustedes usan sus libros de texto en clase.

Los estudiantes en la multitud asintieron entusiasmados.

—Había planeado presentarlo esta noche compartiendo su impresionante *curriculum vitae*, sin embargo…

Miró juguetonamente a Langdon, quien estaba sentado en el escenario.

—Un miembro del público acaba de entregarme una introducción mucho más, podríamos decir… intrigante.

Sostuvo una copia de *Boston Magazine*.
Langdon se estremeció. ¿Dónde demonios consiguió eso?

Si te fijas, éste es un fragmento donde el personaje está sentado y, sin embargo, todo el tiempo está sucediendo algo que seguimos como a través de una lente que nos permite ver, pero no participar de manera empática.

> **"** El narrador, sin preocuparse por ningún deseo de cumplir con tu noción de 'realidad', deja el mundo social al ámbito del novelista. **"**
>
> VLADÍIMIR NABOKOV

Narrador en primera persona

- El narrador en primera persona ofrece un enfoque narrativo en el cual la historia se cuenta desde la perspectiva de un personaje que se presenta como "yo". Éste ofrece una experiencia íntima y subjetiva, ya que el lector ve los eventos a través de los ojos y la voz de ese personaje.

- La perspectiva es propia y por tanto subjetiva: el narrador en primera persona ofrece una visión subjetiva de la historia, ya que los eventos se filtran a través de los pensamientos, sentimientos y percepciones del personaje narrador. Entonces puede convertirse en un narrador poco fiable.

- Conexión emocional: al estar inmerso en la mente del personaje narrador, el lector puede establecer una conexión emocional más fuerte con la historia y los personajes, en especial el principal, el que narra.

- Esta perspectiva te da acceso limitado a la información: el narrador en primera persona sólo puede relatar lo que el personaje narrador sabe o experimenta directamente o lo que le han contado, lo que puede restringir la visión general de la historia.

" Una de las estrategias para escribir
en primera persona es hacer que el narrador sepa
mucho, de modo que el lector esté
con alguien que tenga una visión
de todo lo que observa. **"**

RAQUEL KUSHNER

Características y consideraciones del narrador en primera persona:
La narrativa en primera persona permite que tu personaje principal
invite al lector a confiar y a seguirlo. La intimidad y la inmediatez de
la primera persona y cómo involucra estrechamente al lector en el
mundo de tu narrador hacen que este punto de vista cautive de manera natural. El desarrollo de la personalidad es crucial.

Para transmitir personalidad de un narrador en primera persona,
utiliza dispositivos como:

- **Registro.** ¿Es el tono de tu narrador formal o lleno de jerga?
  ¿Cómo refleja esto la edad o el trasfondo de tu narrador?

- **Elección de palabras.** Mark Twain escribió: "El carácter de un
  hombre puede ser aprendido de los adjetivos que habitualmente usa en conversación". ¿Tu personaje usa palabras positivas para describir a las personas y lugares o principalmente
  negativas? ¿Qué revelan sus elecciones?

- **Estructura de las oraciones.** Incluso la estructura de las oraciones a menudo es reveladora. Un personaje que habla en
  frases cortas, simples y cortadas puede ser del tipo franco y
  directo. Mientras que un personaje que usa frases largas y sin
  pausa puede ser más reflexivo.

- **Lenguaje corporal y gestos.** Incluye movimientos o gestos ha-
  bituales (por ejemplo, pasarse la mano por el cabello) que
  utiliza tu narrador en primera persona.

Para producir confianza en el lector, primero hay que confiar en él. Por ejemplo, en el famoso clásico de Charlotte Brontë, *Jane Eyre*, está la frase: "Lector, me casé con él". No es necesario romper la cuarta pared como Brontë y dirigirse al lector como lector. El efecto puede ser más sutil. Pero la meta sería hacer del lector una especie de cómplice.

Así habla el narrador en primera persona en *El murmullo de las abejas*:

Con esos antecedentes es fácil entender el patatús de mi mamá al enterarse de su preñez, a la vejez viruela de treinta y nueve. Me imagino el sufrimiento que pasó para admitir su estado ante mis hermanas mayores. Peor ante sus amigas del casino de Linares. Y entiendo su desesperación cuando, luego de tener a dos señoritas de listones y encajes, le naciera un varoncito de lodos, piojos güeros y sapos prietos.

Así que le nací a mi mamá cuando ella ya tenía vocación de abuela. Me quiso mucho y la quise mucho, pero teníamos nuestros problemas. Recuerdo que al no poderme cubrir de holanes y moños, insistía en vestirme como señorito español, con trajes que ella misma confeccionaba, y yo de señorito fino nunca tuve nada. De español tampoco, aunque ella insistía en ponerme trajecitos bordados que copiaba de las últimas revistas madrileñas.

Para su consternación, yo siempre estaba embarrado de comida, tierra o caca de perro, vaca o caballo. Siempre tenía raspones en las rodillas y el pelo rubio tieso y oscuro por el lodo. Jamás me molestaron los mocos colgando de mi nariz. El pañuelo bordado con mis iniciales, que mi mamá ordenaba que pusieran a diario en mi bolsillo, me servía para todo menos para limpiarlos. Si bien no lo recuerdo, porque debo de haberlo superado temprano en la vida, me dicen que prefería comer escarabajos antes que el hígado de pollo o de res que me preparaban las nanas —por órdenes de mi mamá— para que mis mejillas se sonrosaran.

Ahora que soy padre, abuelo y bisabuelo admito que no fui un niño fácil de tratar. Mucho menos de manipular.

Si el narrador en primera persona se utiliza de manera efectiva, puede proporcionar suficiente información para generar una conexión emocional fuerte con el lector al permitir una exploración profunda de la psicología del personaje-narrador. Por otro lado, también tiene limitaciones en cuanto a la fiabilidad del narrador y el acceso restringido a la información más allá de sí y de sus impresiones.

Ejemplos: *Las aventuras de Huckleberry Finn* de Mark Twain. El narrador es el mismo Huck Finn y cuenta la historia desde su perspectiva de género, de edad, de clase social y temperamento. En *Crimen y castigo* de Fiódor Dostoyevski, la historia se narra desde la perspectiva del personaje principal, Raskólnikov, y ofrece una visión interna y sesgada de sus pensamientos y emociones.

> ❝ Lees una historia en segunda persona
> y te das cuenta de que no se trata sólo
> del personaje. Se trata de ti. Las palabras
> en la página reflejan tu propia vida. ❞
>
> WILLIAM FAULKNER

Narrador en segunda persona

El narrador en segunda persona es un enfoque narrativo en el cual la historia se cuenta desde la perspectiva del "tú", es decir, el lector o un personaje al que se le habla directamente. Este enfoque es menos común que los narradores en tercera o primera persona, pero puede ser utilizado de manera efectiva para crear una experiencia de lectura envolvente. El narrador en segunda persona se distingue por:

Dirección directa: el narrador se dirige directamente al lector o a un personaje específico utilizando pronombres como "tú" o "usted", lo que implica una conexión íntima y personalizada.

Participación del lector: al utilizar la segunda persona, el narrador involucra activamente al lector en la historia, creando la ilusión de que el lector es el protagonista o está experimentando los eventos de manera directa. Crea una gran tensión en el lector, al convertirse en un personaje de la novela sin poder tomar decisiones propias. El dios narrador le dice qué, cómo y cuándo.

Perspectiva limitada: aunque se dirige al lector, el narrador en segunda persona puede tener un conocimiento limitado y sólo revelar la información de manera selectiva, lo que puede generar intriga y mantener al lector comprometido.

Ejemplos: *Si esto es un hombre* de Primo Levi. El autor utiliza el "tú" para involucrar al lector en su experiencia en los campos de concentración durante el Holocausto. Mira cómo en *Bright Lights, Big City* Jay McInerney emplea el "tú" para sumergir al lector en la vida nocturna y los excesos de la ciudad de Nueva York:

El tren se estremece y se inclina hacia la Calle Catorce, deteniéndose dos veces para respirar en el túnel. Estás leyendo sobre el nuevo novio de Liz Taylor cuando una mano sucia te toca el hombro. No necesitas mirar hacia arriba para saber que te enfrentas a una víctima, uno de los desaparecidos de la ciudad. Estás más que dispuesto a dar algo de plata a los discapacitados físicos, pero la gente con la mirada perdida te pone los pelos de punta.

La segunda vez que te toca el hombro, levantas la vista. Su ropa y cabello están bastante ordenados, como si hubiera dejado recientemente las convenciones sociales, pero sus ojos están ausentes y su boca trabaja furiosamente.

—Mi cumpleaños —dice— es el trece de enero. Cumpliré veintinueve años.

De alguna manera, esto suena como una amenaza de matarte con un objeto contundente.

—Estupendo —dices, volviendo al periódico.

Cuando vuelves a mirar, el hombre está a medio camino del vagón, mirando intensamente un anuncio de un instituto de formación empresarial. Mientras observas, se sienta en el regazo de una anciana. Ella intenta librarse de él, pero él la tiene atrapada.

La segunda persona no es el tipo de narrador más común, pero logra un efecto innegable. ¿Qué sentimiento te provocó leer el fragmento de arriba? ¿Te imaginas leer toda una novela así? ¿Te servirá alguna vez este narrador para una de tus historias?

> ❝ En segunda persona, eres el personaje
> de la historia. Haces las cosas
> que el narrador te dice que hagas. ❞
>
> DOUGLAS R. HOFSTADTER

Compara los diferentes enfoques narrativos de un vistazo

La elección del narrador dependerá del efecto deseado, la historia que se quiere contar y los objetivos narrativos específicos. Cada enfoque ofrece diferentes perspectivas, niveles de inmersión y grado de conexión con los personajes y el lector.

Enfoque narrativo	Narrador omnisciente	Tercera persona limitada	Tercera persona externa	Primera persona	Segunda persona
Punto de vista	El narrador tiene un conocimiento ilimitado y omnisciente de los pensamientos, sentimientos y acciones de los personajes.	El narrador se limita a la perspectiva y conocimientos de un personaje principal.	El narrador es un observador externo que no tiene acceso directo a los pensamientos y sentimientos de los personajes.	El narrador es uno de los personajes principales y cuenta la historia desde su perspectiva.	El narrador se dirige directamente al lector como si fuera el personaje principal.
Acceso a la información	El narrador conoce todos los detalles y puede revelar cualquier información, incluyendo los pensamientos internos de los personajes y eventos pasados y futuros.	El narrador sólo tiene acceso a la perspectiva y conocimientos del personaje principal, sin conocer información más allá de lo que el personaje sabe o experimenta.	El narrador sólo puede observar y relatar los hechos y eventos externos, sin acceso a los pensamientos o sentimientos de los personajes.	El narrador tiene acceso directo a sus propios pensamientos, sentimientos y experiencias, pero no a los de los demás personajes.	El narrador se dirige directamente al lector como si éste fuera el protagonista de la historia.

Enfoque narrativo	Narrador omnisciente	Tercera persona limitada	Tercera persona externa	Primera persona	Segunda persona
Del lector	El narrador proporciona una visión completa y detallada de los personajes y eventos, pero puede distanciar al lector al no permitirle una conexión emocional directa con los personajes.	El lector se identifica con el personaje principal y experimenta la historia a través de su perspectiva, lo que puede generar una mayor empatía y conexión emocional.	El lector se convierte en un observador externo y puede sentirse más distanciado emocionalmente de los personajes.	El lector experimenta la historia a través de los ojos y la voz del narrador, lo que puede generar una conexión íntima con el personaje principal.	El lector se convierte en el personaje principal, experimenta la historia en primera persona.
Flexibilidad narrativa	El narrador tiene libertad total para saltar entre diferentes personajes, lugares y eventos, y puede proporcionar una visión completa de la historia.	La narrativa se limita a la perspectiva y conocimientos del personaje principal, lo que puede restringir la visión general de la historia.	El narrador está restringido a ser un observador externo y no puede entrar en los pensamientos o sentimientos de los personajes.	La narrativa está restringida a la perspectiva y experiencias del narrador, lo que puede limitar la visión general de la historia.	El narrador está restringido a la experiencia y perspectiva del personaje principal, lo que puede limitar la visión general de la historia.

Compara las ventajas y desventajas de cada enfoque narrativo de un vistazo

Enfoque narrativo	Narrador omnisciente	Tercera persona limitada	Tercera persona externa	Primera persona	Segunda persona
Ventajas	Permite una visión completa y detallada de los personajes y eventos.	Permite una conexión más íntima con el personaje principal y una mayor empatía.	Crea un efecto de objetividad y distancia que puede ser útil para ciertos temas.	Permite una conexión emocional directa con el narrador-personaje y su perspectiva única.	Genera una experiencia inmersiva y participativa para el lector al convertirlo en el protagonista.
Desventajas	Puede distanciar emocionalmente al lector al no permitir una conexión directa con los personajes.	Limita la visión general de la historia al estar restringido a la perspectiva del personaje principal.	Puede dificultar el desarrollo profundo de los personajes al no tener acceso a sus pensamientos y sentimientos.	Limita la visión general de la historia al estar restringido a la experiencia del narrador-personaje.	Puede resultar extraño o poco convencional, lo que podría dificultar la identificación del lector con la narrativa.

> **❝** Un lector vive mil vidas antes de morir.
> El que nunca lee vive sólo una. **❞**
>
> George R. R. Martin

Mi anécdota favorita: ejercicio para abandonar tu yo

No hay nada más difícil que dejar de ser tú y, sin embargo, los ávidos lectores estamos dispuestos a hacerlo en cada novela que leemos. Y a los lectores nos encanta esa aventura. Es lo que nos hace abrir un nuevo libro inmediatamente al terminar otro. A través de todos esos libros que has leído y de todos esos personajes en los que te has convertido, como cualquier lector, ya sabes "no ser tú".

Si ya has tenido esa experiencia como lector, ¿por qué no has de tenerla como autor? Como autor de una historia que funciona, estás obligado a abandonar tu yo y a adentrarte en los diversos planos de existencia en la creación de una historia.

A mí me gusta mucho este ejercicio de "Mi anécdota favorita". Lo utilizo mucho en mis talleres para mostrar los planos de existencia narrativa. Este ejercicio te invita, a ti, autor, a convertirte en narrador y personaje, y a mirar y crear una escena muy conocida por ti, pero de manera muy distinta y desde diversos ángulos. Te recomiendo hacerlo una o varias veces y luego te invito a regresar a él a medida que vayas avanzando en el manual para que, al revisar, vayas agregando elementos que le den más dimensión.

Te comparto un ejemplo de "Mi anécdota favorita": Yo, Sofía Segovia, de Monterrey, Nuevo León, cuento mucho la anécdota del día en que atropellaron a mi queridísimo perrito. En la anécdota escrita, mi narrador omnisciente muestra puntos de vista que, como persona normal que habla en primera persona en el mundo real, no puedo transmitir. El cuento que resultó me muestra el punto de vista de un grupo de *Homo fictus*, o personajes, que viven en una historia: una tal Sofía, su hija, la nana y el perrito. Como ejemplo, te comparto un pequeño fragmento en el que aparece Gorilón, el perrito, y Sofía, la dueña.

Al llegar a la señal de alto, Sofía vio que Gorilón había cruzado hasta el otro lado de la avenida.

Y él también la vio a ella. Y no había nada ni nadie que él quisiera más que a ella. Y dejaría cualquier cosa, hasta los aromas deliciosos que percibía de ese lado de la acera por estar con ella. Y si corría, tal vez ella lo llevaría de paseo. Y la acompañaría. Y ella bajaría la ventana para que el aire le diera en la cara. Y él olería toda la ciudad al mismo tiempo: los aromas buenos y los malos, y los conocería todos. Y corrió hacia ella emocionado. Y no oyó el carro que venía, y sólo lo vio cuando ya las luces de los faros lo iluminaron. Y trató de hacerse lo más chiquito posible, de encogerse y de pegarse al pavimento.

Y el carro le pasó por encima.

Sofía, en el alto, lo vio todo: desde la alegría en su mirada cuando la supo cerca, y la decisión de llegar hasta ella, hasta el carro que se acercaba a una velocidad criminal. Luego vio ese bólido gigante pasar por encima de su Gorilón. Vio que las llantas no lo tocaron: sólo el chasis. Pero vio que el esfuerzo que hizo el pequeño Gorilón de hacerse aún menor, era en vano: el chasis del carro lo impactó una vez y luego lo que parecieron mil veces, pues lo hizo rebotar y rodar entre el metal y el pavimento por varios metros.

Y la Sirenita cantaba en el estéreo del carro las notas finales de *Part of Your World*, pero Sofía ya no le seguía ni el compás, ni el sentido: ahora a pulmón abierto se había sumido en un grito, en un larguísimo no, que había empezado desde que comprendió la inevitabilidad del encontronazo y la certeza de su pérdida. Fue un grito que acompañó a su perro en cada vuelta, en cada golpe y roce contra el pavimento, y hasta el final de la inercia violenta que lo mataría. Fue un grito que continuó cuando abrió la puerta para correr a socorrerlo.

Fue una tragedia muy dolorosa y lloré mucho ese día con mi Gorilón en brazos. Curiosamente, esta anécdota, cuando la cuento en persona, por ciertos detalles que no mostré en el ejemplo, se convirtió en una anécdota en la que lloro de la risa, y ríe mi público siempre. Pero cuando la escribí para este ejercicio, me sorprendí: lloré de dolor y luego se conmovieron mis lectores. Sigue siendo un misterio para mí que sólo puedo explicar diciendo: el narrador en tercera persona vio y comprendió el todo y se atrevió a ir muy profundo a descubrir la verdad. Y no me ahorró el dolor, lo cual comprendí que logramos fácilmente en la vida real, encerrados como estamos en el punto de vista personal.

Al leer mi anécdota, nota que el narrador siempre es el mismo omnisciente, y por lo tanto cambia con facilidad el punto de vista que nos da: de Sofía a Gorilón y a Sofía de nuevo. ¿Distinguiste las transiciones entre los puntos de vista (PDV) de los personajes? Mira:

PDV SOFÍA:
Al llegar a la señal de alto, (Sofía) vio que éste (Gorilón) había cruzado hasta el otro lado de la avenida.

PDV NEUTRO *(puede ser el punto de vista de cualquiera de los dos):*
Y él también la vio a ella.

PDV GORILÓN:
Y no había nada ni nadie que él quisiera más que a ella. Y dejaría cualquier cosa, hasta los aromas deliciosos que percibía de ese lado de la acera por estar con ella. Y si corría, tal vez ella lo llevaría de paseo. Y la acompañaría. Y ella bajaría la ventana para que el aire le diera en la cara. Y él olería toda la ciudad al mismo tiempo: los aromas buenos y los malos, y los conocería todos. Y corrió hacia ella emocionado. Y no oyó el carro que venía, y sólo lo vio cuando ya las luces de los faros lo iluminaron. Y trató de hacerse lo más chiquito posible, de encogerse y de pegarse al pavimento.

PDV NEUTRO *(puede ser el punto de vista de cualquiera de los dos o hasta del narrador omnisciente):*
Y el carro le pasó por encima.

PDV SOFÍA
Sofía, en el alto, lo vio todo: desde la alegría en su mirada cuando la supo cerca, y la decisión de llegar hasta ella, hasta el carro que se acercaba a una velocidad criminal. Luego vio ese bólido gigante pasar por encima de su Gorilón. Vio que las llantas no lo tocaron: sólo el chasis. Pero vio que el esfuerzo que hizo el pequeño Gorilón de hacerse aún

menor, era en vano: el chasis del carro lo impactó una vez y luego lo que parecieron mil veces, pues lo hizo rebotar y rodar entre el metal y el pavimento por varios metros...

Son dos puntos de vista que te llevan al interior de los dos personajes en unos cuantos párrafos. Dos puntos de vista, y ninguno es mío, de mi realidad. El que leíste es el de esa otra Sofía. La autora Sofía se da permiso de ir mucho más allá gracias a su narrador omnisciente, y éste es mucho más perceptivo que mi yo en el mundo real. Esta anécdota, así como la leíste, no la puedo contar yo casualmente en una reunión social, con esos detalles, de viva voz. Pero en la literatura tenemos permiso y hasta la obligación de ir más profundo, de sentir y transmitir lo que sienten nuestros personajes, no como reportaje, sino como experiencia viva.

Ahora te toca a ti

Recuerda y escoge una anécdota favorita que hayas contado mucho de manera verbal, una que incluya otros "actores". Tal vez la actúas un poco cuando la cuentas, tal vez haces voces, tal vez se ríen tus escuchas contigo. Siempre la cuentas en primera persona, porque así vivimos la vida y hablamos en primera persona.

Ahora crearás un narrador que cuente tu anécdota en tercera persona omnisciente. El desenlace de la anécdota original no debe cambiar, pero puedes escoger tu participación de personaje principal o puedes darle el protagónico a alguien más. Narra la acción, métete al PDV de los diversos personajes, entiende las motivaciones y sus razones. No te limites por las líneas que te proporcionamos aquí. Si te las acabas, usa una libreta aparte o la sección de Notas al final del libro.

1. Cuando termines, contesta: ¿Te sorprendió algo?

2. ¿Comprendiste más algo o a alguno de los otros personajes? ¿A ti mismo?

3. ¿Cómo cambia tu percepción de la misma anécdota contada así?

4. ¿Cómo cambiaría la percepción de tu audiencia si la leyera así, en vez de escucharla de viva voz?

5. Ahora escribe este mismo cuento basado en tu anécdota favorita, experimentando con cada uno de los tipos de narrador. Observa cómo cambia tu experiencia escritora y cuál tipo de narrador te dio más, te llevó más lejos. No te limites por las líneas que te proporcionamos aquí. Si te las acabas, usa una libreta aparte.

Capítulo 5

Los personajes: tu oportunidad de vivir —y hacer vivir— otras vidas

> Los personajes son las almas de las historias. Son quienes dan vida a las palabras en la página y hacen que la narrativa cobre vida.
>
> MARGARET ATWOOD

La mejor ficción, en cualquier género, contiene personajes tan reales que nos llevan a su aventura. Entendemos por qué toman malas decisiones. Compartimos sus secretos. Conocemos sus debilidades y defectos. Aplaudimos cuando ganan pequeñas batallas, se vuelven más sabios y enfrentan sus demonios. Lloramos cuando fallan. Y es una gran verdad que las mejores historias, las que funcionan, giran alrededor de emociones fuertes y relacionables.

Hay quienes, antes de escribir la primera línea, hacen listas o esquemas para definir a cada uno de sus personajes por atributos físicos y psicológicos, actitudes, lazos que tendrán, momentos en que se encontrarán con otros personajes, etcétera. Yo, escritora libertaria que soy, no sigo un proceso muy científico al crear mis personajes y su caracterización. Sé y confío en que he leído muchos personajes inolvidables, así que he observado su construcción, su desarrollo y hasta su destrucción. He observado también los que no funcionan. Dicho esto, admito que los cimientos de mis personajes vienen también de la observación en la vida real y de los periódicos. Uso mucha estrategia y lógica (¡y hasta me preguntan seguido que si estudié psicología!), pero no: cuando creo personajes me gusta darle rienda suelta a la imaginación. Creo que lo que más me funciona al crear mis personajes es este anhelo de soltarme y permitirme sentir lo que se siente ser alguien más, o sea, vivir en la piel de mis personajes.

Tengo la certeza de que para escribir personajes convincentes debes tener la capacidad de meterte en la piel de otra persona. No estoy hablando de un ejercicio intelectual, aunque también ayuda ser observadores de la condición y de las reacciones humanas. Debes entrar a un ejercicio más visceral. Lo que yo llamo escribir con la tripa.

Creo que es algo que podemos practicar en la vida o en los libros. La capacidad de entender qué motiva a las personas viene de dentro y de todo lo que hayamos experimentado o leído en la vida.

En tu mente, como autor, debes ser el personaje que creaste para hacer que su viaje sea real y que seas el primero que lo viva. Ya eres un gran lector. Ya te gusta emprender el viaje a otras vidas, otros tiempos y otros lugares. Con más razón, al escribir, te invito a hacer el ejercicio: atrévete a vivir y crear otras vidas. A veces duele, te lo advierto.

> " No escribas sobre un personaje. Conviértete en ese personaje y luego escribe su historia. "
>
> ETHAN CANIN

Personajes que funcionan

Te voy a decir algo muy contradictorio; más contradictorio, imposible: debes vivir tus personajes, debes sentirlos. Debes poder convertirte en ellos, pero debes, además, entender que ellos nunca deben convertirse en ti. Debes de respetar el plano de existencia que creaste para ellos y dejar que sean ellos los que se desenvuelvan ahí.

Los lectores se quedarán con los personajes que funcionan, que viven, que tienen un buen arco de personaje. Y, en cualquier género, la caracterización es clave.

Características	Créalos así
Profundidad y complejidad	Capas y profundidad en la personalidad del personaje, emociones, deseos y motivaciones multidimensionales.
Crecimiento y cambio	Transformaciones y desarrollo significativo a lo largo de la historia, aprendiendo de experiencias y enfrentando desafíos.

Creíbles y motivados	Motivaciones creíbles para acciones, deseos y metas que impulsarán de manera lógica el comportamiento del personaje.
Coherencia y autenticidad	Mantener coherencia con rasgos, creencias y valores establecidos. Crear acciones alineadas con su personalidad.
Relaciones complejas	Relaciones dinámicas y convincentes con otros personajes que contribuyen a la narrativa general.
Conflicto y defectos	Imperfecciones y conflictos internos que agregan profundidad y humanidad al personaje.
Acción y proactividad	Participación activa en la historia a través de elecciones y acciones que impulsan la trama.
Memorables y únicos	Cualidades, peculiaridades o rasgos distintivos que los hacen destacar y dejar una impresión duradera.
Resonancia emocional	Evocación de respuestas emocionales de los lectores, generando empatía y conexiones emocionales intensas.
Crecimiento más allá de estereotipos	Romper con los estereotipos y desafiar expectativas, ofreciendo perspectivas frescas y complejidad.

❝ Un buen personaje es aquel que te despierta emociones, ya sea amor, odio, alegría o tristeza. Te hace sentir algo genuino. **❞**

CELESTE NG

Homo sapiens vs. Homo fictus

A menudo se dice que los personajes son la materia prima de la cual se crean las historias. Se dice, además, que los mejores personajes deben de tener características muy humanas, pero ¿en verdad queremos que sean simples humanos de carne y hueso (*homo sapiens*) como nosotros? No. Los lectores buscan y los escritores debemos crear personajes para ser "mucho más". Mucho más buenos, mucho más malos, mucho más hermosos, mucho más feos, etcétera. Pero que de todas maneras nos remonten a lo humano.

Por lo tanto, al escribir una narrativa, escribirás personajes, no personas; *Homo fictus*, no *Homo sapiens*. Se atribuye a E.M. Forster el término "*Homo fictus*" para referirse a personajes de ficción en las novelas. En su libro *Aspectos de la novela*, Forster utiliza este concepto para diferenciar a los personajes de ficción de los humanos reales, señalando que los lectores a menudo pueden entender más sobre los personajes que sobre las personas reales, porque el "creador y narrador lo sabe todo sobre ellos".

¿Cuál es la diferencia? ¿Qué no se supone que debemos escribir personajes que sean muy humanos? Sí y no.

Mientras que los *Homo sapiens* son seres reales y complejos con dimensiones biológicas y existenciales, los *Homo fictus* son construcciones imaginarias dentro de narrativas ficticias que sirven como vehículos para explorar experiencias, temas e ideas humanas. Ambos tienen propósitos distintos: los humanos navegan por la realidad, el crecimiento y el legado, mientras que los personajes de ficción enriquecen la literatura, ofreciendo ideas y reflexiones sobre la condición humana a través de la lente de la imaginación y la narración.

Los *Homo fictus* son comprensibles, los *Homo sapiens*, no

Contrario a los *Homo sapiens*, los personajes u *Homo fictus* tienen deseos, propósitos e impulsos que no abandonan. Estos deseos a menudo entran en conflicto, y es este conflicto el que impulsa la historia hacia adelante.

- Cuando leemos a los *Homo fictus*, los comprendemos y los acompañamos en su conflicto de principio a fin. Si es un bien logrado personaje, podemos dar sus pasos, sentir su piel, respirar su aire, sufrir sus derrotas, gozar sus victorias.

- A veces a los *Homo fictus* sabemos amarlos u odiarlos a primera vista, pero con los *Homo sapiens* no es común esa inclinación.

- Los *Homo fictus* son constantes a pesar de sus conflictos y sus contradicciones. En una novela que funciona, se le presentará un conflicto principal (y tal vez otros aledaños) y se dedicará, se arriesgará y no parará con tal de resolverlo.

- Les tenemos paciencia en sus yerros. En su tardanza en superar sus problemas, no los abandonamos. Los admiramos, e incluso podríamos aspirar a ser como ellos.

- Los *Homo fictus* pueden ahorrarnos mucho tiempo. Es decir, mostrarnos sólo lo importante. Un *Homo fictus* nace y, al darle la vuelta a la página, ya tiene 11 años y llega Hagrid por él y lo lleva a un mundo mágico alterno al cual queremos acompañarlo, por supuesto. Para el final de la novela, habremos de apreciar su crecimiento y evolución, es decir, su arco de personaje. Con el *Homo fictus* podremos, en un instante, pasar de su pasado a su futuro y de vuelta al presente ya con una comprensión total de su psique. Además, es posible que transcurra toda la novela sin que el personaje nos interrumpa con sus necesidades fisiológicas. Es posible que el lector nunca vea que el *Homo fictus* pide tiempo para ir al baño mientras lucha contra el dragón o que haya aprovechado un momentito previo a la batalla. Damos por sentado que en algún momento de su vida ficticia las atiende, pero a nosotros no nos interrumpe nada con sus necesidades y no nos enteramos. A menos de que esto aporte algo a la historia. En una historia que funciona, todo lo que hagamos con el *Homo fictus* avanzará, significará algo, tendrá importancia. Será tan divertido, que querremos acompañarlo en todo momento. Incluso al baño, si esto es importante, como cuando Harry Potter se encuentra ahí con Moaning Myrtle, una fantasma fisgona que después ofrecerá información clave de algún misterio por resolver.

- Los *Homo sapiens* a menudo son incomprensibles, pues son inconstantes, sus metas pueden cambiar sin motivo. Los *Homo sapiens* son cambiantes. Quieren una cosa en un momento dado y luego al siguiente instante no sólo quieren algo completamente diferente, sino que ni siquiera recuerdan haber querido antes otra cosa. Un día quiere ser bombero y al día siguiente veterinario. Un día el *Homo sapiens* quiere clases de taekwondo y al mes siguiente mejor quiere hacer *break dance*. Y cuando se le pregunta: ¿y qué pasó con ser bombero?, es posible que responda sorprendido: ¿quién, yo? Y cuando se le pregunte que cómo va con el *break dance*, nos dirá que ahora hace origami. O puede que nos pregunte que qué nos importa. Y es cierto: si no se trata de nuestro hijo, en realidad no nos importa nada. Eso, a los demás *Homo sapiens*, nos aburre y nos exaspera. Por más empáticos que seamos, no estamos entrenados para en verdad "ponernos en sus zapatos" y acompañarlos a cada paso a pesar de todo.

- Los *Homo sapiens* pierden tiempo de varias formas. Ya que nacen, debemos acompañarlos cada minuto de su vida para que crezcan y evolucionen, si acaso. No hay manera de darle vuelta a la página ni de rebobinar el tiempo ni de dar brincos hacia el futuro. También interrumpen la vida con necesidades fisiológicas o de diversa índole. Sí: el *Homo sapiens* tiene que ir al baño, a hacer pagos al banco, a hacer filas, a sacarse un diente sin que nada de eso haga que avance su historia. Quizá pierda toda una semana sin inscribirse en la universidad porque "le entra la duda" de qué carrera estudiar.

- Toman decisiones equivocadas de formas tontas que no son en lo más mínimo interesantes. Es aburrido mirar a los *Homo sapiens* desde afuera y, quizá, si tuviéramos una opción mágica, tampoco quisiéramos meternos en su piel y sentir lo que se siente ser ellos.

Que sean constantes, no quiere decir que los *Homo fictus* no carezcan de impulsos o deseos contradictorios, de hecho, es importante que los tengan para que nos parezcan menos planos, más reales, más humanos.

Ejemplo: Harry Potter como personaje en la serie de *Harry Potter*, experimenta impulsos contradictorios a lo largo de su viaje.

1) Valentía de Gryffindor vs. duda de sí

2) Búsqueda de la justicia vs. deseo de normalidad

3) Lealtad a los amigos vs. pensamiento independiente

4) Confianza vs. suspicacia

Estos impulsos contradictorios agregan profundidad y complejidad al personaje, reflejando las luchas y conflictos internos que enfrenta mientras navega en su papel en el mundo de la magia.

A través de estas contradicciones, el crecimiento, la resiliencia y la humanidad de Harry Potter brillan, convirtiéndolo en un protagonista con el que los lectores pueden identificarse y que resulta fascinante. Y humano, aunque en realidad sea *Homo fictus*.

Un personaje que funciona no debe ser el mismo al empezar la narrativa que al llegar el punto final. En el arco del personaje descubriremos paso a paso nuevas capas de su personalidad y de su circunstancia, y sí, nuestra opinión de ellos podrá ir cambiando así, también paso a paso, a medida en que el mismo personaje conquista sus conflictos o los comprende.

Los cambios que se obran en el *Homo fictus* nos deben parecer lógicos, surgidos de su propia naturaleza en respuesta a las circunstancias, y nos debe emocionar haberlos recorrido junto a él.

Los personajes son excepcionales; los humanos, no

Los *Homo fictus* memorables deberán tener rasgos que los hagan únicos, memorables. Para buena suerte del novelista, el lector entra a la lectura bien dispuesto a conocerlos y dispuesto a enamorarse. Ya tenemos media batalla ganada. Pero ahí es donde es necesaria una buena planeación de nuestra parte.

Para que un personaje enamore al lector, y que éste lo recuerde más allá del punto final, debe tener algo de excepcional. Debe tener al menos un rasgo de personalidad peculiar, o *marcadores de actitud*, como los llama Dwight V. Swain, en su libro *Techniques of the Selling Writer*.

Los marcadores de actitud
Se trata de las actitudes distintivas, rasgos o disposiciones conductuales que definen y moldean sus personalidades. Estos marcadores brindan una comprensión más profunda de sus motivaciones, acciones e interacciones en la historia. Los marcadores de actitud ayudan a los lectores a comprender y conectar con los personajes a un nivel más profundo, porque les resultan identificables y memorables.

Los marcadores de actitud proporcionan profundidad y dimensión a los personajes, haciéndolos más que simples palabras en
una página. Les infunden vida, permitiendo que los lectores comprendan sus motivaciones, se identifiquen con sus luchas y se involucren en sus historias a lo largo de la trama. Los marcadores de
actitud se identifican con puntos clave que debes considerar.

Comparación de los marcadores de actitud del *Homo fictus*
y del *Homo sapiens* de un vistazo

Puntos clave	Homo sapiens	Homo fictus
Complejidad y desarrollo	Amplia gama de marcadores debido a la complejidad de las experiencias humanas reales. Sus marcadores de actitud pueden estar influenciados por diversos factores como la cultura, la crianza, las creencias personales y los eventos de la vida.	Pueden tener marcadores de actitud deliberadamente elaborados para cumplir propósitos narrativos específicos y el desarrollo de los personajes.
Flexibilidad vs. Rasgos fijos	Muestran un rango dinámico de actitudes que pueden cambiar y evolucionar con el tiempo. Los marcadores de actitud en las personas reales pueden ser fluidos, lo que permite el crecimiento personal, el aprendizaje y la adaptación.	A menudo poseen marcadores de actitud fijos y predefinidos que contribuyen a su consistencia y sirven al propósito de la historia.
Contexto real vs. contexto narrativo	Son moldeados por las complejidades de las circunstancias de la vida real, las relaciones y las influencias sociales. Sus marcadores de actitud reflejan los matices e intrincados detalles de vivir en un mundo diverso y en constante cambio.	Son construidos dentro del contexto narrativo de la historia, adaptados para encajar en la trama específica, los temas y los arcos de los personajes creados por el autor.
Diversidad e individualidad	Abarcan una amplia variedad de actitudes y rasgos de personalidad, lo que conduce a una inmensa diversidad entre los individuos. Los marcadores de actitud de cada persona son únicos, influenciados por sus experiencias personales, valores y perspectivas.	Aunque también son diversos, están limitados a la imaginación del autor, y sus marcadores de actitud son creados para cumplir roles específicos dentro de la historia.

Funciones de los marcadores de actitud

1) Brindan coherencia y guía al escritor y al lector
2) Impacto en las relaciones con los otros personajes
3) Conflictos internos y crecimiento
4) Los diferencia de otros personajes
5) Mostrarán la evolución del personaje
6) Tendrán un impacto claro en la trama
7) Brindarán rasgos de universalidad del personaje

Ejemplos:

En la serie de *Harry Potter* hay personajes que, por sus marcadores de actitud, son memorables desde el primer libro. Harry Potter, obviamente, tiene los suyos. Es el héroe valiente, curioso y leal, pero al mismo tiempo no es tan aplicado en las clases. Hay otros personajes que pasan más desapercibidos, como de relleno. Tal vez más adelante en la serie adquirirán ciertos rasgos, como Neville Longbottom, pero en realidad sus acciones pudieron haber sido efectuadas por cualquier otro personaje de Gryffindor y a la historia —y al lector— le hubiera dado lo mismo.

Recordamos a Neville porque sobrevivió la serie y, hacia el final, la autora le prestó especial atención, dándole marcadores de superación, integridad y lealtad. Pero los secuaces de Draco, por ejemplo, podrían ser cualquiera. Para el lector común no fue necesario recordar sus nombres, siquiera (Crabbe y Goyle). Pero aun si los recordaba, eran intercambiables. Daba lo mismo quien hablara o quien actuara. Estaban ahí para que el personaje de Draco funcionara mejor como antagonista. En cambio, nadie puede olvidar a Snape, un aparente antagonista de Harry. Es único y memorable, pues también tiene muy claros marcadores de actitud y un gran arco de personaje.

> **"** Lo más importante a recordar acerca de los marcadores de actitud es que su propósito principal es distinguir… separar un personaje de otro en la mente de su lector. **"**
> Dwight V. Swain

Los *Homo sapiens* son infinitamente complejos, los *Homo fictus* no lo son

Los seres humanos a menudo actúan de manera impredecible y obtienen resultados insatisfactorios, lo cual puede resultar aburrido o desquiciante. En cambio, los personajes son más simples pero tienen necesidades más exageradas, dirigidas e intensas que los seres humanos comunes. Son más de todo.

Lo más importante que hay que considerar al escribir un personaje es su profundidad y credibilidad. Un personaje bien desarrollado debe sentirse como una persona real con sus propias características únicas, motivaciones y conflictos. Aunque no aparezca en la narrativa, es crucial entender su historia pasada, personalidad, deseos y defectos, ya que estos elementos moldean sus acciones y decisiones a lo largo de la historia. Asegúrate de que el personaje experimente crecimiento o cambio a lo largo de la narrativa, o arco del personaje, ya que esto añade profundidad y permite que los lectores se conecten con su trayectoria.

Comparemos a dos personajes protagónicos femeninos, ambos de género de romance paranormal, que son el interés romántico de sus narrativas, pero que tienen dos tratamientos —y resultados— muy diferentes.

El primer ejemplo es el de un personaje con caracterización superficial y que, por lo tanto, no funciona bien en una novela. Bella Swan, en *Crepúsculo*, de Stephenie Meyer, es descrita principalmente por su apariencia física. Estos detalles no son suficientes para darle profundidad al personaje. Edward se enamora de ella por su puro aroma y es lo único que la distingue de otras niñas de la preparatoria. No tiene marcadores de actitud que la hagan especial. Todas sus acciones giran mayormente en torno a su interés amoroso, Edward Cullen, y sus experiencias parecen superficiales y dependientes del romance. No tiene metas personales claras o deseos profundos fuera de su relación con Edward. Sus motivaciones no se exploran más allá de querer estar con él, lo cual la hace parecer un personaje pasivo y reactivo. Sus reflexiones giran en torno a su relación con Edward y su atracción sobrenatural hacia él, sin profundizar en su crecimiento personal o en sus conflictos internos. Bella no funciona muy bien porque le falta complejidad y profundidad. Los lectores pueden tener dificultades para relacionarse o empatizar con ella porque no se exploran adecuadamente sus miedos, sueños y conflictos internos. Su dependencia hacia Edward y la familia Cullen le resta agencia y hace que su narrativa personal se sienta secundaria. Y a lo largo de la serie (*¡spoiler alert!*), a pesar de convertirse en vampiro, Bella no muestra una evolución significativa.

En contraste, Claire Fraser, gran personaje de la serie *Outlander*, escrita por Diana Gabaldon, muestra una gran profundidad en todos los aspectos de su caracterización. Tiene muy sólidos y creíbles marcadores de actitud. Mientras que Bella a menudo es reactiva y depende de otros para su desarrollo, Claire es proactiva: toma decisiones y muestra un fuerte sentido de identidad y propósito y Jamie se enamora de ella por eso. Y los lectores también. Se nos describe su físico, pero eso no es lo que importa en ella. Claire tiene múltiples facetas y motivaciones que van más allá de su relación con Jamie por lo que evoluciona y crece de manera constante, enfrentando y superando numerosos desafíos.

Otros ejemplos de buenos personajes, considerados entre los mejores y más memorables en la literatura, son:

- **Don Quijote** en *Don Quijote de la Mancha*, de Miguel de Cervantes. Sus marcadores de actitud: soñador, romántico e idealista. También dado a la locura. Aunque se publicó entre 1605 y 1615, nota cómo lo que fue verdad entonces sigue siendo verdad a lo largo de la historia de la literatura y sus personajes.

- **Gilgamesh y Enkidu** del poema épico *La epopeya de Gilgamesh*, anónimo, considerado la novela más antigua de la humanidad, fue escrito, en la Antigua Mesopotamia, hace alrededor de 4 000 años. Por su soberbia y arrogancia, Gilgamesh busca la inmortalidad. Enkidu es su permanente y leal amigo que lo acompañará y apoyará. Su historia perdura y muchas narrativas modernas de vampiros están inspiradas en este par de personajes. Por sus marcadores de actitud, es que Gilgamesh y Enkidu lograron la vida eterna, pero también de otro modo: en la imaginación de la humanidad. Además son el origen del *trope* del héroe y del *sidekick* (tal como Batman y Robin) que perdura hasta hoy.

Estos personajes que habitan novelas de diversos géneros y diferentes épocas han trascendido las páginas, el tiempo y el espacio y se han convertido en arquetipos universales. Todos reflejan aspectos de la condición humana y transmiten mensajes poderosos sobre la vida, la sociedad y la moralidad.

Tienen marcadores de actitud que los hacen brillar y que les dan profundidad y complejidad, y enfrentan desafíos que los hacen crecer, evolucionar a lo largo de sus historias y, por lo tanto, construir efectivos arcos de personaje.

> **"** Mis personajes favoritos son aquellos que comienzan en una caja —pocas opciones, limitaciones sociales— pero que trascienden sus circunstancias y descubren que son capaces de convertirse en personas que no esperaban ser. **"**
>
> GERALDINE BROOKS

El arco del personaje

Es una transformación emocional o física que un personaje experimenta a lo largo de una narrativa. Si el personaje ha de mostrar un arco, empezará como un tipo de persona y gradualmente se transformará en otro tipo de persona en respuesta lógica a los eventos cambiantes a lo largo de la historia. Cuando el personaje empieza en el punto A, luego transita a los puntos B, C, D y así hasta llegar al punto final, su cambio debe de ser notorio, justificado y coherente. Los arcos de personajes exitosos a menudo requieren un desarrollo cuidadoso y consistente a lo largo de la narrativa para resonar auténticamente con los lectores.

Hay narrativas famosas que tienen personajes con arcos inexistentes y que al final manifiestan cambios súbitos que parecen un truco barato de prestidigitación. El resultado es artificial, injustificado e incoherente:

Edward Rochester en *Jane Eyre* de Charlotte Brontë. El arco del personaje de Rochester implica un viaje complejo desde un empleador sombrío y secreto hasta un amante arrepentido. Pero su repentino cambio de actitud y transformación moral después de enfrentar las consecuencias de sus acciones puede ser interpretado como un "truco" artificial y no una evolución lógica.

Tom Buchanan en *El gran Gatsby* de F. Scott Fitzgerald. Tom Buchanan se presenta inicialmente como un antagonista rico y arrogante en la novela. Sus breves momentos de introspección o remordimiento hacia el final de la historia son superficiales o incongruentes con el carácter establecido.

El arco de personaje se relaciona mucho y debe seguir el arco o la estructura de la historia, pues todo comienza con una gran introducción y una descripción aún mejor del personaje, sigue con el incidente incitante y luego con el camino que el personaje debe tomar para llegar al final. Lograr que un personaje tenga un arco requiere construir una trama coherente que coloque a tus personajes en un viaje que los ponga a prueba.

El desafío del escritor es hacer que estos arcos de personajes sean tan convincentes que, desde la escena inicial hasta la escena final, el lector / espectador comprenda y crea que ha ocurrido un cambio.

Tipos de arcos de personaje

Los arcos de personaje ofrecen diferentes perspectivas sobre el crecimiento personal, la redención, la tragedia y las transformaciones simbólicas, agregando profundidad y variedad a la representación de personajes en la literatura.

El encuentro con grandes personajes es una oportunidad para los lectores de presenciar y hasta vivir "en carne propia" el crecimiento personal, la exploración moral o el declive trágico. El arco del personaje principal es el gran conductor de la trama, pero en una novela podemos crear o detectar arcos a varios y diversos personajes.

1. **El arco de cambio positivo.** En este arco el personaje comienza con defectos, pero a lo largo de la historia, detonado por el incidente incitante, experimenta crecimiento personal y

transformación. Aprende de sus errores, supera sus debilidades y se convierte en una mejor versión de sí mismo.

Ejemplo: Ebenezer Scrooge en *Un cuento de Navidad* de Charles Dickens. Scrooge comienza como un hombre tacaño y frío, pero experimenta un cambio profundo después de encontrarse con los espíritus que le muestran las consecuencias de sus acciones. Scrooge aprende y se vuelve generoso y compasivo.

2. **El arco de cambio negativo.** En este arco el personaje comienza con rasgos o creencias positivas, pero gradualmente cae en la oscuridad o la corrupción.

    Experimenta una caída o se consume por sus defectos, lo que lo lleva a su propia destrucción.

    Ejemplo: Macbeth en *Macbeth* de Shakespeare. Al principio, Macbeth es honorable y leal, pero impulsado por la ambición, cae en la culpa y la paranoia, lo que conduce a su trágico final.

3. **El arco plano.** En este arco el personaje se mantiene fiel a sus creencias, valores o identidad a lo largo de la historia. Enfrenta desafíos y obstáculos, pero no experimenta cambios internos significativos. En cambio, inspira cambios en el mundo que le rodea.

    Ejemplo: Atticus Finch en *Matar a un ruiseñor* de Harper Lee. Atticus se mantiene moralmente firme y compasivo, defendiendo la justicia y la igualdad, a pesar de los prejuicios de la sociedad en la que vive.

4. **El arco de renacimiento.** En este arco el personaje comienza roto o perdido y experimenta un viaje transformador de autodescubrimiento y redención. Enfrenta su pasado, lucha contra sus demonios internos y emerge como un individuo más fuerte y realizado.

    Ejemplo: Jean Valjean en *Los miserables* de Victor Hugo. Valjean comienza como un convicto cargado con su pasado, pero encuentra redención a través de actos de bondad y sacrificio, transformándose en un hombre entregado, compasivo y honorable.

5. **El arco del viaje del héroe.** Este arco sigue la estructura narrativa clásica del viaje del héroe, cuyo personaje principal se

embarca en una aventura, enfrenta pruebas y obstáculos, experimenta una transformación personal y regresa a casa cambiado o iluminado.

Ejemplo: Frodo Baggins en *El Señor de los Anillos* de J. R. R. Tolkien. Frodo pasa de ser un humilde hobbit a un héroe reacio que lleva la carga del Anillo Único, y que enfrentará numerosos desafíos y se sacrificará para salvar la Tierra Media.

6. **El arco de la redención.** En este arco un personaje comienza siendo moralmente comprometido, a menudo como un villano o antihéroe, pero gradualmente encuentra redención y busca enmendar sus acciones pasadas.

   Ejemplo: Severus Snape en la serie de *Harry Potter* de J. K. Rowling. Inicialmente retratado como un personaje villano, se revelan sus verdaderas motivaciones y su compleja historia, lo que conduce a su redención y sacrificio por el bien mayor.

7. **El arco trágico.** Este arco presenta a un personaje que está destinado a la tragedia o a la caída desde el principio. Lucha contra su destino, pero al final no logra superar sus defectos o circunstancias.

   Ejemplo: Jay Gatsby en *El gran Gatsby* de F. Scott Fitzgerald. La búsqueda de Gatsby del sueño americano y su amor obsesivo por Daisy Buchanan finalmente conducen a su destino trágico.

8. **El arco de la transformación.** En este arco el personaje experimenta una transformación física o sobrenatural significativa, a menudo reflejando cambios internos o temas simbólicos en la historia.

   Ejemplo: Gregor Samsa en *La metamorfosis* de Franz Kafka. Gregor se despierta una mañana y descubre que se ha transformado en un insecto gigante, lo que sirve como metáfora de su alienación y aislamiento de la sociedad.

“ Los mejores personajes son aquellos
que permanecen contigo mucho tiempo después
de terminar de leer el libro. Se convierten
en viejos amigos o incluso enemigos,
grabados para siempre en tu memoria. ”

JOHN GREEN

Presentación y progresión de los personajes

Como en la vida, también en la ficción conocemos y amamos a los personajes de una novela cuando "convivimos" con ellos. La primera impresión que recibimos de cualquier personaje es muy importante, claro. Si el escritor ha hecho bien su trabajo, lo que aprendemos del *Homo fictus* más adelante sirve para confirmar y ampliar lo que vimos al principio. Porque además esperamos ver a nuestro personaje sufrir el momento que lo incita al cambio, lo queremos ver en pleno conflicto, recorrer su arco de personaje y atestiguar los cambios que se obran en él.

El incidente incitante por lo general pone a tu personaje en marcha en su viaje. Puede haber diversos tipos de arcos de personaje y esto también sucede en personajes secundarios. Pero los cambios deben coincidir con lo que vimos en su primera aparición, aunque sea tan sólo como indicio, o si no, el personaje no funcionará y el lector se decepcionará. A los lectores no les gusta que los personajes actúen de manera inconsistente, sin una evolución que hayan atestiguado.

Del modo como presentes a cualquiera de tus personajes por primera vez, quedará en la mente del lector durante toda la novela, así que hazlo con premeditación. De lo contrario te expones a crear un arco de personaje fallido.

Ejemplo: En *Game of Thrones*, George R. R. Martin escribió grandes personajes. Daenerys Targaryen es un gran personaje, una mujer muy joven pero fuerte y determinante. Sabemos desde el principio que en su familia hay un legado de locura y vemos a su hermano ya loco. Pero ella se mantiene constante, decidida, implacable y cuerda. Lo malo es que Martin no terminó de escribir la serie y, por ende, de escribir el arco de su personaje. En la serie de TV, que causó tanta sensación, ese arco lo terminaron los guionistas, pero parece que fueron ellos los que enloquecieron. En la última temporada, de un día para otro, Daenerys se volvió loca. Nunca vimos una progresión lógica y un gran personaje fracasó al final y se llevó al abismo a otro gran personaje, Jon Snow.

Las tres grandes categorías de personajes

Los personajes se pueden catalogar en tres grandes divisiones: protagonista, antagonista y personajes secundarios o de apoyo.

El protagonista es el personaje principal o el héroe de la historia, el antagonista se opone a él y crea conflicto, y los personajes secundarios desempeñan un papel importante en la historia al brindar ayuda u oposición al protagonista.

Todos queremos querer al protagonista

El protagonista es un personaje central en la literatura, que generalmente impulsa la narrativa y sirve como el principal punto focal de la historia. A menudo se le llama héroe o personaje principal, y la trama gira en torno a sus experiencias, desafíos y crecimiento personal. Recuerda que éste principalmente es quien nos revelará su arco de personaje a la par del arco de la trama. Es a quien seguiremos; entonces todo lo que hemos leído sobre todos los personajes en general aplica para éste en particular.

Las características del mejor personaje protagónico en una novela pueden variar según el contexto y la historia específica, pero hay ciertos rasgos que suelen hacer que un protagonista sea memorable y efectivo.

Puntos clave de todo protagonista en la literatura

1. **Carisma, presencia y marcadores de actitud.** El protagonista debe tener una presencia magnética y carismática. Debe de tener claros marcadores de actitud que lo distingan. Su carácter atrae la atención del lector y lo mantiene interesado en su viaje.

2. **Complejidad, profundidad y un arco bien definido.** Los personajes protagónicos más destacados reflejan la complejidad de la condición humana, por lo que es fundamental que posean una personalidad profunda y compleja. A lo largo de la narrativa deben mostrar diversas facetas, destacando tanto sus fortalezas como sus debilidades. Su evolución constante a lo largo de la historia será evidente a través de un arco de personaje que se construye a partir de las valiosas lecciones que aprenden en su trayecto y los desafíos que enfrentan, lo que les permite crecer y evolucionar de manera notoria.

3. **Motivaciones claras.** Tiene un objetivo o un deseo que impulsa su viaje en la historia, surgido de un conflicto, y su motivación es lo que lo impulsa a enfrentar desafíos y superar obstáculos. Estas motivaciones deben ser creíbles y estar alineadas con la trama general de la novela.

4. **Credibilidad y autenticidad = factor de identificabilidad.** El mejor protagonista se siente real y auténtico. Sus acciones, pensamientos y emociones son consistentes, coherentes y creíbles, lo que permite que el lector se sumerja en la historia y se conecte con el personaje de manera profunda. El protagonista enfrentará desafíos universales o dilemas emocionales que resuenan con la experiencia humana, lo que hace que su historia sea relevante y significativa, y sea con quien el lector se identifique más fácilmente.

   ¿El personaje principal tiene que ser perfecto? No. Piensa, por ejemplo, en Holden Caulfield de *El guardián entre el centeno* de J. D. Salinger, un protagonista profundamente defectuoso que lucha contra la alienación, el cinismo y la confusión sobre la edad adulta. Ahora recuerda a Anna Karenina, una protagonista compleja cuyas imperfecciones incluyen la impulsividad, el deseo de pasión sobre la estabilidad y las consecuencias de su relación extramarital. Así de imperfectos, estos dos personajes sobreviven el paso del tiempo y traspasan todo tipo de fronteras.

> **"**Tortura a tu protagonista. El escritor es a la vez sádico y masoquista. Creamos personas que amamos y luego las torturamos. Cuanto más los amemos, cuanto más hábilmente los torturemos en la línea de su mayor vulnerabilidad y miedo, mejor será la historia. En algún momento tratamos de protegerlos de tener lastimaduras que son demasiado grandes. No lo hagas. Este es tu protagonista, no tu hijo. **"**
>
> Janet Fitch

El viaje del héroe

El viaje del héroe es un patrón narrativo que ha sido utilizado en innumerables narrativas a lo largo de la historia y ha construido grandes, inolvidables y muy variados personajes. Ha sido utilizado en diversas épocas y géneros literarios o narrativos. El viaje del héroe es para el protagonista.

Odiseo en la *Odisea* de Homero, parte de su hogar en Ítaca para enfrentar numerosas pruebas y desafíos, en la forma de dioses, monstruos y tentaciones, en su camino de regreso después de la Guerra de Troya.

Frodo Baggins emprende un peligroso viaje para destruir el Anillo Único y salvar la Tierra Media. En su travesía se encuentra con aliados, se enfrenta a criaturas malévolas y lucha contra la tentación del poder del anillo.

Luke Skywalker, un joven granjero en un planeta remoto, que se convierte en un Jedi y se une a la lucha contra el Imperio Galáctico. En su viaje, aprende a dominar la Fuerza, enfrenta a Darth Vader y desempeña un papel crucial en la batalla por la libertad.

Simonopio, de *El murmullo de las abejas*, es un niño especial que habla con las abejas, quienes lo instan a emprender un difícil viaje del que deberá regresar con lo necesario para salvar la tierra de su familia adoptiva de las amenazas del momento político y del enemigo en casa.

En el viaje del héroe se describe el viaje épico y transformador de un personaje principal en su búsqueda de un objetivo o enfrentamiento con un desafío. El viaje del héroe se basa en la estructura y los arquetipos identificados por el mitólogo Joseph Campbell en su obra *El héroe de las mil caras*. En ésta describe el viaje del héroe como "un motivo universal de aventura y transformación que recorre prácticamente todas las tradiciones míticas del mundo". El viaje del héroe, dice, sigue una estructura general que incluye etapas clave. Aunque las etapas pueden variar, las 10 más comunes son las siguientes:

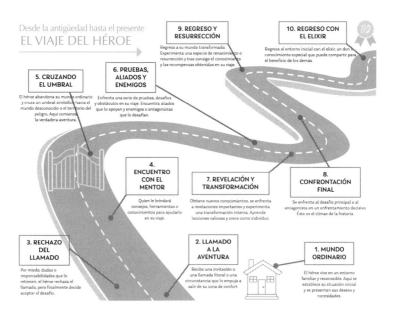

Desde la antigüedad hasta el presente
EL VIAJE DEL HÉROE

5. CRUZANDO EL UMBRAL
El héroe abandona su mundo ordinario y cruza un umbral simbólico hacia el mundo desconocido o el territorio del peligro. Aquí comienza la verdadera aventura.

6. PRUEBAS, ALIADOS Y ENEMIGOS
Enfrenta una serie de pruebas, desafíos y obstáculos en su viaje. Encuentra aliados que lo apoyan y enemigos o antagonistas que lo desafían.

9. REGRESO Y RESURRECCIÓN
Regresa a su mundo transformado. Experimenta una especie de renacimiento o resurrección y trae consigo el conocimiento y las recompensas obtenidas en su viaje.

10. REGRESO CON EL ELIXIR
Regresa al entorno inicial con el elixir, un don o conocimiento especial que puede compartir para el beneficio de los demás.

4. ENCUENTRO CON EL MENTOR
Quien le brindará consejos, herramientas o conocimientos para ayudarlo en su viaje.

7. REVELACIÓN Y TRANSFORMACIÓN
Obtiene nuevos conocimientos, se enfrenta a revelaciones importantes y experimenta una transformación interna. Aprende lecciones valiosas y crece como individuo.

8. CONFRONTACIÓN FINAL
Se enfrenta al desafío principal o al antagonista en un enfrentamiento decisivo. Éste es el clímax de la historia.

3. RECHAZO DEL LLAMADO
Por miedo, dudas o responsabilidades que lo retienen, el héroe rechaza el llamado, pero finalmente decide aceptar el desafío.

2. LLAMADO A LA AVENTURA
Recibe una invitación o una llamada literal o una circunstancia que lo empuja a salir de su zona de confort.

1. MUNDO ORDINARIO
El héroe vive en un entorno familiar y reconocible. Aquí se establece su situación inicial y se presentan sus deseos y necesidades.

Verás que el viaje del héroe tiene similitudes con el arco del personaje, pero con más elementos que transformarán la trama a su vez. No todos los personajes principales deberán seguir el viaje del héroe. Dependerá de la trama.

El antagonista tiene su corazoncito...

aunque viva para el conflicto

Advertencia: te vas a enamorar de tu personaje principal. Es normal, no te apures. Pero el personaje principal no es tu hijo, es tu creación. Si quieres que funcione, no lo tengas consentido, no lo malcríes. Para que funcione tienes que arrojarlo a los problemas más complicados y enfrentar las situaciones más difíciles. Sí: ya que salió del pozo de las serpientes, saldrá al mundo incendiado. Así es. Entre más maltrates a tu personaje, mejor será.

Entonces, para un gran protagonista, un gran antagonista. Ten esto siempre en mente: si en tu novela existe un personaje antagonista, nunca cometas el error de concebirlo como secundario. Imagina que tu antagonista cree que es el personaje principal de esa historia, aunque esté equivocado. De esa manera lograrás provocar una acción / reacción que guíe al protagonista y al antagonista hasta el punto final en que uno de ellos gane la lucha y que mantenga al lector dándole la vuelta a la página.

Pero no se puede hablar del antagonista sin hablar del conflicto y de los tipos que podemos encontrar en la narrativa que funciona.

Tipos de conflicto comunes en la literatura

La autora Cheryl St. John dice que "el conflicto debe ser personalizado al personaje. Si no conoces a la gente de tu historia y no la motivas, no tendrás un conflicto fuerte. Una fuerza motivadora vaga o general produce una trama vaga y general. Ser específico aumentará la intensidad emocional de tu historia".

1. **Conflicto persona vs. persona.** En *Romeo y Julieta* de William Shakespeare, el conflicto principal se desarrolla entre las dos familias enemistadas, los Montesco y los Capuleto. Los protagonistas, Romeo y Julieta, se ven atrapados en el conflicto debido a su amor prohibido.

2. **Conflicto persona vs. sí mismo.** En la novela *El extraño caso del Dr. Jekyll y Mr. Hyde* de Robert Louis Stevenson, el Dr. Jekyll lucha contra su *alter ego* maligno, Mr. Hyde. El conflicto radica en la lucha interna del Dr. Jekyll por controlar sus impulsos oscuros y mantener su identidad bajo control.

3. **Conflicto persona vs. naturaleza.** En la novela *Moby Dick* de Herman Melville, el capitán Ahab se enfrenta a una batalla épica contra una ballena blanca gigante llamada Moby Dick. El conflicto se centra en la lucha del capitán Ahab por vengarse de la ballena y conquistar la naturaleza indomable del mar.

4. **Conflicto persona vs. sociedad.** En la novela distópica *1984* de George Orwell, el protagonista Winston Smith se rebela contra el gobierno totalitario y opresivo que controla todos los aspectos de la vida de las personas. El conflicto se basa en la lucha de Winston por preservar su individualidad y su libertad en un mundo dominado por la vigilancia y la manipulación del Estado.

5. **Conflicto persona vs. destino.** En la tragedia griega *Edipo Rey* de Sófocles, el protagonista Edipo intenta evitar su destino trágico de matar a su padre y casarse con su madre, pero sus acciones para eludirlo en realidad lo llevan a cumplir la profecía. El conflicto radica en la lucha de Edipo por escapar de su destino, sólo para descubrir que es inevitable.

No hay buena narrativa sin buen conflicto y sin buen antagonista

En *El murmullo de las abejas*, Simonopio comprende, a través de una fábula, una verdad ineludible: "[Simonopio] sospechaba que siempre que hubiera un león, era inevitable que existiera un coyote".

En la literatura, esto es cierto, siempre. El antagonista desempeña un papel fundamental en el desarrollo del conflicto en una novela. Sin conflicto, no hay narrativa que funcione. Lo mismo sin antagonista, pero, así como los conflictos, no todos los antagonistas son iguales. Los hay del tipo *Homo fictus*, aunque también antagonistas institucionales u otros emanados de la naturaleza. A veces el mismo personaje puede ser su propio antagonista interno, y es que puede presentar diferentes tipos de conflicto, ya sea a nivel físico, emocional, moral o intelectual.

El conflicto entre el protagonista y el antagonista permite explorar temas más profundos, como la lucha entre el bien y el mal, la superación personal, la redención o la búsqueda de la justicia. El antagonista es clave en la evolución y el crecimiento del protagonista, ya que los desafíos que presenta le brindan la oportunidad de superar sus debilidades, descubrir su verdadero potencial y lograr su objetivo.

Que quede bien claro: sin un buen antagonista, no hay buen protagonista. Sin coyote, a los lectores no les interesará mucho un león, aunque ruja.

Pero ojo: no todos los antagonistas son villanos, aunque todos los villanos son antagonistas. Por ejemplo, el inspector Javert, que actúa como antagonista en *Los miserables* de Victor Hugo, persigue implacablemente a Jean Valjean por violar su libertad condicional. La adherencia de Javert a la ley y su absolutismo moral lo convierten en un adversario formidable, pero sus motivaciones provienen de un rígido sentido de justicia más que de intenciones maliciosas.

En mis novelas siempre hay conflictos, aunque sean diversos, por lo que los tipos de antagonistas varían. A veces son los personajes sus propios antagonistas (el hombre contra sí mismo) y a veces hay de varios y diversos tipos.

Todos los personajes de mi novela *Huracán* luchan contra sí mismos (su huracán o conflicto interno), pero, a su vez, también lucharán contra otro gran antagonista natural, el huracán climático. Un par de los protagonistas, Paul Doogan y Anselmo Espiricueta, resultan también ser los antagonistas de otros personajes. Todo depende del punto de vista, ¿no?

Por otro lado, en *El murmullo de las abejas* también tengo un villano, aunque él no se considera a sí mismo de ese modo. Su razón de ser es justificada. Anselmo Espiricueta, en *El murmullo de las abejas*, busca justicia, tierra y libertad, objetivos muy legítimos, pero comete actos inmorales y maliciosos para lograrlo. Otros villanos conocidos pero que no se reconocen a sí mismos como villanos son, por ejemplo, Dolores Umbridge de la serie *Harry Potter* y Humbert Humbert de *Lolita*. Dolores Umbridge muestra una inquebrantable adhesión a la autoridad y sus métodos crueles, como el uso de una pluma de sangre con los estudiantes, resaltan su naturaleza malvada, pero se considera a sí misma como la guardiana del orden y la disciplina. Humbert Humbert es un narrador muy poco fiable que racionaliza su obsesión con la joven Lolita como una trágica historia de amor y, en lugar de reconocer su comportamiento depredador, se cree una víctima de deseos incontrolables.

En *Peregrinos* vemos antagonismos distintos: internos e institucionales. El gobierno nazi, opresor, es el villano principal y enorme enemigo a vencer. También hay un antagonista natural: el clima.

La diferencia entre antagonista y villano

Antagonista: el antagonista es un personaje que se opone al protagonista y genera conflicto en la historia. Su objetivo principal es crear obstáculos y dificultades para el protagonista, lo que impulsa el desarrollo de la trama y el crecimiento del protagonista. El antagonista puede tener motivaciones y objetivos legítimos que chocan con los del protagonista, lo que crea una tensión narrativa. No todos los antagonistas son necesariamente malvados o villanos.

Villano: un villano es un tipo específico de antagonista que se caracteriza por su maldad, crueldad o malicia. A diferencia de un antagonista común, el villano busca causar daño, cometer actos inmorales o cumplir objetivos egoístas sin importarle las consecuencias. Los villanos suelen tener motivaciones maliciosas o destructivas, y su papel principal en la historia es actuar como la fuente principal de conflicto y enfrentamiento con el protagonista.

Ambos deben ser creados con mucho cuidado porque se corre peligro de convertirlos en cliché o en caricatura. Llamemos a esto el síndrome Dick Dastardly o Pierre Nodoyuna (como se le conoce en México).

Descifrando al antagonista que funciona

1. **Motivaciones claras.** Sus motivaciones y objetivos están en conflicto directo con los del protagonista. Importante: sus acciones y comportamientos deben tener una lógica interna y estar fundamentados en sus propios deseos y creencias.

2. **Impacto en la trama.** Los mejores antagonistas tienen un impacto significativo en la trama y en los personajes principales. Sus

acciones y decisiones desencadenan eventos cruciales y obligan al protagonista a enfrentar desafíos y tomar decisiones difíciles.

3. **Complejidad y profundidad.** Los antagonistas no son malvados por el simple hecho de serlo, como Pierre Nodoyuna. Tienen capas y dimensiones en su personalidad, con sus propios miedos, traumas, virtudes y defectos. Esto los hace más humanos y realistas, y permite al lector comprender su punto de vista, aunque no necesariamente estar de acuerdo con él.

4. **Carisma y presencia.** Tienen una presencia magnética en la historia, para bien o para mal. Son capaces de cautivar al lector, igual, para bien o para mal. Su carisma puede ser utilizado para manipular a otros personajes y crear tensión dramática en la trama.

5. **Desafío significativo.** El antagonista representa un desafío real y significativo para el protagonista. Su presencia y acciones ponen en peligro los objetivos del protagonista y generan conflictos que impulsan la narrativa.

6. **Arco del personaje.** Puede tener su propia evolución. A medida que la historia avanza, puede enfrentar desafíos, dilemas y circunstancias que lo hacen cambiar y crecer (para bien o para mal).

7. **Justificación interna.** Aunque los antagonistas pueden ser moralmente cuestionables o incluso malvados, es importante que tengan una justificación interna para sus acciones. Ya sea que se basen en su propia visión distorsionada del mundo o en circunstancias que los hayan llevado por un camino oscuro, esta justificación les da credibilidad y evita que caigan en el síndrome Pierre Nodoyuna.

De cualquier modo, una advertencia final: tienes una responsabilidad y un compromiso con tu antagonista. Aunque está destinado a ser el malo del cuento, quiérelo mucho para que lo odie mucho tu lector. Quiérelo tanto, que le inviertas todo lo que tengas para crearlo bien y que, para el punto final, sea tan memorable como tu protagonista.

El personaje secundario también importa, trátalo con cariño

Estás entrando a territorio peligroso. Ya vimos lo importante que es la construcción del protagonista y del antagonista, pero es lógico, ¿no? Es fácil ver por qué es importante invertir tanto tiempo y pensamiento a los personajes conductores de nuestra historia. ¿Y el secundario? Un error muy común que puede cometer un escritor es creer que, por secundarios, no importan. Dejan entonces vacíos a sus personajes secundarios, en el puro cascarón.

¿Y qué nos importan si son secundarios? ¡La historia no se trata de ellos!

Es cierto que la narrativa no se centra en ellos, pero sin ellos ésta no funciona, y tu dedicación al protagonista se desperdicia. Un protagonista es tan bueno como lo sean los secundarios. ¿Qué sería del Quijote sin su Sancho Panza? ¿Qué sería de Gilgamesh sin su Enkidu?

Creo que todo empieza mal desde el apelativo "secundarios". Así se les ha llamado siempre y aquí no lo vamos a cambiar, aunque deja una sensación de que secundario significa ser menos importante.

Ahora es tiempo de usar tu imaginación: tal vez el secundario no es el conductor del desarrollo de nuestra historia en particular, pero si en un ejercicio de la imaginación consideramos que ese personaje tuviera su propia historia con un enfoque distinto, en el que éste resultara protagonista, todo cambia, y nos parece un ser más vivo y único. Así que, al escribir tu historia, vive y siente a tu personaje principal y no evadas al secundario; no lo ignores, que no te dé flojera también convertirte en éste. Tu inversión dará fruto, ya lo verás.

El personaje secundario no tiene tanto tiempo en escena como el principal, pero los momentos que tenga hazlos valer. Cuando no esté en escena, porque el enfoque del narrador no lo muestra, imagina que está en otra escena, haciendo lo suyo, viviendo su vida. Tu personaje secundario no es un títere que se guarda en una caja esperando inerte para cuando te convenga sacarlo.

Puede ser un gran reto encontrar el equilibrio adecuado para darles a los personajes secundarios suficiente presencia en la historia sin abrumar al lector o distraer de la trama principal, pero el esfuerzo valdrá la pena.

En mis novelas intento crear personajes secundarios muy fuertes, muy completos. Los vivo tan intensamente como a mis personajes principales, y creo que por eso resuenan tan fuerte en los lectores. En *El murmullo de las abejas* Beatriz es un personaje sin el cual la trama no avanzaría. Muchos lectores se identifican con ella. Me dicen, Simonopio es Simonopio, pero Beatriz es un mujerón. ¡Sí que lo es! Para mí, cobró vida en las páginas de mi historia. Aprendí mucho viviendo en su piel y, según he visto, les pasa lo mismo a los lectores. Francisco Morales es otro que tiene ese efecto. Ambos tienen varias de las cualidades que deben tener los buenos personajes secundarios.

Cualidades de los personajes secundarios

1. **Complementan al personaje principal.** También realzan las cualidades del personaje principal. Pueden ofrecer un contraste interesante, brindar apoyo emocional o desafiar al protagonista, lo que enriquece la historia y proporciona un desarrollo más completo.

2. **Tienen personalidad distintiva y tienen relaciones significativas.** Pueden ser excéntricos, carismáticos, divertidos o misteriosos. Además, el lector atestiguará sus relaciones importantes con el protagonista u otros personajes de la historia. Pueden ser amigos leales, mentores sabios, adversarios formidables o intereses románticos, lo que agrega capas adicionales de complejidad a la trama. Todo esto es vital para que destaquen y dejen una impresión duradera en el lector.

3. **Tienen motivaciones, objetivos y arcos de desarrollo propios.** No sólo existen para servir al protagonista, sino que también tienen sus propias motivaciones y objetivos. Esto les da profundidad y les permite contribuir de manera significativa al desarrollo de la trama. Y aunque tengan menos tiempo en la página que el protagonista, los mejores de ellos experimentan algún tipo de crecimiento o transformación a lo largo de la historia. Pueden superar desafíos, aprender lecciones o cambiar su visión del mundo, lo que los hace más interesantes y relevantes para la trama. Un tip: imagina que ellos podrían ser protagonistas en otra historia.

4. **Aportan variedad y diversidad.** Representan una variedad de perspectivas y características. Pueden ser de diferentes edades, géneros, culturas o antecedentes, lo que agrega diversidad y enriquece la narrativa.

5. **Aportan humor o alivio cómico.** Algunos se destacan por su capacidad para proporcionar momentos de humor y alivio cómico en la historia. Su presencia ayuda a equilibrar el tono y le da un respiro de la tensión o la seriedad de la trama principal.

Personajes secundarios inolvidables

Ron Weasley y Hermione Granger en la serie de libros de *Harry Potter*, Sancho Panza en *Don Quijote de la Mancha* de Miguel de Cervantes, Samwise Gamgee en *El Señor de los Anillos*, Watson en las historias de *Sherlock Holmes* de Arthur Conan Doyle, son sólo algunos ejemplos de personajes secundarios memorables en la literatura. Cada uno de ellos es necesario porque contribuye de manera única a la historia y deja una impresión duradera en los lectores con su carácter distintivo y su papel en el desarrollo de la trama. ¿Qué serían los protagonistas de esas novelas sin esos grandes personajes secundarios?

Otros tipos de personajes que puedes encontrar en tu historia

Además del protagonista, antagonista, villano y los personajes secundarios que ya hemos descrito, puedes encontrar estos otros personajes.

1. **Personajes espejo.** Los personajes espejo son aquellos que contrastan con el protagonista, resaltando sus cualidades y rasgos. Suelen servir para enfatizar ciertos aspectos del personaje protagonista o proporcionar un punto de comparación. En *Harry Potter*, Luna Lovegood funciona como espejo de Hermione, quien representa el lado racional y disciplinado del mundo de Harry, mientras que Luna encarna los aspectos más caprichosos e intuitivos. En *Huracán*, todos los personajes tienen otros espejo en contraste, pero en particular Aniceto Mora y Manuel representan dos caras contrastantes del mismo problema.

2. **Interés amoroso.** Este personaje está románticamente involucrado con el protagonista y agrega un subargumento romántico a la historia. Pueden ser una fuente de motivación, conflicto o apoyo emocional. En *Jane Eyre*, Jane es el personaje principal y Mr. Rochester es secundario, aunque sea su interés amoroso.

3. **Compañero de aventuras.** Es el *sidekick*. Un compañero leal o asistente del protagonista. Brinda apoyo, alivio cómico o habilidades complementarias para ayudar al protagonista en su viaje. Frodo Baggins no podría haber completado su misión sin la solidez de Sam Wise a su lado.

4. **Mentor.** Un personaje sabio y experimentado que guía y aconseja al protagonista. Ofrecen conocimientos, sabiduría y lecciones de vida para ayudarlo a superar desafíos. Gandalf para Frodo y Dumbledore para Harry son grandes ejemplos de este tipo de personajes.

5. **Personajes planos.** Personajes que carecen de profundidad y complejidad. Suelen cumplir un propósito específico en la historia, pero es posible que no experimenten cambios significativos o posean personalidades intrincadas. En *Orgullo y prejuicio* de Jane Austen, Mrs. Bennet, la madre de Elizabeth, es un personaje bonachón pero plano que, a través de su mente y acciones enfocadas en una sola cosa, sirve para enfatizar las presiones sociales para hijas casaderas, sin un desarrollo más allá de estos rasgos.

Advertencia: todos los personajes que plasmes y que nombres merecen tu respeto como creador, así sean personajes menores. Un error muy común es invertir toda la atención en el personaje principal. Eso se puede prestar a que el antagonista no funcione como debe y a que otros personajes aparezcan acartonados o como caricatura. Y, como una bola de nieve colina abajo, también esa falla puede llevarse el potencial del mejor protagonista al desfiladero.

*" Sé generoso con tus personajes:
mátalos, sálvalos, rompe sus corazones
y luego cúralos.
Llénalos de vida, emociones, historias,
objetos y personas que aman, y una vez
que hayas hecho eso, una vez que estén
a punto de estallar, desnúdalos. "*

DINAW MENGESTU

Ejercicio para descubrir a tus personajes

Hay novelistas de diferentes tipos. Ya hablamos de ésos que le dan prioridad a la historia y de otros que les dan más importancia a las palabras. Pues también los hay que dan prioridad a la trama o escritores que dan prioridad a los personajes. En inglés le llaman *plot driven* o *character driven*: conducido por la trama o conducido por los personajes.

Seas del tipo que seas, uno de los componentes vitales de toda tu novela es retratar a tus personajes como individuos creíbles y diferenciados de todos los demás personajes del libro. Como autor que comienza, haz tu tarea de elaboración de personajes y podrás crear una excelente escena introductoria para cada uno de ellos.

Sigue esta serie como guía para crear a un personaje. Puedes empezar con el héroe de tu historia. Finge ser ese personaje y luego escribe de 5 a 10 respuestas de cada categoría. Sé consistente, usa la lógica.

Recuerda: esto no significa que estas respuestas aparezcan plasmadas directamente en las páginas de tu novela o cuento, pero definitivamente tú conocerás mejor a tu personaje.

Lo que amo:

Lo que odio:

Lo que temo:

Lo que creo:

Lo que valoro:

Lo que deseo:

Lo que sé acerca de:

Personas que marcaron la diferencia en mi vida:

Descubrimientos que marcaron la diferencia en mi vida:

Decisiones que marcaron la diferencia en mi vida:

Ejercicio para mostrar sin decir (*show, don't tell*)

Ahora ya tienes una idea de quién es tu héroe porque has hecho tu trabajo de creación de personajes. Sabes qué lo impulsa. No es perfecto. Sabes lo que es heroico o agradable de él. Sabes cuáles son sus problemas. Conoces su temperamento. Ahora es el momento de vestirlo y enviarlo a conocer al público. Debes lograr que los lectores se sientan conectados con él y que quieran seguir su viaje a lo largo de la novela.

Con un sólido trabajo de creación de personajes y una introducción cuidadosamente diseñada, puedes lograr que los lectores se enamoren de tu héroe desde el primer encuentro.

Ahora intenta presentar al siguiente personaje.

Tu personaje principal es una mujer noble pero deprimida que ha perdido a su familia y ahora no quiere relacionarse con nadie más... ¿o sí? Piensa que sólo quiere que la dejen sola para morir, y definitivamente no quiere estar en una posición para proteger a otras personas indefensas, porque si fuera buena en eso, no habría perdido a su propia familia, ¿verdad?

¿Cómo mostrarías eso en una escena? Recuerda que se trata de mostrarlo, no de decirlo. No sirve decir: "Lucía estaba deprimida porque perdió a su familia trágicamente y ahora quiere estar sola", porque eso sería *decir*, lo cual logras en unas cuantas palabras, pero no sirve para un cuento o novela. Además, los lectores cerrarán tu libro si acaso los editores leyeran lo suficiente para publicarte.

El propósito de este ejercicio es doble:

1) Aislar la característica principal del personaje.
2) Transmitir esa característica principal al lector de manera efectiva (*showing* / mostrando).

Entonces ¿cómo escribirías esa escena de una manera que muestre a tu personaje? Para facilitarte la ambientación y la trama, imagina que afuera de la casa sin energía eléctrica, pero construida en un nivel más alto que la calle, hay una inundación tras un huracán.

_____

_____

_____

_____

Esto sucede. Hay personajes que damos por hecho el sitio que ocuparán en la narrativa, y que luego nos sorprenden. En *El murmullo de las abejas* era Francisco chico quien originalmente creí que sería mi protagonista. Pero Simonopio me sorprendió y se quedó con el puesto. Creí que sería un compañero vital de Francisco, un *sidekick*, pero resultó que tenía una agenda propia muy importante con todo y viaje del héroe. ¿Te sorprenderán a ti tus personajes?

Si todavía tienes problemas para distinguir cuál es tu protagonista de entre varios de tus personajes, haz el siguiente ejercicio.

> **"** No te preocupes si tienes dudas
> sobre quién debería ser el protagonista.
> A veces, los personajes menos esperados
> pueden sorprenderte y convertirse
> en los más interesantes. **"**
>
> NEIL GAIMAN

Ejercicio para encontrar
a tu protagonista

Personaje	Tiene un incidente incitante increíble	Tendrá acción durante toda la novela

Completa el siguiente cuadro con los personajes de tu historia, así tendrás más claridad sobre quién es el protagonista.

Será el que arroje el punto de vista principal	¿Empatizas con él?

Capítulo 6

Los diálogos: parecen más fáciles de lo que son

El mejor diálogo del mundo no vale mucho, a menos que tengas buenos personajes que lo pronuncien.

THORNTON WILDER

El diálogo en una novela se refiere a la conversación hablada entre los personajes. Es una técnica literaria que da vida a los personajes y les permite interactuar, expresar sus pensamientos, sentimientos y opiniones, y avanzar en la historia. El diálogo juega un papel crucial en revelar rasgos de los personajes, desarrollar relaciones, avanzar en la trama y crear tensión y conflicto.

En el mundo del *Homo fictus*, el narrador es dios. Es quien nos permite una mirada al interior de la historia. Abre y cierra cortinillas para que apreciemos ciertas escenas mientras que decide no mostrarnos otras, siempre con el propósito de que la historia avance. De cierto modo es el dios de los personajes, pero también es el dios momentáneo de los lectores que se animan a vivir otras vidas.

Cuando presenciamos diálogos es porque el narrador ha decidido mostrárnoslos detrás de una de las cortinillas de una novela. Es uno de los recursos que tiene éste para "dejar la narración", cambiar el ritmo y describir sin describir, porque cuando "oímos" al *Homo fictus* hablar, lo conocemos por sus palabras, además de por sus acciones. De cierto modo, lanzar un diálogo es delegar un poco la chamba narrativa a los personajes, pero sólo un poco. El narrador nunca debe ceder el control y debe poder entrar y salir de los diálogos con facilidad y con suavidad, casi como con un zurcido invisible, para que el lector no note el andamiaje detrás de la construcción.

Lee con atención este fragmento de *El viejo y el mar* de Hemingway. Fíjate en el balance entre narración, acción y diálogo. Observa todos los elementos que sirven para describir y en las casi invisibles transiciones entre el narrador y el diálogo, ¡el zurcido invisible! Fíjate cómo, hasta con la línea más corta, avanza la historia.

El anciano era delgado y demacrado, con profundas arrugas en la nuca y profundas cicatrices en las manos por manipular líneas de pescado pesado. En sus mejillas estaban las manchas oscuras del benigno cáncer de piel que trae el sol tropical. Sus cicatrices eran tan antiguas como recuerdos olvidados.

—Santiago —le dijo el niño—, podría ir contigo otra vez. Hemos ganado algo de dinero.

El anciano le había enseñado a pescar y el niño lo amaba.

—No —dijo el anciano—. Estás en un barco con suerte. Quédate ahí.

—Pero recuerda que pasaste ochenta y siete días sin pescar y luego pescamos peces grandes todos los días durante tres semanas.

—Lo recuerdo —dijo el anciano—. Sé que no me dejaste porque dudaste.

—Fue papá quien me hizo irme. Soy un niño y debo obedecerle.

—Lo sé —dijo el anciano.

—No tiene mucha fe.

—No, pero lo hicimos bien. ¿No es así?

—Sí. ¿Puedo ofrecerte una cerveza en la terraza y luego nos llevamos las cosas a casa?

—¿Por qué no? —dijo el anciano.

—Entre pescadores.

Se sentaron en la terraza y muchos de los pescadores se burlaron del anciano, pero él no estaba enojado. Los pescadores mayores lo miraron y estaban tristes, pero no lo demostraron. Los exitosos pescadores de aquel día ya habían descuartizado sus marlines y los habían llevado al camión de hielo que los llevaría al mercado de La Habana. Los que habían capturado tiburones los habían llevado a la fábrica de tiburones al otro lado de la cala.

Cuando soplaba viento del este salía un olor de la fábrica de tiburones.

—Santiago —dijo el niño.

—Sí —dijo el anciano.

Estaba pensando en hace muchos años.

—¿Puedo salir a buscarte sardinas para mañana?

Este acto de equilibrio que logra el narrador de Hemingway es un ejemplo de cómo la narración, la acción y el diálogo trabajan juntos para mejorar la caracterización, describir el entorno y hacer avanzar la narrativa en la ficción literaria. Este fragmento no desperdicia ni una línea, además. Todo está diseñado para avanzar la historia. ¿Cuánto te dice del viejo? ¿Cuánto de su relación con el niño? ¿Del entorno?

3 motores de la narrativa

1

NARRACIÓN

Descripciones, explicaciones e ideas sobre personajes, eventos y el mundo del relato

2

ACCIÓN

Eventos que ocurren en la trama y decisiones, pensamientos y emociones de los personajes

3

DIÁLOGO

Revela la personalidad, las relaciones y los conflictos de los personajes a través de sus palabras habladas

El narrador debe equilibrar las escenas utilizando los tres elementos (o motores) que construyen la ficción: diálogo, acción y narrativa. Por eso pone personajes en una escena con otros personajes tanto como sea posible. Las escenas que entrelazan estos tres elementos comprometen al lector a un nivel emocional de manera mucho más efectiva que las escenas que son sólo diálogo, sólo narrativa o sólo acción.

Ya sea que estemos usando diálogo, acción o narrativa para hacer avanzar la historia, cualquiera o todos estos elementos deben cumplir una doble función al revelar los motivos de nuestros personajes. El diálogo de tu historia puede revelar el motivo de una manera natural y auténtica porque, consciente o inconscientemente, revelamos nuestros propios motivos todo el tiempo en nuestra vida cotidiana. Y entender la motivación de un personaje es entender al personaje.

> **" El diálogo debe transmitir una sensación de espontaneidad, pero eliminar la repetitividad de la conversación real. "**
>
> Elizabeth Bowen

Un buen diálogo

Debe sonar realista y auténtico, reflejando las voces y personalidades únicas de los personajes, pero al mismo tiempo ahorrarle al lector repetición de información. También debe ahorrar las repeticiones, tartamudeos y monosílabos dubitativos que usamos los *Homo sapiens*, aun sin darnos cuenta, a menos de que esta cualidad sea parte del marcador de actitud de un personaje. Tampoco deben usarse clichés y banalidades, a menos de que sean parte de los marcadores de personalidad. El *Homo fictus* dice, ya sea con un lenguaje simple, maldiciones —según sea propio para el personaje—, de manera más fluida, económica y certera. Los personajes deben decir lo que quieren decir, llegar al punto al que quieren llegar, evitar circunloquios y digresiones (a menos de que sea parte de la característica del personaje). La idea es que, en ficción, el diálogo es una versión mejorada, limpia y suavizada de la forma en que los *Homo sapiens* hablan. Mejor que un diálogo real.

Cuando se utiliza con habilidad, el diálogo mejora la conexión del lector con la historia, y la hace más dinámica, atractiva y memorable. Permite a los lectores experimentar la historia a través de las perspectivas de los personajes y crea una sensación de inmediatez e intimidad. Cuando no se escribe bien, los diálogos pueden restar credibilidad a los personajes y conexión con los lectores.

En resumen: un diálogo sirve para darle al lector información concreta, pero también para que intuya, en lo que se dice o se deja de decir, descripciones poderosas que se muestran, pero no se dicen. Tomando en cuenta lo anterior, el propósito principal de un diálogo es y siempre será avanzar la historia.

> **“** Un buen diálogo no sólo se mide por lo que se dice, sino también por lo que se deja de decir. **”**
>
> NEIL GAIMAN

Un corto glosario antes de seguir

A partir de aquí, tenemos que ser un poco más técnicos, porque un diálogo es arte pero antes es estrategia y oficio. Más adelante analizaremos diversos aspectos de diálogos que incluyo como muestra. Por lo tanto, antes nos conviene definir varios términos que se parecen, pero son distintivos.

Término	Definición	Ejemplo
Etiqueta de atribución de diálogo	Similar a la etiqueta de diálogo, se refiere a las frases que identifican al hablante en un diálogo. Incluyen los verbos de atribución y ayudan a clarificar quién dice qué en una conversación escrita.	*en:* *—¿Vienes mañana? —preguntó María,* *"preguntó María" es la etiqueta de atribución del diálogo*
Verbos de atribución	Son los verbos que se usan en las etiquetas de diálogo para indicar quién está hablando y cómo se dice algo. Ejemplos comunes son: "dijo", "preguntó", "respondió", "exclamó", "susurró", etc.	*en:* *—Te quiero —dijo él,* *"dijo" es el verbo de atribución*
Etiquetas de narración	Son frases o cláusulas que se utilizan para proporcionar contexto adicional o describir acciones de los personajes en una narración. Pueden incluir descripciones de los personajes, su tono de voz, expresiones faciales, o cualquier otra acción que acompañe el diálogo.	*en:* *—Voy a ganar —sonrió con malicia,* *"sonrió con malicia" es la etiqueta de narración*

" Me gusta escribir diálogos: puedo escuchar
a mis personajes con tanta claridad que escribir diálogos
a menudo se parece tanto
a transcribir algo como a crearlo. "

LAUREN GRODSTEIN

Los tipos de diálogo

Existen distintas maneras de desarrollar un diálogo entre los personajes de tu historia. En los siguientes ejemplos, fíjate cómo se pueden combinar los diversos tipos de diálogo para mayor efectividad.

Diálogo directo. Éste es el tipo más directo de diálogo, donde los personajes hablan entre sí usando guiones largos para indicar sus palabras exactas. Se utiliza para presentar conversaciones entre personajes de manera directa.

El siguiente ejemplo es de *El murmullo de las abejas*. Fíjate que en ningún momento el narrador da etiquetas de diálogo, pero está diseñado para que el lector sepa quién dijo qué. Como en todo diálogo, observa las transiciones que logra el narrador entre la narración y el diálogo. También revisa las marcas de puntuación del diálogo para atribuirlo a los personajes y las transiciones y acotamientos del narrador.

Mi papá les deseó suerte y buena salud, pero Espiricueta no aceptó sus buenos deseos.

—A nosotros no nos acepta, pero al Simonopio, sí. Ese es el que está enfermo. Ese es el que nos trajo este mal.

—¿Sigues con eso? Simonopio se enfermó de otra cosa y ya se curó. Tú ya conocías el peligro y sabías mis órdenes: no debiste dejar a tu mujer salir y mucho menos pedirle que fuera al pueblo por un encargo tuyo. De haber seguido mis instrucciones, habrías tenido que dispararle antes de dejarla regresar.

—Entonces tal vez le tenía que disparar a usté cuando salió y regresó con sus hijas.

Mi mamá creyó toda su vida que mi papá decidió con una paciencia indebidamente otorgada no responder a ese comentario sedicioso, tomándolo como una simple imprudencia de parte del peón.

—Esto se va a poner cada vez peor, Anselmo. Aquí en la hacienda tienes provisiones. Por tu bien y el de toda tu familia, olvídate del tabaco, porque así como están las cosas, ese vicio los va a matar a todos.

Sin tomar en cuenta el contexto de la novela, aun si no la has leído, puedes deducir mucha y variada información de este diálogo. ¿Cómo es la relación entre los personajes? ¿Qué te dicen las palabras que pronuncia cada uno sobre el otro? ¿Qué te dicen las palabras que pronuncia cada uno sobre sí mismo?

Diálogo indirecto. Resume o parafrasea lo que los personajes dicen en lugar de citar sus palabras directamente. A menudo se utiliza para condensar conversaciones o proporcionar un breve resumen de los intercambios de diálogo. Es un tipo de atajo por el que puede llevarnos el narrador. Avanza la historia, pero sin necesidad de recorrer un camino ensortijado y repetido. El ejemplo de arriba, de hecho, empieza con un diálogo indirecto: "Mi papá les deseó suerte y buena salud, pero Espiricueta no aceptó sus buenos deseos". Luego hace la transición a un diálogo directo para mostrarnos el intercambio vivo entre los personajes. En las primeras líneas —marcada en negritas— informa de manera práctica algo que se dijeron y de lo cual no se necesita dar más detalles, pero continúa al diálogo directo para llevar al lector a enterarse con precisión de la parte más medular del intercambio, de la parte que hace avanzar la trama, y a que se desvelen más los personajes y su relación.

En el siguiente ejemplo, también de *El murmullo de las abejas*, hay transiciones de un diálogo directo a uno indirecto y de vuelta a directo. En este diálogo entre Francisco y Beatriz, fíjate en que el diálogo indirecto —marcado en negritas— nos ahorra repetir información de la cual los lectores (pero no Francisco) ya se han enterado en un capítulo anterior de la novela. En otras palabras, funciona como atajo.

—El consenso en Linares es que son puras cartas de amor para Carmen.

—Ah. ¿En Linares ya hay opinión sobre el asunto?

—¿Tú qué crees? Ochenta y nueve cartas no pasan inadvertidas, Beatriz.

—¿Tantas?

Empezó a recogerlas y a hacer montones de manera ordenada, mientras Francisco la observaba sin moverse. Estaban un poco

magulladas, algunas pisadas, pero ninguna abierta, y al parecer ninguna destruida. Todas eran de Antonio Domínguez.

No pareció sorprendida.

—¿Ya sabías que Carmen tenía un enamorado en Monterrey?

—Apenas me enteré hace unos días.

Beatriz le narró cuanto sabía sobre la historia de amor de su hija y sobre los antecedentes familiares y sociales del amoroso escritor.

—Te lo iba a decir muy pronto, pero no era un secreto. Era un aplazamiento, nada más. Hasta que llegara el momento apropiado. Ahora tendremos que discutir con ella lo de un compromiso serio.

El siguiente diálogo común aborda una conversación entre una tal María y un tal Juan, creados con el propósito de ofrecernos ejemplos buenos y malos a lo largo de esta sección. Aquí, el narrador describe la conversación en lugar de presentarla directamente con las palabras de los personajes:

Mientras caminaban por el parque, María habló de su frustración por los acontecimientos del día. Juan escuchó pacientemente y asintió con la cabeza. Lamentaba que la reunión hubiera salido mal y que se sintiera subestimada por sus colegas.

Cuando llegaron a la fuente, el humor de María había mejorado ligeramente.

En este ejemplo, el diálogo entre María y Juan está implícito en la narración en lugar de citarse directamente. Aquí el narrador describe la conversación y las impresiones de María con Juan sin reproducir directamente todas sus palabras. Quiere que los lectores nos enteremos de que los dos personajes dialogaron, quiere que sepamos sobre qué, pero no quiere cansarnos con un tsunami de información. Quiso ahorrarnos la sesión de frustración, pero a la vez que nos enteremos de la frustración. Este tipo de diálogo indirecto permite al lector comprender tanto la información intercambiada como las actitudes y sentimientos de los personajes sin recurrir a citas directas.

Diálogo interno. Este tipo de diálogo representa los pensamientos, sentimientos o monólogo interno de un personaje. Permite a los lectores obtener información sobre el mundo interior —reflexiones— de un personaje y proporciona una visión de sus conflictos internos o reflexiones, temores, deseos y conflictos que pueden no expresarse verbalmente. Esta técnica no sólo enriquece la complejidad de los personajes, sino que también permite a los lectores mirar por una ventana hacia el mundo interno de los personajes, fomentando una comprensión más profunda de sus acciones y decisiones dentro del contexto narrativo.

Mira este ejemplo de diálogo interno de Beatriz, en *El murmullo de las abejas*:

> Los vecinos decían: murió por una cena. Y decían los dolientes en el velorio, entre abrazo y abrazo: Dios se lo llevó por ser un santo, nadie tan bueno como él, Dios lo necesitaba, Dios necesitaba otro ángel en el cielo, y qué alegría para la familia Morales que ya tienen un ángel que los cuide. Y decía Beatriz para sus adentros: lo mató el plomo de esta guerra, no una cena, no Dios. Lo mató el traidor que delató la cena en honor al general Ángeles. Lo mató el hombre que lo mandó buscar al tren, el que lo hizo bajar y pararse dócilmente a recibir su dosis de plomo. Lo mató en represalia un hombre vengativo y mezquino que no merecía estar en la silla que se negaba a desocupar. Lo mató cada infeliz gatillero, y finalmente lo mataron su ingenuidad y su docilidad.
>
> La guerra la hacen los hombres. ¿Qué puede hacer Dios contra ese libre albedrío?

Monólogo. Un monólogo es un discurso pronunciado por un personaje, a menudo dirigiéndose a otros o expresando en voz alta sus pensamientos y emociones. Se utiliza para revelar las motivaciones de un personaje, proporcionar antecedentes o expresar sus luchas internas.

Un ejemplo de monólogo se encuentra en *Macbeth* de William Shakespeare:

¿Estaba ebria la esperanza con la que te vestiste? ¿Ha dormido desde entonces?

¿Y se despierta ahora para verte tan verde y pálido ante lo que hiciste tan libremente? Desde este momento así considero tu amor. ¿Tienes miedo de ser el mismo en tu acto y valor como lo eres en deseo? ¿Querrías tener eso que consideras el adorno de la vida, y vivir como un cobarde en tu propia estima, dejando que el "no me atrevo" espere al "quisiera", como el pobre gato en el adagio?…

> 66 Un diálogo es la forma de atraer al lector hacia la historia, hacia el sueño ficticio, hacia los personajes y hacia la trama. 99
>
> Sol Stein

El narrador y el diálogo: un acto de equilibrio

En la escritura, el narrador y el diálogo desempeñan roles complementarios pero distintos. El narrador proporciona información, describe escenarios y emociones, y guía al lector a través de la historia.

Por otro lado, el diálogo permite que los personajes se expresen, interactúen y revelen información crucial y que se refresque el interés del lector, porque, seamos honestos: hay veces en que el narrador narra demasiado. Hay veces que debe interrumpirse para darles algo fresco a los lectores. Pero es posible y terrible abusar del diálogo. Lograr un equilibrio adecuado entre el narrador y el diálogo es fundamental para crear una narrativa cohesiva y envolvente.

La narración y el diálogo sirven para crear un balance:

Funciones distintivas. El narrador se encarga de establecer la escena, describir las acciones y emociones de los personajes, y proporcionar información que no puede y no debe transmitirse a través del diálogo. El diálogo, por otro lado, permite que los personajes hablen

directamente, expresen sus pensamientos, sentimientos y motivaciones, y avance la trama. El narrador puede intervenir en el diálogo
entre personajes con acotamientos, pequeñas tangentes para dar
contexto, etiquetas de diálogo. El narrador puede contarnos de diálogos indirectos. En cambio, los personajes nunca pueden usurpar las
labores del narrador.

Ritmo y variedad. Aunque hay estilos y géneros en los que se usa más
diálogo y otros en que se usa menos —por lo general los literarios—,
alternar entre el narrador y el diálogo ayuda a mantener un ritmo
ágil en la narración. Conviene mezclar fragmentos narrativos descriptivos con diálogos intensos o emocionantes para mantener el interés del lector. La variedad en la estructura y el estilo del diálogo
también contribuyen a mantener el dinamismo en la historia.

Mostrar y contar (*show and tell*). El diálogo es una excelente herramienta para mostrar la personalidad de los personajes y las dinámicas entre ellos. En lugar de que el narrador simplemente diga cómo
se siente un personaje, el diálogo puede revelar esas emociones a través de palabras precisas, interacciones y conversaciones auténticas.

Fluidez y realismo. El diálogo debe sonar natural y realista. Las frases demasiado elaboradas o formales pueden alejar al lector, mientras que un lenguaje coloquial y natural puede crear una conexión
más auténtica. El narrador, por su parte, debe mantener un estilo de
escritura coherente y adaptarse a la atmósfera de la historia y dejar
que suene la voz de los personajes. Un error muy común es que todos
los personajes de una novela suenen al narrador.

Dosificar la información. Tanto el narrador como el diálogo pueden
transmitir información crucial para la trama. Es importante encontrar el equilibrio adecuado para evitar una sobrecarga de información
en cualquiera de los elementos. Evita caer en el exceso de exposición
y utiliza el diálogo de manera estratégica para revelar detalles clave
de forma natural, sin excederte en ningún sentido.

👁 Ejercicio de observación

Lee y analiza este diálogo entre Juan y María en voz baja. Después léelo en voz alta.

1. Juan entró en la habitación y vio a María sentada en el sofá. Se acercó y se sentó junto a ella.

—¡Hola! —dijo Juan, mirando de reojo a María. María levantó la mirada de su libro y sonrió.

—Hola, Juan —respondió.

Juan extendió la mano y tocó la de María.

—Quería hablar contigo sobre algo —dijo suavemente.

María levantó una ceja e inclinó la cabeza.

—¿Sobre qué? —preguntó curiosamente.

Juan vaciló por un momento, contemplando sus palabras. Carraspeó y dijo:

—He estado pensando mucho en nuestra relación últimamente.

La sonrisa de María se desvaneció ligeramente y se movió incómodamente en su asiento.

—Ah, ¿sí? —murmuró.

Juan asintió, sus ojos buscando la reacción de María en su rostro.

—Sí. Siento que nos estamos distanciando —observó.

El ceño de María se frunció y miró hacia abajo a sus manos.

—No me había dado cuenta —admitió en voz baja.

Juan apretó suavemente la mano de María, tratando de transmitir sinceridad.

—No quiero que perdamos lo que tenemos —afirmó con seriedad.

María encontró la mirada de Juan y asintió.

—Yo tampoco —susurró.

Para analizar

¿Te suena bien ese intercambio? ¿Te resulta interesante o intrigante? Léelo de nuevo. A mí me sale urticaria nada más de leerlo y no por lo cursi o porque da tantas vueltas. Hay tanto que está mal en este diálogo que nos podría tomar muchas páginas para descifrarlo todo. Pero intentemos hacerlo en menos espacio. Tomando el ejemplo anterior como base, te presento los siguientes errores comunes en los que podemos caer al crear diálogos.

- **El narrador lo empezó demasiado pronto.** El narrador del ejemplo 1 se excedió de saludos. A los lectores no nos interesa todo el preámbulo de los saludos, no tenemos que verlo. Con narración pudo habernos ahorrado todo el protocolo de saludo y empezar con algo así:

2. Juan se sentó al lado de ella en el sofá. Se preguntó si María notaría su incomodidad. La conversación no sería fácil.

- **El narrador no hace su acto de equilibrio.** Esta conversación da demasiadas vueltas. Cuando una conversación entre personajes abordará temas difíciles, puede dar esas vueltas, pero el lector no tiene que estar enterado de cada una. El narrador debe intervenir en el diálogo directo, mostrándonos un diálogo indirecto (marcado en negritas):

3. Juan se sentó al lado de ella en el sofá. Se preguntó si María notaría su incomodidad. La conversación no sería fácil.

—¿Qué te pasa?

Y entonces Juan soltó todo lo que había guardado por tanto tiempo. Le habló sobre todo lo que tenía que hacer todos los días para sacarle una sonrisa, siquiera.

—Y hay días que ya no te reconozco —le dijo.

María lo miró.

—Yo tampoco.

—¿Qué te pasa?

Conversaron por horas. Conversaron hasta que las gargantas se secaron y las palabras se extinguieron.

- **Hay demasiadas etiquetas de atribución de diálogo.** En el primer ejemplo de diálogo entre Juan y María, suena más el narrador que los personajes y entonces estorba. Si bien es importante atribuir el diálogo al personaje correcto, usar demasiadas etiquetas de diálogo o narración puede ser un distractor e interrumpir el flujo de la conversación. Significa un desequilibrio en la narración. En general, es mejor dejar que el diálogo y el contexto que lo rodea transmitan las emociones y acciones de los personajes y reducir la necesidad de etiquetas de narración excesivas.

• Hay demasiados verbos de atribución. Muchos autores notables coinciden en que, cuando hay que incluir etiquetas de atribución, casi debemos de sujetarnos exclusivamente al verbo "dijo". En este ejemplo se usa una gran variedad de verbos de atribución (respondió, preguntó, murmuró, observó, admitió, afirmó, susurró) para anunciar lo que alguien dijo. ¿Son necesarios? La mayoría no, porque se pueden expresar de otra manera. ¿Demeritan el trabajo del narrador? Definitivamente. Es repetitivo, para empezar. Mira este fragmento del ejemplo 1.

4. Juan asintió, sus ojos buscaban la reacción de María en su rostro.
    —Sí. Siento que nos estamos distanciando —observó.

Si ya se nos dijo que Juan asintió, ese "sí" está de sobra. Y el "observó" no sirve para entender más la situación. Si lo borramos, entenderemos lo que dijo Juan. Lo mismo con la mayoría de los verbos de atribución sobrantes utilizados en ejemplos previos.

Vuelve a observar el ejemplo 1. Verás que el narrador pudo haberle ahorrado al lector el "preguntó curiosamente". Una pregunta ya implica algún grado de curiosidad y no necesita decir más, además de que los adverbios son mala compañía. Para rematar, como ya leemos los signos de interrogación, que en español son dos, es imposible que pasen desapercibidos; ya no necesitamos decirle al lector que acabamos de enunciar una pregunta.

• Anuncia el diálogo. Mientras que en algún momento muy estratégico se puede recurrir al anuncio de un diálogo, por lo general, el diálogo que se anuncia no funciona y cae además mal cuando se hace maña del narrador (y es muy común que se haga maña en el narrador). Aquí otro fragmento problemático en el ejemplo 1:

5. Juan vaciló por un momento y contempló sus palabras. Carraspeó y dijo:
    —He estado pensando mucho en nuestra relación últimamente.

Cuando leemos algo así, podemos llegar a pensar que lo que dirá Juan a continuación será una revelación casi evangélica. Y no: no nos dijo una gran verdad rompedora de mundos. El narrador acaba de gastar parque, que resultó además ser salva mojada. Y el lector se cansará de esos momentos constantes de hiperatención que no pagan. El narrador hábil no necesita ni debe de anunciar algo casi como: "Mira, lector, Juan va a hablar y lo siguiente es lo que dijo". La propia narración efectiva nos debe llevar a entender lo que sucede línea con línea. ¿Qué tal si mejor se plantea así?

6. Juan vaciló por un momento, y contempló sus palabras. Carraspeó.
    —He estado pensando mucho en nuestra relación últimamente.

- El narrador usa adverbios. Esto es consejo en general, no sólo en el diálogo. Contrario al lenguaje hablado de los personajes, el narrador es un ser con muchos recursos narrativos y gramaticales. No debe caer en la maña facilona del abuso de los adverbios y otras. Stephen King dice que el camino al infierno está pavimentado de adverbios y yo estoy de acuerdo. Agregaría que también de gerundios, pero eso es tema para otro capítulo. Lee el siguiente fragmento del ejemplo 1 en voz alta:

7. Juan extendió la mano y tocó la de María.
    —Quería hablar contigo sobre algo —dijo **suavemente**.
    María levantó una ceja e inclinó la cabeza.
    —¿En qué estás pensando? —preguntó **curiosamente**.

Si nos recetaran un poco más de esta dosis de adverbios se sentiría como si nos trepanaran el cerebro sin anestesia, ¿no crees? ¿Qué tal si mejor se plantea así?:

8. Juan extendió la mano y tocó la de María.
—Quería hablar contigo sobre algo —dijo con voz suave.
María sintió curiosidad.
—¿Sobre qué?

¿Te fijas que todo suena más natural y entonces más elevado sin el adverbio? Es mejor decir "con voz suave" que "suavemente". Es más directo decir "María sintió curiosidad" y quitar la descripción física de la pose de María, que además parece incómoda.

• Hay veces que el desequilibrio conviene. El narrador puede decidir equilibrar la balanza en favor del diálogo para resaltar un marcador de carácter, un tema en particular o lograr un efecto.

Entonces el narrador decide no distraer al lector con tantas cosas sucediendo al mismo tiempo para dejar correr el ida y vuelta de la conversación. Para eso, deberá eliminar la acción y la narración para iluminar las palabras habladas de sus personajes. Logrará entonces que el entorno desaparezca y sólo quede lo que ellos dicen.

Mira este ejemplo de *El murmullo de las abejas*. Es un fragmento de un diálogo directo ininterrumpido de casi tres cuartillas entre tres personajes: Lázaro, un convaleciente que regresa de la tumba, el doctor Cantú y el sacerdote. Verás que el narrador se retira casi por completo. Digo casi y no por completo, porque esto es imposible cuando es el narrador quien sostiene la cortinilla para que veamos esta escena, que cortará cuando lo decida.

Lo que quería lograr cuando escribí este diálogo era, para empezar, colocar a cada personaje en su lugar, pero a través de un efecto cómico de confusión al estilo comedia de errores o teléfono descompuesto. Quería lograr, además, un ritmo veloz. Por eso en este fragmento no hay ninguna etiqueta de diálogo, de atribución o de narración, y son muy, muy escasas en el diálogo completo de tres páginas, a pesar de la complejidad que significa un diálogo entre tres personajes.

9. —Sí, doctor. Muy rápido ya sentía que me moría de ahogo.

—¿Con mucha fiebre y dolor en el cuerpo?

—Por más que hacía mi mamá, que en paz descanse la pobre, nomás no se me bajaba. Yo ya no podía ni pensar, ni moverme de tanto que me dolía todito y menos podía respirar. Me dolían tanto la cabeza, el cráneo y el celebro, que me los quería arrancar, y ni los chiqueadores que me ponía mi mamá me hacían. Pa' cuando me dice mi mamá: mi'jo, no tienes remedio, te tienes quir ya porque ya va a pasar don Vicente, la verdad lo único que quería era morirme.

—Entonces fue cuando te moriste.

—¡No, padre! ¿No le digo y le digo que me aburrí?

—Entonces, ¿cuándo fue que te moriste para regresar?

—¿Quién dijo que me morí? Yo no dije que me morí.

—¡Pero regresaste!

—Pos me fui de buena fe. Me dijo mi mamá, vete, y me fui. Me envolvió en mi sábana y traté de no moverme mucho. Pero al tercer día me cansé de esperar y me regresé.

—Entonces, aclarando: ¿te enfermaste?

—Sí, doctor.

—¿Te llevaron en la carreta al cementerio?

—Sí, doctor. Me subió el enterrador.

—Pero te fuiste vivo.

—Ajá.

—¿Te fuiste vivo? ¿Tu madre te mandó vivo a enterrar?

—Don Vicente nunca me enterró, padre. Preguntaba a cada rato: ¿siguen vivos? Y yo siempre contestaba que sí. Los otros pobres se fueron quedando callados y entonces ya estaban buenos.

—Buenos para el pozo. O sea, muertos.

—Sí, doctor. Sólo que yo nunca, por más que hacía, así que me volví pa'cá cuando me pude levantar. ¿Qué le pasa, padre? ¿Por qué tiene esa cara?

👁 Ejercicio de observación

Vuelve a leerlo. Sin las etiquetas de diálogo, ¿pudiste distinguir quién habla? ¿Cómo?

> **❝** El diálogo eficaz es aquel que va más allá de las palabras, transmitiendo el subtexto y los sentimientos ocultos. **❞**
>
> Kazuo Ishiguro

Que tus personajes no hablen por hablar

El diálogo es uno más de los recursos que tiene el narrador para avanzar en la historia. La palabra clave es avanzar. Se trata de un equilibrio no sólo estético: el propósito del narrador siempre debe ser ir hacia adelante y el diálogo es un buen motor. Si éste no ayuda para avanzar en ella, para conocer más de la trama o sobre los personajes, no sirve.

Utilidad del diálogo

Los diálogos te sirven como vías para avanzar en la historia, pues facilitan lo siguiente:

- Revelar información. Los diálogos pueden utilizarse para revelar, de manera explícita, información importante sobre la trama, los personajes o el mundo en el que se desarrolla la historia. El narrador se vale del diálogo entre personajes para compartir detalles clave, revelar secretos o discutir eventos pasados para ayudar al lector a comprender mejor la historia y la relación entre ellos.

  Pero además existe el recurso del subtexto que facilita que el diálogo cumpla una doble función informativa, aunque ahora de manera tácita, intuitiva.

El subtexto en una obra literaria se refiere a las capas de significado que existen debajo de la superficie del texto principal. Por lo general, es lo que no expresan explícitamente los personajes ni el narrador. Estos significados pueden incluir temas ocultos, emociones subyacentes, motivaciones secretas o conflictos internos que se sugieren más que revelarse directamente. El subtexto puede enriquecer la experiencia de lectura, pues invita a interpretaciones más complejas y sutiles de los personajes y sus circunstancias, al añadir profundidad y complejidad a la narrativa.

Te muestro un ejemplo del subtexto en un diálogo de *El murmullo de las abejas*, en donde un momento de silencio vale más que mil palabras:

—Tengo diecinueve años de trabajar mi tierra, pero yo lo que quiero es sembrar tabaco.

Francisco estaba sorprendido de que de boca de Espiricueta salieran hiladas tantas palabras. Lo del tabaco, además, era novedad para él.

—El tabaco ya se sembraba aquí antes que la caña, pero no funcionó. Y tú ya llevas diecinueve años de fallar en nuestro acuerdo. Hasta aquí llegamos: haces lo que se te dice o te vas. No te va a costar nada. Yo te traigo los árboles. Tú los plantas y los cuidas. La naranja se vende bien y es la manera de que no nos arrebaten la tierra, Anselmo.

Silencio.

—Te veo aquí el sábado. Te ayudo a empezar.

- **Desarrollar personajes.** Los diálogos pueden ser una forma efectiva de desarrollar los personajes y mostrar sus personalidades, relaciones y conflictos. Son un gran recurso descriptivo en la línea del *show, don't tell*, o mostrar sin decir. A través de las palabras y las interacciones entre los personajes, se pueden revelar sus motivaciones, emociones y crecimiento a lo largo de la historia.

- Avanzar los conflictos. Los diálogos pueden ser utilizados para establecer y resolver conflictos en la trama. Los personajes pueden expresar sus desacuerdos, confrontar sus diferencias o negociar soluciones, lo que impulsa la historia hacia adelante y genera tensión y drama.

- Crear tensión y suspenso. Los diálogos pueden generar tensión y suspenso al plantear preguntas, crear ambigüedad o revelar información de manera gradual. Las conversaciones cargadas de suspenso mantienen al lector enganchado y ansioso por descubrir qué sucederá a continuación.

- Mostrar cambios y transformaciones. Los diálogos pueden reflejar el crecimiento y la transformación de los personajes a lo largo de la historia. A medida que los personajes evolucionan, sus palabras y tono pueden cambiar, lo que indica su desarrollo y proporciona un sentido de progresión en la narrativa.

- Si un diálogo que escribiste no funciona bien, elimínalo.

Ejercicio de observación

Analiza este ejemplo de *El murmullo de las abejas* con los puntos anteriores en mente. Fíjate en que aquí hay diálogo directo e indirecto. En que el narrador interviene de manera estratégica. Ese diálogo contiene mucha información explícita, pero también implícita. El subtexto sirve para descifrar a los personajes, a la relación entre sí y a su circunstancia político-social. Por último, fíjate en las transiciones entre todos estos elementos.

Mi papá les deseó suerte y buena salud, pero Espiricueta no aceptó sus buenos deseos.

—A nosotros no nos acepta, pero al Simonopio sí. Ese es el que está enfermo. Ese es el que nos trajo este mal.

—¿Sigues con eso? Simonopio se enfermó de otra cosa y ya se curó. Tú ya conocías el peligro y sabías mis órdenes: no debiste dejar a tu mujer salir y mucho menos pedirle que fuera al pueblo por

un encargo tuyo. De haber seguido mis instrucciones, habrías tenido que dispararle antes de dejarla regresar.

—Entonces tal vez le tenía que disparar a usté cuando salió y
regresó con sus hijas.

Mi mamá creyó toda su vida que mi papá decidió con una paciencia indebidamente otorgada no responder a ese comentario sedicioso, tomándolo como una simple imprudencia de parte del peón.

—Esto se va a poner cada vez peor, Anselmo. Aquí en la hacienda tienes provisiones. Por tu bien y el de toda tu familia, olvídate
del tabaco, porque así como están las cosas, ese vicio los va a matar a todos.

> 66 Cuando el diálogo funciona, lo sabemos.
> Cuando no, también lo sabemos: suena en el oído
> como un instrumento musical mal afinado. 99
>
> STEPHEN KING

En la transición está el detalle que nadie nota (excepto quienes leemos como escritores)

En los años que he dado el taller de creación literaria me he encontrado con muchos novelistas principiantes, buenos lectores, que
nunca se han fijado en la estructura del diálogo. Se quedan descon-
certados cuando les hablo de moderar las etiquetas, pero en especial
de la transición. Nunca la han notado, nunca le han prestado atención. Es que cuando el texto será leído por un lector común y corrien-
te, eso es lo deseable: que la transición quede tan imperceptible que
el lector promedio no se fije en el entramado.

Ya hemos hablado de que un escritor debe de esfumarse tras bambalinas. El narrador también debe de hacer su intento, aunque nunca
deje la escena.

Ahora que quieres escribir, y te has comprometido a leer como escritor, debes fijarte en todo lo "invisible". Ahí se esconde la buena transición entre el narrador y los diálogos que pertenecen a los personajes.

Las transiciones narrativas en el diálogo sirven para guiar al lector de manera fluida y coherente entre los diferentes fragmentos de diálogo. Estas transiciones ayudan a establecer el contexto, proporcionar claridad y mejorar la comprensión de la conversación. En las transiciones, el narrador puede ubicar al lector en el entorno donde se desarrolla el diálogo. Se pueden usar para presentar o recordar al lector quiénes son los personajes que participan en la conversación o para indicar el paso del tiempo: pueden indicar si ha habido una pausa, si ha transcurrido algún tiempo o si la conversación se reanuda después de un intervalo. También sirven para transmitir las emociones, actitudes o reacciones de los personajes antes, durante o después del diálogo.

Técnicas para crear transiciones suaves

Todo empieza bien en un diálogo cuando la transición entre narrador y diálogo se hace de manera suave, casi imperceptible. Una transición suave del narrador al diálogo y viceversa es esencial para mantener un flujo continuo en tu escritura. Lo importante es que mires y conozcas a los personajes. Si el narrador te pasa desapercibido, significa que tuvo éxito. Aquí tienes algunos recursos que te ayudarán a hacer transiciones efectivas y diálogos que funcionan. Utiliza una combinación de estas técnicas para crear transiciones suaves que mejoren la experiencia del lector y mantengan el flujo de tu historia.

1. Etiqueta de atribución de diálogo

Utiliza una etiqueta de atribución de diálogo con verbos de atribución para permitirle hablar a un personaje específico. Esto ayuda a indicar el cambio de narración a diálogo. Volvamos con el tal Juan y la tal María, para ejemplificar:

—No puedo creer que hayas hecho eso —dijo María.

Las etiquetas de diálogo se usan en todos los idiomas, sin embargo, es importante recordar que no es necesario utilizar y hasta puede resultar muy pesado si en cada intervención el narrador nos avisa quién "dijo" (u otras de sus variantes).

Lee este ejemplo en voz alta:

—Hola —dijo Juan, mirando a María con preocupación.

—¿Qué te pasa? —preguntó María, con lágrimas en los ojos.

—No lo sé —respondió Juan, rascándose la cabeza confundido.

—Tal vez deberías hablar con alguien —sugirió María, con la voz temblorosa.

—Creo que tienes razón —convino Juan, a regañadientes.

¿Verdad que no suena bien? El uso excesivo de verbos y etiquetas de atribución en los diálogos puede resultar en una lectura monótona y redundante, como lo vimos arriba y en este ejemplo. Para no caer en ese vicio, puedes recurrir a descripciones y acciones que muestren quién está hablando sin necesidad de utilizar un verbo de habla.

Ejemplo:

—¡Mira, María! —dijo Juan.

—No quiero.

—No puedo creerlo —la miró incrédulo—. ¿La metiche ahora tiene miedo?

Es importante encontrar un equilibrio para evitar abusar de ellos y permitir que los diálogos fluyan de manera natural. Aquí hay algunas sugerencias para evitar el uso excesivo de verbos de atribución:

- Omitir atribuciones innecesarias. Si está claro quién está hablando en un intercambio de diálogo, no es necesario atribuir cada línea de diálogo a un personaje específico. Los lectores pueden seguir el flujo de la conversación sin atribuciones constantes. Ejemplo:

—¿Cómo estás?

María sonrió. Le encantaba el saludo diario de Juan.

—Muy bien, gracias.

—Me alegra.

- Utilizar descripciones y acciones. En lugar de usar un verbo de atribución, puedes describir las acciones o gestos de los personajes para indicar quién está hablando.
Ejemplo:

Juan levantó las cejas.

—¿De verdad?

María soltó una risita.

—Sí, es cierto.

- Alternar con diálogos cortos. En una conversación rápida o enérgica puedes prescindir de los verbos de atribución y dejar que los diálogos breves se sucedan entre los personajes.
Ejemplo:

—No lo creo.

—¡Claro que sí!

—Estás equivocado.

Recuerda que el objetivo principal es mantener los diálogos claros y fluidos. La clave está en encontrar un equilibrio entre las atribuciones necesarias para evitar la confusión y la carga excesiva de verbos de atribución que puedan distraer o entorpecer la lectura.

2. Puntuación y estructura

Utiliza una puntuación adecuada, como guiones y saltos de párrafo, para indicar claramente cuándo comienza y termina el diálogo. Esto ayuda a los lectores a distinguir entre la narración y el diálogo.

La estructura de los diálogos en la literatura hispana sigue las convenciones generales de la escritura de diálogos en cualquier idioma. Pero unos aspectos diferentes a tener en cuenta son la puntuación y el formateo.

- Puntuación. Los diálogos deben estar correctamente puntuados para indicar los cambios de hablante y las pausas en la conversación. En inglés se utilizan comillas para encerrar el diálogo, pero en español por lo general se coloca un guion largo o raya al inicio de cada intervención de un **personaje**.
  Ejemplo:

  —¡Mira! —dijo Juan.
  —No quiero —respondió María.

- Cambios de línea. En español, cada vez que hay un cambio de hablante, se inicia una nueva línea para indicar visualmente quién está hablando. Esto ayuda a evitar confusiones y facilita la lectura del diálogo.
  Ejemplo:

  —¿Qué piensas hacer? —preguntó María.
  —Aún no lo tengo claro —respondió Juan—. Necesito más tiempo para pensarlo.
  —Pues sólo déjame ir. No le diré a nadie dónde estás.
  —No. Eso no.

3. Indicadores de acción

El narrador debe indicar los gestos y movimientos que reflejen el habla del personaje o establezcan la escena. Esto sirve como un punto de transición natural entre la descripción del narrador y el diálogo.

Ejemplo:

Juan frunció el ceño.
—Ya no vuelvo a hacer esto —dijo, mientras se restregaba las
manos una y otra vez.

4. Pensamientos internos

Introduce los pensamientos internos o reflexiones de un personaje
como antesala a sus palabras habladas. Esto ayuda a la transición
de la narración al diálogo al tiempo que proporciona una visión de la
mentalidad del personaje.
Ejemplo, este diálogo de *Peregrinos*:

No le importaban las armas como armas, pues no entendió ese
día su función. Le importaron como objetos mecánicos: ¿cómo se
movían?
—¿Cómo funcionan, papá?
Pero su padre no le respondió, ocupado como estaba con el objeto
de su propio interés —que pasaba en ese momento frente a ellos
montado en uno de los autos—, y mientras se ahogaba la voz del
niño por la gritería que había cobrado nueva intensidad.

5. Interrupción narrativa

Interrumpe brevemente la narración para insertar una línea de diálogo. Esto puede crear una sensación de inmediatez y participación y,
sobre todo, ayudará al narrador a balancear el diálogo con la narración y la acción.
Ejemplo de *El murmullo de las abejas*:

Encontró al alcalde Carlos Tamez afuera de la oficina de correos,
de la que notó que entraba y salía gente constantemente. Se sa-
ludaron deprisa, ambos ansiosos por seguir su camino. Cuando se
alejaba, mi padre le preguntó si ya funcionaba el correo.
—Funciona parcialmente —le contestó.
Había personal, pero como apenas se estaban reorganizando, había que pasar en persona a recoger las cartas y telegramas.

—Tú vas a necesitar una carreta —dijo el alcalde y, tras ese comentario, se marchó.

6. Narración directa

Utiliza narración directa para describir el habla o las acciones del personaje dentro de la narrativa misma. Esto permite una transición fluida entre la narración y el diálogo.

Ejemplo, otra vez, de *El murmullo de las abejas*:

—¿Tú qué crees? Ochenta y nueve cartas no pasan inadvertidas, Beatriz.

—¿Tantas?

Empezó a recogerlas y a hacer montones de manera ordenada, mientras Francisco la observaba sin moverse. Estaban un poco magulladas, algunas pisadas, pero ninguna abierta, y al parecer ninguna destruida. Todas eran de Antonio Domínguez.

No pareció sorprendida.

—¿Ya sabías que Carmen tenía un enamorado en Monterrey?

> **"** El diálogo, de hecho, es lo que hace
> que un personaje sea verdaderamente creíble. **"**
>
> EUDORA WELTY

Consejos para escribir un diálogo que funciona

Además de tener el propósito de balancear los tres aspectos narrativos (diálogo, narración y acción) y de conservar un diálogo sin vicios de etiquetas, aquí tienes algunos consejos para lograr los mejores diálogos en tu escritura creativa:

1. Conoce a tus personajes

Dales su propia voz. Antes de escribir diálogos, es importante conocer a fondo a tus personajes. Comprende su personalidad, trasfondo, objetivos y motivaciones. Esto te ayudará a crear diálogos auténticos y coherentes con sus características. Cada personaje debe tener una voz distintiva que refleje su personalidad, antecedentes y rasgos únicos. El diálogo debe ser coherente con su voz y ayudar a los lectores a comprender quiénes son. Recuerda: la voz del personaje no es la del autor y tampoco la del narrador.

2. Piensa y utiliza el subtexto

El subtexto se refiere a lo que no se dice explícitamente en el diálogo, pero que se infiere a través de las palabras y las acciones de los personajes. Un diálogo efectivo a menudo incluye subtexto, donde los personajes dicen una cosa, pero quieren transmitir algo diferente. Esto agrega profundidad y tensión a la escena y permite transmitir capas de significado. Aprovecha el subtexto para agregar profundidad y tensión a tus diálogos. (En un ejemplo más abajo podrás ver cómo se lee un subtexto).

3. Evita el exceso de información

Escribir diálogos es una decisión estratégica. No cargues los diálogos con información innecesaria o explicaciones excesivas. Deja espacio para que los lectores llenen los vacíos y descubran detalles por sí mismos poco a poco. Nunca debe haber "palabras al aire" o "verborrea". (A menos de que quieras mostrar que un personaje es por naturaleza "verborreico" y habla por hablar. Sólo así se vale).

4. Cuida el equilibrio, el ritmo y la fluidez

Recuerda mantener un equilibrio entre narración, acción y diálogo. Los diálogos deben tener un ritmo adecuado y fluir de manera natural. Evita que sean demasiado largos o que carezcan de pausas. Utiliza oraciones cortas, interrupciones y cambios de tono para crear dinamismo en los diálogos.

5. Evita el diálogo expositivo como la plaga, porque es la plaga

Éste es un error muy común que puede ocasionarte problemas. El diálogo expositivo tiende a ser más estático y menos dinámico en comparación con otros tipos de diálogo. Puede carecer de la tensión y el conflicto que se encuentra en los diálogos más interactivos y emocionales, lo que puede hacer que la lectura resulte menos cautivadora. El narrador debe evitar el uso de diálogos en situaciones en las que no es relevante o no aporta significado o avance a la historia porque los personajes se dedican a explicar detalles de la trama o a proporcionar información de manera burda, en lugar de participar en interacciones auténticas, por falta de sutileza o porque los personajes pueden expresar sus pensamientos y sentimientos de forma demasiado explícita, lo que puede restar profundidad y misterio a la historia. El diálogo expositivo fallido a menudo parece antinatural, forzado o muy didáctico. Interrumpe el flujo de la narrativa al entregar información de una manera que parece más una conferencia que una conversación. Y entonces rompe el ritmo narrativo: cuando el diálogo expositivo se vuelve demasiado extenso o se utiliza en exceso, puede romper el ritmo narrativo de la historia y hacer que los lectores se desconecten de la trama principal.

Si la información puede transmitirse de forma más efectiva a través de la narración directa, el narrador debe optar por no utilizar diálogos. Por ejemplo, si el narrador necesita proporcionar al lector detalles históricos o explicaciones complejas, puede ser más apropiado hacerlo a través de la narración en lugar de utilizar diálogo expositivo.

Te doy algunos ejemplos de cómo el diálogo expositivo puede salir mal.

Ejemplo 1: *El código Da Vinci* de Dan Brown

En este pasaje, Robert Langdon y Sophie Neveu discuten acertijos de anagramas, pero el diálogo puede parecer forzado y demasiado expositivo, en un tema que podemos imaginar que ambos conocen bien y, sin embargo, se lo explican el uno al otro como novicios:

Sophie Neveu: —Pero los Templarios fueron creados para proteger Tierra Santa.

Robert Langdon: —Según este mito, eso fue una tapadera para ocultar su verdadero objetivo. Supuestamente la invasión fue para encontrar un artefacto perdido desde la época de Cristo. Se decía que la Iglesia mataría por poseer un artefacto.

Sophie Neveu: —¿Han encontrado este tesoro enterrado?

Robert Langdon: —Digámoslo de esta manera: un día los Templarios simplemente dejaron de buscar. Dejaron Tierra Santa y viajaron directamente a Roma. Si chantajearon al papado o si la Iglesia compró su silencio, nadie lo sabe. Pero es un hecho que el papado declaró a estos caballeros del Priorato, a estos Caballeros Templarios, de poder ilimitado. Hacia el año 1300, los Templarios se habían vuelto demasiado poderosos. Demasiado amenazantes. Entonces el Vaticano emitió órdenes secretas para que se abrieran simultáneamente en toda Europa. El Papa había declarado a los Caballeros Templarios adoradores de Satanás y dijo que Dios le había encargado a él limpiar la tierra de estos herejes. El plan salió como un reloj. Los Templarios fueron casi exterminados. La fecha era el 13 de octubre de 1307. Un viernes.

Sophie Neveu: —Viernes 13.

Robert Langdon: —El Papa envió tropas para reclamar el tesoro del Priorato, pero no encontraron nada. Los pocos Caballeros del Priorato supervivientes habían desaparecido y la búsqueda de su artefacto sagrado comenzó de nuevo.

Sophie Neveu: —¿Qué artefacto? Nunca he oído hablar de nada de esto.

Robert Langdon: —Sí, es así. Casi todo el mundo en la tierra lo ha hecho. Simplemente lo conoces como el Santo Grial.

El autor trata de engañar al lector mostrándole una conversación del tipo "te lo digo a ti, Juan, entiéndelo tú, Pedro (lector)". Digo trata, porque no es posible engañar al lector atento y más experimentado que distingue el truco. No es que Langdon y Neveu no tengan conversaciones sobre el tema en cuestión. El problema está en la forma. Los lectores queremos aprender mucho cuando nos fugamos a una aventura, pero no nos gustan estos sermones o lecciones veladas.

¿Qué sale mal?

Entrega antinatural: los personajes brindan explicaciones detalladas que parecen más sermones que conversaciones naturales, en especial porque uno supone que el interlocutor del que habla ya sabe la información, entonces el lector se da cuenta de que son dos personajes participando en un "te lo digo a ti, Juan, entiéndelo tú, lector". Y así, de repente, el lector sale despedido del mundo de ficción.

Tsunami de información (*information dump*): se entregan grandes cantidades de información de una sola vez, lo que abruma al lector y rompe el flujo de la narrativa.

Contar en lugar de mostrar (*telling, not showing*): en lugar de integrar la información suavemente en la historia a través de acciones, escenarios o revelaciones graduales, el diálogo se convierte en una herramienta para una exposición descarada.

Redundancia: los personajes explican cosas que el otro personaje ya debería saber o que se repiten varias veces dentro de la narrativa.

Veamos este ejemplo de un diálogo expositivo, otra vez entre María y Juan:

—Hola, María —dijo Juan—. ¿Recuerdas cuando estuvimos de viaje por París el verano pasado?

—¡Sí, claro que lo recuerdo! Fue increíble. Caminamos por los Campos Elíseos, visitamos la Torre Eiffel y pasamos horas en el Louvre —respondió ella.

—Exacto. Aquel viaje a París fue el más emocionante de nuestras vidas. Me encantó la arquitectura de la ciudad y la riqueza cultural que encontramos en cada esquina.

—Fue una experiencia que nunca olvidaremos. ¿Recuerdas también la cena en ese encantador restaurante junto al río Sena? Fue una noche mágica.

—Sí, esa noche fue especial. Sin duda, París dejó una marca en nuestros corazones.

Aquí el narrador perdió la brújula y el control. Los personajes son sus instrumentos, pero no debe dejar que hagan todo el trabajo ni que se le vayan "por la libre". ¿Cómo puede terminar un diálogo así? Ya con unas cuantas líneas nos deja cansados como lectores: parece que sólo le dan vueltas al tema y no se atreven a llegar a algo importante. A los lectores esto nos desconcierta; nos saca de la narrativa. También podríamos preguntarnos si estos dos personajes vivieron el mismo viaje, ¿acaso sospecha, cada uno, que el otro sufre de Alzheimer?, ¿o es a nosotros a quienes nos quieren vender algo?

¿Tú qué opinas? ¿Es éste un diálogo que funciona? ¿O queda mejor cuando el narrador decide exponerlo de otro modo más equilibrado?

> Las calles adoquinadas de París guardaban los recuerdos más preciados de aquel verano. Los amigos, envueltos en la brisa cálida del trópico, se sumergieron en una conversación llena de nostalgia por aquel viaje compartido. Entre risas y algunos suspiros, Juan y María revivieron una noche mágica en un restaurante a orillas del Sena, donde bebieron el amor y la amistad en cada trago de vino tinto. Creyeron que París duraría para siempre.
>
> —Pero al día siguiente te fuiste —le dijo Juan.
>
> Él no planeó que en sus palabras sonara el reclamo que nunca antes se atrevió a hacerle. Pero ya echadas al aire, no había manera de recuperarlas. Ella no respondió. Juan podía oír su respiración entrecortada por el auricular.
>
> —¿Por qué, María?

Planteado así, el narrador llega a un punto importante mientras que nos evitó lo acartonado del diálogo anterior y hasta la cursilería, sin afectar el romance. Con equilibrio entre la narración y el diálogo, nos ahorró el cansancio que ocasiona un mal o excesivo diálogo. Logró que conociéramos algo de los personajes y avanzar en la historia.

Es recomendable encontrar formas creativas de integrar la información en la narrativa, como a través de acciones, descripciones o interacciones entre personajes, para evitar una sobrecarga de diálogo expositivo y de etiquetas innecesarias. ¿Notaste el subtexto?

6. Evita el diálogo entre descripciones o ambientaciones detalladas
¡No distraigas a tu lector! Si el objetivo principal del narrador es
establecer el escenario o describir el entorno, el uso de diálogo
puede distraer o diluir la atención del lector. En estos casos, el narrador puede utilizar la narración descriptiva para crear una imagen clara y vívida.

7. Evita reflexiones o pensamientos internos
Cuando se trata de los pensamientos más íntimos o reflexiones
internas de un personaje, el narrador puede optar por no utilizar diálogos. En lugar de expresar estos pensamientos a través
de conversaciones con otros personajes, el narrador puede utilizar la narración con monólogos internos o descripciones detalladas para revelar los pensamientos y emociones internas del
personaje.

8. Estudia los diálogos de escritores destacados
Lee obras de escritores reconocidos y analiza cómo utilizan los
diálogos. Observa cómo desarrollan la personalidad de los personajes, crean tensión y avanzan en la trama a través de los diálogos. También analiza cómo logran las transiciones entre la acción
y la narración para entrar al diálogo y luego volver a salir. Cuando
lo notes en un diálogo que funciona, distinguirás a un narrador en
control de todos los aspectos de la narrativa.

9. Usa patrones de habla naturales (escucha conversaciones reales)
Observa y escucha cómo las personas hablan en la vida real. Presta atención a los patrones de lenguaje, las expresiones idiomáti-
cas y el ritmo de la conversación.
    Esto te ayudará a crear diálogos que suenen naturales y realis-
tas. Utiliza contracciones, interrupciones y pausas para imitar el
ritmo de las conversaciones reales. Evita un lenguaje demasiado
formal o afectado a menos que se ajuste a un personaje o situación en particular. Pero no olvides algo que no existe en una conversación entre *Homo sapiens* y que es una ventaja para las de los
Homo fictus: el narrador y el equilibrio que aporta y los ahorros
subsecuentes. Porque por más natural que parezca, en la literatura, los diálogos deben ser muy bien diseñados y estratégicos;

no son una grabación directa de la vida real, aunque así deban parecer.

10. *Dale su propia voz a cada personaje*

Recuerda los planos de existencia y los límites de cada entidad que intervienen en una novela. Así, recuerda que el narrador no debe sonar al autor, que el narrador debe tener su propia voz, pero también debes permitirles a los personajes sus propias voces plenamente individuales y distinguibles unas de otras. Aquí hay un ejemplo de lo que puede suceder en un diálogo cuando dos personajes hablan tan igual que no se distinguen ni su diverso *expertise* ni su género; mucho menos se distingue algún marcador de actitud. Si intercambiaras los parlamentos entre los dos personajes, no advertirías el cambio.

Ejemplo, de nuevo, de *El código Da Vinci*.

ROBERT LANGDON: —Las mujeres, entonces, son una enorme amenaza para la Iglesia. La Inquisición Católica pronto publica lo que puede ser el libro más sangriento de la historia de la humanidad.

SIR LEIGH TEABING: —El Malleus Maleficarum.

ROBERT LANGDON: —El martillo de las brujas.

SIR LEIGH TEABING: —Instruyó al clero sobre cómo localizar, torturar y matar a todas las mujeres librepensadoras.

ROBERT LANGDON: —En tres siglos de caza de brujas, 50.000 mujeres son capturadas y quemadas vivas en la hoguera.

SIR LEIGH TEABING: —Oh, al menos eso. Algunos dicen millones. Imagínate entonces, Robert, que el trono de Cristo pudiera perdurar en una niña. Preguntaste por qué valdría la pena matar. Sea testigo del mayor encubrimiento en la historia de la humanidad. Este es el secreto que el Priorato de Sión defiende desde hace más de 20 siglos. Son los guardianes del linaje real. Los guardianes de la prueba de nuestro verdadero pasado. Son los protectores de los descendientes vivos de Jesucristo… y María Magdalena.

11. Edita y revisa

Al igual que con cualquier aspecto de la escritura, es importante editar y revisar tus diálogos. Lee en voz alta, presta atención a la cadencia y elimina cualquier palabra o línea que no sea relevante o no contribuya al propósito del diálogo.

> 66 El diálogo no sólo es una cita: son gestos,
> pausas, ajustes de botones de blusa,
> garabatos en una servilleta y cruces de piernas. 99
>
> JEROME STERN

Cómo dar voz propia a tus personajes

Ya que distinguiste arriba a qué suena cuando los personajes no tienen su propia voz, puedes comprender que la voz en la ficción es crucial pero también esquiva. Que es muy importante considerar la voz narrativa específica de la historia y las voces de los personajes. Crear voces únicas de personajes es un desafío en la escritura de ficción. No se trata sólo de escribir buen diálogo, sino de desarrollar personajes fuertes e interesantes.

Indicadores básicos

Cuanto más distintiva, apropiada y auténtica sea la voz de cada personaje, más se aplicarán estos descriptores a tu historia en su conjunto. Para esto es necesario observar los indicadores sociales de los personajes que te darán características generales, antecedentes personales y los marcadores de personalidad.

- **Género y orientación sexual.** Si es hombre o mujer, o un hombre con rasgos femeninos o mujer con masculinos, será muy importante en la voz del personaje.

- **Edad.** La edad de un personaje afecta su vocabulario, cadencia y estilo de conversación.

- **Educación.** El nivel educativo del personaje influye en su forma de hablar y en su uso de vocabulario especializado.

- **Región.** El lugar de origen del personaje y su origen étnico y geográfico pueden afectar su estilo de comunicación y elección de palabras.

- **Dialecto.** Cuando sea apropiado, el dialecto regional puede añadir autenticidad y color a la voz del personaje.

- **Profesión.** Cada profesión tiene su propia forma única de hablar, con términos y jerga especializada.

- **Personalidad.** Ten en cuenta los rasgos definitorios de tus personajes, si son extrovertidos o introvertidos, amables o crueles. La personalidad influye en cómo hablan y de qué hablan.

- **Postura.** La actitud direccional preferida del personaje al lidiar con el mundo. ¿Son agresivos, retraídos o dependientes?

- **Estilo armónico.** ¿Cómo enfrentan el conflicto y las dificultades? ¿Responden con competencia, reactividad o positivismo?

- **Reflejo defensivo.** Considera cómo reaccionan defensivamente los personajes en situaciones de conflicto.

- **Reflejo ofensivo.** Considera cómo reaccionan ofensivamente los personajes en situaciones de conflicto.

Una voz única

Las voces auténticas y distintivas de los personajes enriquecen la percepción de tu historia en su conjunto, haciendo que sea más memorable y cautivadora para los lectores. Además de las características de arriba hay herramientas para todavía refinar más la voz de tu personaje.

- **Tic de diálogo.** Crea un tic o característica distintiva en la forma de hablar de cada personaje.

- **Jerga y maldiciones personalizadas.** Asigna a cada personaje su propia jerga, maldición favorita o eufemismo.

- **Familias de metáforas.** Utiliza metáforas, maldiciones y exclamaciones basadas en la vida, trabajo o estado psicológico del personaje.

- **Frases características.** Crea frases recurrentes que sean distintivas del personaje y que aporten definición a su voz.

- **Ritmos y frases.** Construye el diálogo de cada personaje con cadencias, estilos y formas de expresión únicas.

Autores que han hecho diálogos cautivadores

Te recomiendo que revises el trabajo de estos autores, pues han escrito algunos de los diálogos más cautivadores y "realistas" en la historia de la literatura o el cine (mientras imaginas todas las etiquetas de diálogo y los acotamientos del narrador).

William Shakespeare. Sus obras de teatro, como *Romeo y Julieta* y *Hamlet*, son veneradas por su lenguaje poético y la profundidad de emoción transmitida a través de los diálogos de sus personajes. Sus comedias y sus obras políticas siguen siendo vigentes porque sus diálogos son geniales.

Jane Austen. Las novelas de Austen, como *Orgullo y prejuicio* y *Emma*, son celebradas por su diálogo ingenioso y perspicaz. Esta autora tenía una aguda comprensión de las dinámicas sociales y creaba personajes memorables a través de sus conversaciones.

Ernest Hemingway. Es conocido por su estilo minimalista y directo de diálogo. Sus obras, como *El viejo y el mar* y *Fiesta*, presentan intercambios concisos pero impactantes que revelan mucho sobre los personajes y sus mundos internos.

Aaron Sorkin. Contar una historia que funciona sirve para todo tipo de arte narrativo. Lo mismo el diálogo. Buen diálogo es buen diálogo en una novela o en un guion de teatro, radio, cine o televisión. Vale la pena analizar el trabajo de grandes guionistas. Si bien Sorkin es conocido principalmente por su trabajo en cine y televisión, su talento para el diálogo agudo y rápido le ha valido reconocimiento. Sus guiones para *La red social*, *El ala oeste* y *The*

Newsroom demuestran su habilidad para crear conversaciones dinámicas y cautivadoras.

Amy Sherman-Palladino. Creadora de la serie *Gilmore Girls*. Reconocida por su estilo de escritura distintivo, su ingenio agudo y su diálogo rápido, que se convirtieron en características definitorias de *Gilmore Girls* y después en *The Marvelous Mrs. Maisel*.

Rúbrica para evaluar diálogos

Aspectos	Excelente (4)	Bueno (3)	Aceptable (2)	Insuficiente (1)
Realismo	Los diálogos son extremadamente realistas y reflejan de manera precisa el habla cotidiana y la diversidad de voces.	Los diálogos son en su mayoría realistas y creíbles, aunque puede haber algunas inconsistencias ocasionales.	Algunos diálogos se sienten un poco forzados o poco auténticos, pero en general son aceptables.	Los diálogos son poco realistas y no suenan naturales ni auténticos.
Caracterización	Los diálogos revelan de manera efectiva las personalidades, motivaciones y relaciones de los personajes. Cada personaje tiene una voz distintiva y consistente.	Los diálogos ayudan a desarrollar las características de los personajes y proporcionan una idea de sus motivaciones y relaciones, aunque algunos personajes pueden ser menos distintivos.	Los diálogos ofrecen alguna caracterización básica de los personajes, pero falta consistencia o profundidad en su desarrollo.	Los diálogos no contribuyen.
Estructura y fluidez	Los diálogos tienen una estructura variada y una fluidez natural. Se utilizan etiquetas de diálogo y descripciones de	La estructura y fluidez de los diálogos son en su mayoría satisfactorias, aunque puede haber momentos en los que se vuelven	La estructura y fluidez de los diálogos son limitadas, lo que dificulta la comprensión o la fluidez de la conversación. Se utilizan	La estructura y fluidez de los diálogos son deficientes y afectan negativamente la comprensión y la experiencia de lectura.

Aspectos	Excelente (4)	Bueno (3)	Aceptable (2)	Insuficiente (1)
	acción de manera efectiva para mantener el ritmo y la claridad.	monótonos o confusos. Las etiquetas de diálogo y las descripciones de acción se utilizan adecuadamente en la mayoría de los casos.	etiquetas de diálogo o descripciones de acción de manera inconsistente o inadecuada.	Significativamente a la caracterización de los personajes, que son inconsistentes y poco definidos.
Subtexto y conflicto	Los diálogos emplean subtexto y conflicto de manera hábil, añadiendo capas de significado y tensiones subyacentes a las conversaciones. Contribuyen al desarrollo de la trama y las relaciones entre los personajes.	Los diálogos incluyen elementos de subtexto y conflicto que enriquecen las conversaciones y dan lugar a interesantes dinámicas entre los personajes, aunque podrían ser más consistentes o profundos.	El subtexto y el conflicto en los diálogos son limitados o poco desarrollados. No aportan mucho a la trama o la relación entre los personajes.	La falta de subtexto y conflicto en los diálogos los hace planos y sin interés. No contribuyen a la trama ni a la relación entre los personajes.
Propósito y relevancia	Los diálogos son altamente relevantes y cumplen un propósito claro en la historia, ya sea avanzando en la trama, revelando información importante o desarrollando los personajes.	La mayoría de los diálogos son relevantes y cumplen su propósito en la historia, aunque podría haber algunas instancias en las que se vuelven tangenciales.	Algunos diálogos carecen de propósito o relevancia directa en la historia, lo que afecta la fluidez y el avance de la trama.	Los diálogos no cumplen un propósito claro en la historia y carecen de relevancia, lo que perjudica la narrativa.

Equilibrio narrativo

En gustos se rompen géneros, dice la expresión que se hace verdad en este tema. También podemos decir que en géneros se rompen equilibrios. Típicamente, las novelas juveniles, de fantasía, de acción, etcétera, tienen más diálogo que las de corte más literario.

¿Hay desequilibrio? No. Pero ¿qué quieres lograr? ¿Tu novela va más tras la trama (*plot driven*)?, ¿o va más tras el desarrollo de personajes (*character driven*)?

El equilibrio correcto dependerá de eso y de tu estilo. Pero recuerda que entrelazar los elementos de una narrativa de manera efectiva es encontrar el ritmo de tu historia. ¿Cómo saber si vas por buen camino? ¡Con las preguntas correctas! Aquí te dejo algunas que pueden ayudarte a saber qué elementos son más efectivos para una escena en particular y cuáles podrían ser mejor utilizados en otro lugar.

Las preguntas del equilibrio narrativo	
¿La historia se está moviendo un poco lenta y necesito acelerar las cosas?	Usa diálogo.
¿Es hora de darle al lector algo de trasfondo sobre los personajes para que sean más simpáticos?	Usa narrativa, diálogo o una combinación.
¿Tengo demasiadas escenas de diálogos seguidas?	Usa acción o narrativa.
¿Mis personajes constantemente revelan a otros cosas que sólo deberían estar pensando en su mente?	Usa narrativa.
¿Mis personajes están solos en sus pensamientos cuando sería más efectivo y animado que estuvieran en conversación?	Usa diálogo.
¿Mi historia está desequilibrada de alguna manera, ya sea demasiado diálogo, demasiada narrativa o demasiada acción?	Combina los elementos que falten.
¿Mis personajes proporcionan demasiados detalles de fondo mientras hablan entre ellos?	Usa narrativa.

Ejercicios para practicar los diálogos

1. Aquí hay un ejemplo de diálogo expositivo. Ordénale a tu narrador que lo arregle. Recuerda usar todos los recursos que ya conoces de los diálogos: puntuación, descripciones de acciones, formas de atribución, además de las que encuentras en la rúbrica. Recuerda que si te falta espacio para escribir, puedes utilizar las páginas que te proporcionamos al final del manual o un cuaderno propio.

—Oye, Juan, ¿recuerdas cuando estudiábamos juntos en la escuela primaria?

—¡Claro que sí, María! Pasábamos horas en la biblioteca, haciendo nuestros deberes y preparándonos para los exámenes.

—Sí, éramos unos auténticos nerds. Pero gracias a eso, obtuvimos las mejores calificaciones y nos abrimos camino hacia la universidad.

—Sin duda, aquellos años sentaron las bases para nuestro éxito académico. Siempre nos animábamos mutuamente a alcanzar nuestras metas.

—Exactamente, éramos el dúo imparable. Incluso ahora, mientras recordamos esos días, siento gratitud por nuestra amistad y todo lo que logramos juntos.

2. Conversaciones cruzadas. Crea un diálogo en el que dos personajes tengan opiniones opuestas sobre un tema específico. Desarrolla el diálogo de manera que los personajes defiendan sus puntos de vista de manera convincente, utilizando argumentos y contraargumentos.

3. Cambio de tono emocional. Escribe un diálogo en el que los personajes comiencen en un estado emocional y, a medida que avanza la conversación, cambien a otro estado emocional completamente diferente. Por ejemplo, podrían empezar enojados y terminar riendo o tristes.

4. Descripción a través del diálogo. En lugar de utilizar narración descriptiva, intenta revelar características físicas, emocionales o de personalidad de un personaje a través del diálogo. Los personajes pueden comentar directamente sobre las cualidades del otro o expresar sus percepciones.

5. Diálogo sin palabras. Crea un diálogo en el que los personajes no pueden hablar directamente, pero deben comunicarse de alguna otra manera, como a través de gestos, miradas o notas escritas. Esto te desafiará a transmitir información y emociones sin utilizar palabras habladas.

Capítulo 7

¡Que viva la descripción!

No me digas que la luna está brillando; muéstrame el reflejo de luz en el vidrio roto.

Anton Chéjov

La descripción literaria debe ser concisa, vívida y evocadora, pintando una imagen clara en la mente del lector, al mismo tiempo que revela aspectos esenciales del personaje, escenario u objeto. Debe equilibrar detalles concretos con un lenguaje sugestivo; así deja espacio para que los lectores usen su imaginación y emociones, y creen ellos sus propias imágenes. La descripción que funciona enriquece la narrativa, pues crea una conexión profunda entre el lector y el mundo dentro de la historia.

La descripción es una zona de peligro para el autor principiante y, por lo tanto, para su narrador. Los *Homo sapiens* describimos cosas todos los días en la vida real. Por ejemplo, cuando nos compramos una blusa y emocionados le contamos a alguien algo así: "Es amarillita con bolitas verdes, con manga corta campesina; se me ajusta muy bien en la cintura y luego tiene algo de vuelo. Y está bien bonita porque tiene encajes rosas en todas las orillas". Por lo general, nuestros interlocutores nos tienen algo de aprecio y, conmovidos por nuestra emoción, esperarán a que terminemos la descripción para decirnos: "Ah, qué bonita", pero pensar: "Qué blusa tan horrible".

Mírala así:

Blusa nueva

- Color: amarillo
- Diseño: bolitas verdes
- Manga: corta
- Estilo campesino

- Corte: se ajusta bien en la cintura
- Tiene algo de vuelo
- Detalles adicionales: encajes rosas en todas las orillas
- Estética general: bonita

A ese tipo de descripción, para nuestro propósito literario, la llamaremos de lista del mandado. Las listas del mandado, que casi enumeran las cualidades de algo o alguien como avisos de ocasión, tienen el propósito de ser prácticas, pero en la literatura, por lo general, no sirven, son indeseables, aburridas. En el mundo de los *Homo fictus* hay que huirles como la plaga, porque sí, son una plaga, y lo peor de todo: los lectores también les rehúyen, las distinguen a simple vista y se saltan párrafos enteros si nos va bien o cierran el libro si nos va mal.

Hay varias diferencias entre una descripción en la vida real y una descripción literaria, ya que cada una tiene objetivos y enfoques distintos: en la vida real buscan transmitir información de manera eficiente, mientras que las descripciones literarias tienen un propósito más artístico y emocional, y buscan transportar al lector a un mundo imaginario lleno de significado y belleza. Puede que suene lógico y hasta obvio, y lo es. Pero a veces esto es lo primero que se puede olvidar al empezar a escribir.

Diferencia entre descripción real y literaria

Las descripciones reales y las literarias se construyen de manera diferente y responden a distintos propósitos.

Asunto	Real	Literaria
Propósito	Práctico y funcional	Crear imágenes vívidas en la mente del lector, evocar emociones, establecer atmósferas y dar vida a personajes y escenarios.
Estilo y lenguaje	Sencillo y directo	Un lenguaje más poético y figurado para crear una experiencia estética y sensorial.
Detalle y exageración	Se enfocan en los detalles necesarios para la comprensión	Recurre a la exageración o a la selección cuidadosa de detalles para resaltar aspectos significativos y crear un impacto emocional.
Subjetividad	Tienden a ser objetivas y basadas en hechos observables	La subjetividad es importante: se filtran a través de la perspectiva y la voz del narrador o el personaje, lo que permite mostrar su percepción única del mundo.
Finalidad artística	Su finalidad es práctica y no artística	Transmite significado más allá de la información literal con metáforas y otros recursos literarios para enriquecer sus descripciones y darles capas de significado.
Creatividad	En adultos, se puede experimentar como locura o mentira	Libertad creativa y estilística. Los escritores pueden jugar con las palabras y las imágenes para crear mundos imaginarios, personajes fantásticos o escenarios extraordinarios.

Función de la descripción literaria

La descripción literaria en una novela cumple diversas funciones esenciales para enriquecer la experiencia de lectura y transmitir información relevante a los lectores.

Con ella, el narrador puede lograr crear imágenes mentales en el lector, ambientar y establecer el escenario, aportar información relevante sobre el entorno, la historia, la cultura y otros aspectos importantes de la narrativa, sin recurrir a diálogos expositivos o narraciones demasiado directas.

La descripción es crucial para el desarrollo de los personajes de una novela. También puede ser utilizada para resaltar temas y símbolos importantes en la novela y, así, el autor puede lograr enfatizar ciertos objetos, paisajes o elementos recurrentes para que adquieran un significado simbólico en la historia.

¿Cuánta descripción se necesita?

Depende de varios factores, como el género literario y la época en la que fue escrita —y leída— una novela. Las novelas modernas tienden a ser menos descriptivas que las novelas antiguas o clásicas debido a varios factores:

- **Cambios en las preferencias de los lectores.** Los lectores modernos generalmente prefieren narrativas más rápidas, con más acción y diálogo, lo que lleva a los autores a centrarse menos en descripciones extensas y más en el desarrollo de la trama y los personajes. Pero los lectores sofisticados entienden que encuentran diferentes ritmos en diferentes géneros y los disfrutan por igual.

- **Cambios culturales.** El auge de los medios visuales, como el cine y la televisión, han construido lectores más acostumbrados a la narración visual y con menos paciencia para descripciones largas. Y recuerda: los autores primero fueron también lectores de su época.

- **Tendencias literarias.** Diferentes movimientos literarios enfatizan diferentes estilos. El modernismo y el posmodernismo, por ejemplo, a menudo se centran en estados internos, narrativas fragmentadas y estructuras innovadoras en lugar de descripciones detalladas externas.

- **Avances tecnológicos.** Antes del advenimiento de los medios masivos y las tecnologías, era necesario describir cada detalle, tal como hizo Victor Hugo con la casa del padre en *Los miserables*, por ejemplo. Hoy, la persona común tiene más posibilidad de experimentar y de saber más de cualquier tema aun sin salir de casa. Hoy, si abres una pantalla, puedes visitar cualquier museo en cualquier país, aunque no tengas pasaporte. Internet brinda a los lectores una puerta democrática a satisfacer la curiosidad, por lo que los pasajes descriptivos extensos en las novelas ya no son tan necesarios.

- **Imaginación del lector.** Algunos escritores modernos prefieren dejar más a la imaginación del lector, proporcionando sólo los detalles suficientes para ambientar la escena mientras permiten que los lectores llenen los vacíos.

   Además, en géneros se rompen gustos y necesidades. La presencia y estilo de la descripción en las novelas puede variar considerablemente. Algunas novelas se centran más en la acción y el diálogo, mientras que otras hacen un mayor uso de la descripción para crear atmósferas ricas y desarrollar personajes complejos. La cantidad y estilo de la descripción dependen del género literario, el enfoque temático, la voz del narrador y el estilo del autor.

- **Novelas centradas en la acción y el diálogo.** Priorizan el desarrollo de la trama y la interacción entre personajes por sobre las descripciones detalladas. Estas novelas suelen tener una prosa más ágil y dinámica, y pueden enfocarse en generar un ritmo rápido y emocionante.

- **Novelas literarias centradas en el desarrollo de los personajes y ambientes.** Hacen un mayor uso de la descripción para crear atmósferas ricas, desarrollar personajes complejos y detallar el entorno en el que se desarrolla la historia. Estas novelas pueden tener un estilo más descriptivo y poético, y el autor puede dedicar más tiempo a pintar cuadros detallados de los lugares, personas y emociones que conforman la narrativa.

- El equilibrio de las descripciones afecta toda la narrativa.

- Hagas lo que hagas, tarde o temprano te encontrarás con algún lector que criticará el aspecto de la descripción en tu narrativa, por demasiada o por muy escasa que sea. Y es que hay que recordar que esa apreciación está en la mirada del lector. Pero ¿cómo hacer para que el elemento descriptivo de tu narrativa funcione para la mayoría? La respuesta, como en los diálogos, es el equilibrio.

- Es obvio que, cuando hay demasiado poca descripción, la historia se aplana, no vive para el lector. Pero en mis talleres he encontrado que la mayoría de las veces no es este el problema más común de los escritores que empiezan. Casi todos los escritores entienden esta encomienda: escribir es describir. La mayoría de las veces los mayores problemas surgen por el enfoque que les dan a sus esfuerzos descriptivos, a la descripción excesiva y a un narrador que hace de más.

1. El enfoque descriptivo de una novela

En mis novelas es muy rara la descripción física que hago de mis personajes, a menos de que sea muy importante. En *Huracán* casi bastó decir de dónde eran los personajes para que el lector llenara todos los huecos que dejé. En *Peregrinos* fue importante decir que Arno era alto y rubio, Ilse con ojos café ámbar, y Janusz, un gigante. En *El murmullo de las abejas*, de la familia Morales el lector sabrá que son rubios algunos, de Espiricueta sabrán que es del sur, y aunque en ningún momento se hace referencia a su etnicidad, el lector lo sabe. De Simonopio, el lector sabrá que tiene un hueco en vez de boca, que va creciendo y, al final, que tiene los ojos verdes.

Imagina que estás en el teatro. Las luces se encienden, empieza la escena. Repentinamente, las luces cambian, unas se apagan y sólo queda el haz de luz súper dirigido del que llaman "cañón de luz" o "spot" en el teatro. Todo lo demás queda en la sombra, en la penumbra o en la oscuridad absoluta y sólo se ilumina algún elemento, el necesario para que todas las miradas se concentren en ese punto. Ésta no es una decisión espontánea, es estratégica. En el teatro se ilumina con el cañón de luz lo que importa. Cuando escribas, imagina que eres el ingeniero de iluminación de una obra de teatro y que tu descripción es tu cañón de luz. ¿Hacia dónde dirigirás tu luz?

Todo lo que digo o dejo de decir del físico de mis personajes es una decisión, sirve a mi estrategia descriptiva y, por lo tanto, narrativa. ¿Era importante describir más el físico de Simonopio? No. Sin embargo, vemos a los otros personajes cuidar su alimentación porque, por su defecto facial, podría ahogarse. No sólo era importante contar el defecto, sino mostrar el peso que éste tendría en la vida de Simonopio y por qué es, después, un personaje silencioso que escucha con atención, pero también juzgado por ser diferente. ¿Era importante describir la vestimenta de Beatriz? Sólo cuando corre para ir en auxilio de su marido tiene que levantar sus enaguas, sin importarle que se vieran sus tobillos. Luego, también, cuando ante el paso del tiempo ya no usa falda al ras del suelo para mostrar que se ha modernizado. Al describir el físico narro lo suficiente para lograr un contraste entre personajes en la mente del lector, a quien le delego ese trabajo de la imaginación.

Confiando en eso, presto atención y atraigo la mirada del lector a lo que más me importa como escritora de narrativa impulsada por los personajes: la esencia de éstos. Echo mi cañón de luz al interior de éstos, a sus motivaciones, a lo que simbolizan. La nana Reja, de *El murmullo de las abejas*, es mi personaje más descrito físicamente. Se describe su tono y textura de la piel, su ancianidad y su inmovilidad, sentada en una mecedora de madera como ella. Pero ¿por qué? Todo con el propósito de sembrar en la imaginación del lector la semilla de la nana como un ser mágico o mitológico, la Madre Tierra. La vamos conociendo más en su mundo interior y, por eso, es muy lógico que esa ancianita haya sido quien oyera y acudiera al llanto de un bebé abandonado. Entonces la semilla dio fruto. Como con todos los personajes, para mí será más importante iluminar lo que haga / piense / diga o deje de hacer / pensar / decir, y es hacia eso a donde dirijo mi luz y mis esfuerzos descriptivos.

¿Hacia dónde dirigirás tu luz?, ¿hacia dónde enfocarás tus descripciones? Ésta es una decisión constante. De párrafo a párrafo, incluso. ¿Hacia dónde dirige el narrador la mirada de su lector? Lo primero será repasar el propósito del narrador y también el propósito que tienes como autor al contar tu historia.

Por ejemplo: ¿tu propósito es contar una historia para mostrar la moda femenina en el tiempo de la Revolución mexicana, o quieres mostrar a una mujer en la Revolución mexicana? Es muy distinto. Con la respuesta que obtengas, viene la decisión de describir cuántos botones abrochan el vestido que ella porta sobre el corsé de huesos de ballena y las crinolinas de tul y algodón que antes abrochó con listones (etcétera), o si la mirada se dirige mejor a describir la desesperación que siente ella por no terminar rápido de vestirse para salir y disfrutar un día soleado. Es el mismo vestido, pero una situación muestra el vestido y la otra nos describe a la mujer.

Toma nota: la descripción siempre tiene que servir para avanzar la historia. Si no es así, elimínala.

Cómo elegir un enfoque al utilizar descripciones literarias

- **Identifica el propósito del narrador y del autor.** De aquí parte tu enfoque descriptivo.

- **Ahora determina el propósito descriptivo escena a escena.** ¿Estás tratando de establecer el ambiente, crear la atmósfera, presentar un personaje o resaltar un objeto importante? Comprender el propósito te guiará para elegir el enfoque apropiado. ¿Todo esto que describirás es crucial para la construcción de tu historia, para avanzar la historia?

- **Considera la escena o el entorno.** Analiza la escena o el entorno donde se desarrollará la descripción. ¿Qué elementos son esenciales para transmitir el estado de ánimo o el ambiente del lugar? Concéntrate en los detalles clave que ayudarán a sumergir al lector en el entorno.

- **Conexión con el tema.** Reflexiona sobre el tema o el mensaje central de tu historia. ¿Cómo puede la descripción contribuir a reforzar o simbolizar el tema? Alinear la descripción con el tema crea una narrativa más cohesiva y significativa.

- **Prioriza la relevancia.** Enfócate en descripciones que sean relevantes para la trama y el desarrollo de personajes. Evita divagaciones que no contribuyan a la historia en general o que distraigan del enfoque principal.

- **Equilibrio.** Mantén un equilibrio entre la narración de los pasajes descriptivos y los otros motores de la narrativa, como la acción, el diálogo para siempre tener como meta la progresión de la trama. Una mezcla armoniosa de estos elementos mantiene la historia interesante.

- **Considera la experiencia del lector.** Piensa en el efecto que deseas que tengan las descripciones en el lector. ¿Quieres que se sientan inmersos en el entorno, que empaticen con los personajes o que se sientan intrigados por un objeto? Adapta tu enfoque para lograr el impacto emocional deseado.

2. La descripción excesiva en una novela

Proporcionar a los lectores los detalles descriptivos que necesitamos (que es lo que ellos necesitan, aunque aún no lo sepan) es bueno. Insistir en darles el último y mínimo detalle, desde cómo se ve cada recoveco de un entorno, por ejemplo, es un problema. Dar de más nunca es bueno.

Los lectores son personas muy confiadas y complacientes. Te seguirán a cualquier lugar y escucharán todo lo que tengas que contar siempre que haya un propósito. Esto es cierto para la historia en general, para cada escena dentro de esa historia, hasta para cada elección de palabras. Pero es en las descripciones donde el lector rápidamente puede darse cuenta si acaso no hay propósito.

Lo cierto es que cuando las descripciones son muy extensas casi inevitablemente serán aburridas... y, si son aburridas, es porque no importan... y si la descripción está aburrida tendrás como resultado un lector sumamente aburrido.

¿Por qué la descripción excesiva aburre a los lectores?

Nuestro objetivo como narradores de historias debe ser crear un puente entre nuestra imaginación y la de nuestros lectores cuando iluminamos lo justo y lo necesario de manera adecuada. La descripción actúa como ese puente, pero, a la vez, es capaz de echar tanta luz, que encandila. Así se extingue el subtexto. Y recuerda, el subtexto es importante, es donde nos encontraremos los lectores y los autores en una historia, es donde habita lo que no se dijo, lo que se infiere, lo que queda invisible, pero que un lector sagaz distinguirá.

Si describimos cada pequeño detalle, tanto lo relevante como lo irrelevante, lo que estamos creando es una narrativa demasiado explícita que ha sido descrita a morir. Los autores deben encontrar el equilibrio perfecto para contarles a los lectores lo suficiente como para que la historia tenga sentido y cobre vida, sin compartir tanto que los lectores se sientan saturados y alejados de la historia.

Generalmente hay tres razones por las que puedes caer en la trampa de usar demasiada descripción:

1. **No confías en que los lectores "entiendan".** Con frecuencia, los autores agregan más y más descriptores por no estar seguros de ser efectivos. Es normal que al principio tiendas a sobreescribir. No te preocupes: en ocasiones escribir en exceso a propósito puede ayudar a explorar a fondo y encontrar los mejores descriptores. Pero es importante ser lo suficientemente estratégico y valiente para reducir las descripciones a lo esencial. Cuando tengas dudas, es mejor pedir a un lector objetivo que te dé su opinión sobre si todo sigue teniendo sentido.

2. **Amas demasiado los detalles de tu historia.** Nadie va a amar tu historia más que tú. Amas todo de ella, hasta el más mínimo detalle, como la luz de la tarde entrando por la ventana de la casa amarilla de tu personaje. Es normal que quieras compartir cada uno de estos detalles increíbles con los lectores, porque, por supuesto, los amarán tanto como tú. Pero la realidad es que no. Los lectores sólo se preocupan por las cosas que importan, las que hacen avanzar la trama, las que les ayudan a comprender la

historia y los personajes, las que encienden su imaginación sin entorpecer las cosas. Tú también deberías concentrarte en eso.

Una vez que decides enviar tu historia al mundo para que los lectores la disfruten, ya no te pertenece y debes optimizar su estructura y sus elementos para beneficiarlos a ellos, no para satisfacer tu pasión obsesiva por detalles que, en última instancia, no importan.

3. **Aún estás desarrollando tu narrativa.** Aprender a crear el equilibrio adecuado de la descripción es un proceso de experiencia. Pero recuerda, en este negocio de escribir nadie se convierte en un experto. Todos, novatos y "experimentados", debemos recordar siempre que debemos mantener el equilibrio y seguir estas recomendaciones:

- Cuando escribas, luego reescribe: revisar es la ley de los escritores, si acaso hay una sola válida universalmente. Y la ley es la ley.

- Presta atención a tus descripciones mientras escribes y especialmente mientras las pules en la reescritura.

- Observa su ritmo dentro del flujo general de la historia.

- Cuestiona tus elecciones de palabras y detalles, en especial si te excedes en el uso de adjetivos y adverbios.

- Cuando hayas hecho todo eso, pide a lectores-editores experimentados que presten especial atención a cualquier parte en la que encuentren que tus descripciones se vuelven tediosas.

- No odies a tus lectores-editores. Hazles caso.

❝ Al escribir, no utilices adjetivos que simplemente
nos digan cómo quieres que nos sintamos acerca
de lo que estás describiendo. Quiero decir,
en lugar de decirnos que algo fue 'espantoso',
descríbelo para que estemos aterrorizados.
No digas que fue 'delicioso'; haznos decir
'casi lo pude probar' cuando hayamos leído la
descripción. Verás, todas esas palabras (horribles,
maravillosas, espantosas, exquisitas) son sólo como
decirles a sus lectores: 'Por favor, ¿podrían hacer
mi trabajo por mí?'. **❞**

C. S. Lewis

El narrador y la descripción: una zona de peligro

El enfoque y el equilibrio de la descripción dependen del narrador.

- El punto de vista del narrador. Es crucial en la narrativa, ya que determina e iluminará lo que el lector verá y sabrá. Dependiendo del tipo de narrador (primera persona, tercera persona limitada u omnisciente), se influirá en la intimidad y el acceso a los pensamientos y sentimientos de los personajes, lo que afectará la profundidad de las descripciones proporcionadas.

- La percepción del narrador. También juega un papel importante, ya que puede tener prejuicios, ser poco confiable o mostrar simpatía hacia ciertos personajes, influyendo en las opiniones del lector sobre ellos.

- El lenguaje y el tono. Establecen el estilo general de la novela, al crear ya sea descripciones más distantes o vívidas y evocadoras.

- Las novelas con múltiples narradores o estructuras complejas. En ellas cada narrador ofrece diferentes perspectivas sobre los eventos y personajes, enriqueciendo las descripciones y brindando una comprensión más amplia de la historia.

- El contexto cultural e histórico del narrador. También influye en las descripciones, proporcionando información sobre el entorno y el periodo de tiempo en el que se desarrolla la trama.

Pero así como debe buscarse el equilibrio entre narración, acción y diálogo, dentro de la narración, que es donde habita la mayoría de la descripción, debe haber equilibrio también. El narrador puede caer en la trampa de acapararlo todo, de ser un miluso. El peligro de esto es que puede llegar a recurrir a las listas de mandado y aburrir. Y aburrir al lector es la muerte del narrador. Y luego es posible que del autor.

Un narrador que no permite que los personajes se desarrollen según su naturaleza, falla. Lo mismo sucede cuando en una historia es el narrador el que nos describe todo, el que no usa a los personajes —grandes recursos— para delegarles la responsabilidad de describirse a sí mismos o a otros a través de su punto de vista, acciones y diálogos.

¿Cómo podemos lograr que los lectores se metan a la piel de nuestros personajes, si les señalamos con puros adjetivos lo que sucede a la distancia y entonces los dejamos afuera, como mirones a través de una ventana cerrada por la cual les será imposible entrar? Esto puede resultar en personajes que se sienten unidimensionales, poco realistas o desconectados de la historia. Puede resultar en una historia plana y aburrida. Un narrador habilidoso sabe cuándo dar un paso atrás y permitir que los personajes tomen el control, guiando la descripción a través de sus acciones, emociones y elecciones. Así, la descripción se sentirá más orgánica, natural y casi invisible para el lector. Invisible, pero sustanciosa y transformadora. Al final, el lector sabrá todo lo importante. Lo sabrá a tal profundidad que sabrá lo que se siente ser tal o cual personaje, lo que se siente estar en tal o cual lugar y sentir tal o cual cosa.

Hay dos planos generales de descripción

Por lo general, las descripciones se dividen en dos planos: descripción de personajes y descripción del entorno.

Descripción de personajes

Demasiada descripción o descripción torpe

Imagina un pasaje en una novela donde el autor dedica varios párrafos a describir con detalle minucioso la apariencia de un personaje: sus rasgos físicos, ropa, accesorios e incluso su entorno en términos elaborados. Si bien la escritura descriptiva es importante para ambientar la escena y crear atmósfera, demasiados detalles sin propósito pueden restar fluidez a la narrativa. A veces el exceso puede ralentizar el ritmo, interrumpir el diálogo o la acción, y distraer a los lectores de la trama principal o de las interacciones entre personajes. Es un equilibrio que debes manejar con cuidado, asegurándote de que las descripciones sirvan para mejorar la comprensión, el ambiente y la caracterización sin abrumar al lector o frenar el impulso de la historia.

El uso excesivo de adjetivos o adverbios y la falta de sutileza puede ser factor para obtener una descripción torpe, como en este ejemplo de la novela *Twilight* de Stephenie Meyer, que te muestro a continuación. Nota que la descripción que hace Bella de la apariencia de Edward Cullen está cargada de adjetivos forzados o incómodos, y eso que para ahora Bella-narradora le ha dicho al lector que la cara de Edward es inhumanamente hermosa, espléndida, absurdamente hermosa, deslumbrante, hermosa (de nuevo), distractora, perfecta, lívida y gloriosa, impresionante, demasiado perfecta, asombrosa, hermosa otra vez —y muchas—, además, increíblemente hermosa, de deidad griega, perfecta, alarmante, ahora de nuevo, perfecta y hermosa, gloriosa y angelical, inmejorable, magnificente, impecable... ¿Qué te parece este tesauro de adjetivos?

◉ Ejercicio de observación

Observa los siguientes ejemplos de descripciones. Ambos ejemplos utilizan narradores en primera persona que están describiendo a alguien más.

El primero es *Twilight* de Stephenie Meyer, en una de tantas descripciones de Edward.

> **1. Edward a la luz del sol era impactante.** No podía acostumbrarme, aunque había estado mirándolo toda la tarde. Su piel, blanca a pesar del leve rubor del viaje de caza de ayer, literalmente brillaba, como si miles de pequeños diamantes estuvieran incrustados en la superficie. Yacía perfectamente inmóvil sobre la hierba, con la camisa abierta sobre el esculpido e incandescente pecho y los centelleantes brazos desnudos. Sus párpados de color lavanda pálido y relucientes estaban cerrados, aunque, por supuesto, no dormía. Una estatua perfecta, tallada en alguna piedra desconocida, lisa como el mármol, brillante como una cresta.

Ahora, de un cuento de Anton Chéjov, *La dama del perrito*, lee otra descripción de un hombre.

> Aún no tenía cuarenta años, pero tenía una hija de doce y dos hijos escolares. Lo habían convencido de casarse en su segundo año de universidad, y su esposa ahora parecía tener casi el doble de edad que él. Era una mujer alta, de cejas negras, erguida, digna, imponente y, como ella misma decía, una "pensadora". Era una gran lectora, omitía el "signo duro" al final de las palabras en sus cartas y llamaba a su marido "Dimitri" en lugar de Dmitri; y aunque en secreto la consideraba superficial, estrecha de miras y desaliñada, la temía y no le gustaba estar en casa. Hacía mucho tiempo que había empezado a engañarla y ahora le era infiel constantemente, y sin duda por eso hablaba con desprecio de las mujeres, a las que se refería como de raza inferior.

Ambos pasajes están narrados en primera persona. ¿Notas los distintos estilos descriptivos? ¿Notas los propósitos distintos? ¿Notas que van dirigidos a lectores diferentes? ¿Notas el resultado distinto?

Observa que ambos nos cuentan una lista de mandado sobre otro personaje, pero que Chéjov utiliza la descripción punto por punto que su personaje hace sobre su esposa como una cortina de humo: mientras nos habla de ella, nos dice mucho más sobre sí.

¿En cuál de los dos pasajes se siente más natural y vívida la descripción del personaje? ¿Cuál de las dos maneras de describir te "pinta" una mejor y más completa imagen mental? ¿Cuál te gusta más? ¿Te dieron ganas de seguir leyendo?

Descripción del físico

Lo que lo distinga o eche luz a una escena en particular. Si no es vital que el lector sepa tanto detalle, ahórraselo. Después veremos cómo la descripción desde el punto de vista de otros personajes funciona mejor y nos lleva más lejos sin ser tan costosa.

- **Detallar la frente, la mandíbula, los labios y la nariz.** Requiere mucho espacio y generalmente no aporta mucha información útil a los lectores. A menos de que esto cambie con algún accidente o tenga señas muy particulares o marcadores físicos relevantes para la historia (Simonopio, en *El murmullo de las abejas*) que definen al personaje (Quasimodo en *El jorobado de Notre Dame*). También hay señas físicas que pueden establecer el entorno (por ejemplo, cicatrices tribales en un entorno selvático, o escamas verdes en un entorno alienígena). Si es así, descríbelas. De lo contrario, ¿cuál es el punto?

- **El color del pelo.** Aunque generalmente no es un detalle importante para caracterizar, es un detalle visual útil. Pero también es un detalle muy pequeño que debe mencionarse de forma breve y de manera que no interrumpa la perspectiva del narrador. ¿Pero qué tal si es una historia que sucede en la Alemania nazi? Ahí este tipo de detalles son relevantes y pueden avanzar la historia.

- **El color de los ojos.** No es un detalle visual importante. Sin embargo, es un detalle íntimo. Comenzamos a notar el color de ojos de alguien cuando realmente empezamos a prestarle atención, cuando lo vemos como un individuo en lugar de simplemente otra persona. Los ojos son las ventanas del alma, lo que significa que el color de ojos sólo se vuelve importante cuando ayuda a proporcionar esa ventana. Pero ¿qué tal si se trata de un personaje de alguna tribu africana con ojos albinos en una historia ubicada en Ruanda? Interesante, ¿no?

- **La complexión.** Los lectores rara vez necesitan saber que tu protagonista mide 1.80 y pesa 75 kilos. Sin embargo, necesitan tener una idea de la complexión de la persona. Alto, musculoso, bajo, regordete, atractivo, promedio, lo que sea. Los detalles físicos importantes pueden ayudar a los lectores a imaginar la silueta correcta para tu personaje importante. ¿Qué tal si el personaje es alto como Janusz y Arno en *Peregrinos*? ¿Qué tal si es bajito, como Aniceto Mora en *Huracán*? Había que contarlo. Su altura es un detalle de cada uno de ellos que resulta de mucho peso en su historia. Pero, dicho esto, cómo lo describes es lo que importa.

- **La ropa a veces hace al hombre, pero otras veces no.** Una descripción específica de la ropa de tus personajes puede ser importante para darle vida a tu mundo y establecer el escenario y la circunstancia del personaje: ¿es pobre o rico?, ¿tiene abrigo suficiente para el clima?, etcétera. John Dufresne, en *The Lie That Tells a Truth*, dice que "la vestimenta sólo es importante en una historia cuando es importante para el personaje". Y lo "importante" no es "la camisa favorita del personaje", sino más bien que "la camisa roja atrajo la embestida del toro". En otras palabras, que sea un detalle que avance la trama. Recuerda la estrategia de tu historia. El narrador, de cualquier tipo, tiene el poder de mandar la mirada de un lector hacia algún detalle específico. En una novela, todo tiene que significar algo, incluso la ropa.

Un ejemplo: imagina que escribes esa escena de la película *Titanic* cuando a Jack lo invitan a cenar en primera clase. Para que la escena cobre más peso, antes se nos dio a conocer que Jack vestía de manera pobre para entender su dilema por su vestimenta, para luego entender la importancia de su transformación con un frac prestado.

Otro: en *Peregrinos*, Ilse, todas las noches, antes de dormir, acomoda su ropa en un orden específico (del cual se entera el lector) en caso de que suene la sirena de bombardeo. Esto será importante porque cuando suena la alarma equivocará el orden y se pondrá el fondo arriba de todo. Comprenderemos que haberse dejado ver en ropa interior por toda la ciudad resulta muy traumático para esa niña. También sus zapatos cobran una gran importancia en la huida porque, preocupada por no rasparlos, con éstos logra conectarse con la voz de su madre y "evadirse" de las bombas que caen.

Descripción de su carácter

En casi todas las narrativas es más importante describir cómo es el personaje en su carácter que en su físico. Ya lo vimos casi todo en la sección de personajes, pero es importante repasarlo ahora como descripción, pues ésta es necesaria para la construcción de un personaje que funciona porque vive, es creíble y coherente.

Áreas de oportunidad para describir el carácter de un personaje:	Muéstralo con estas estrategias:
• Marcadores de personalidad • Motivaciones • Actitudes y valores • Fortalezas y debilidades • Relaciones interpersonales • Cambio y evolución • Conflicto interno • Influencias del pasado	• A través de su comportamiento frente a desafíos • A través de su comportamiento privado o en interacción con otros • A través de diálogos • A través de gestos • A través de pensamientos

Las acciones valen más que mil palabras.

Te comparto este ejemplo de *El murmullo de las abejas*, desde la actividad, los pensamientos, el diálogo interno y un pequeño monólogo de Espiricueta.

Cortando la caña de azúcar todos los días —una labor que solo requería fuerza y ritmo—, plantándola o cargándola a la carreta, se prometía a diario a sí mismo —como lo había hecho desde el principio— que ese sería el último día en que trabajaría para alguien más, que se alejaría de ahí —con o sin familia— en busca de la tierra que sabía que lo esperaba. No sabía dónde estaba, pero habría de buscarla, encontrarla y defenderla mejor de lo que habían defendido la tierrita que por unas semanas habían hecho suya entre La Amistad y La Florida. Ahí plantaría tabaco, que era lo que él entendía mejor.

Sin embargo, la panza traicionera, llena y agradecida había sometido a la voluntad, por lo que resultó muy difícil darse la media vuelta y alejarse de ahí con o sin hijos. Años después ahí seguía, esperando con ambición y sin paciencia, en ese lugar helado que le había robado tiempo, riqueza, fortaleza y familia: su mujer y la mayoría de sus hijos habían hallado su fin en ese helado infierno con la peste que les había caído.

Ahora lo había perdido casi todo, y si antes veía con malos ojos a Simonopio, ahora estaba convencido de que todas sus predicciones fatales del día del nacimiento del niño se convertían en realidad. La guerra había llegado unos días después que él, y desde ahí los males habían continuado: la enfermedad y la muerte de tantos, y en especial de su familia, era culpa del mal que el Simonopio había traído consigo. Y él se lo advirtió al patrón: ese niño es del diablo y nos va a traer pura calamidad, ya verá.

¿Y le había hecho caso ese hombrón arrogante? No, claro que no. ¿Qué sabía Anselmo Espiricueta si ni letras tenía? Solo sé lo que la vida me ha enseñado. Lo que aprendí al pie de una fogata a la medianoche, escuchando la conversación de los abuelos chamanes.

Mientras se levantaba del suelo, entumido y adolorido de la espalda por mantener la misma posición encorvada, apoyado contra

> el árbol durante tanto tiempo y sin quitar la mirada del camino por donde había pasado la caravana de gente sana, Anselmo Espiricueta se prometió que nunca olvidaría que se habían llevado con ellos al niño maldito.
>
> —Y a nosotros nos abandonaron a morir como perros sarnosos.

¿Qué sabes ahora de Espiricueta? Identifica la estrategia que se usé para darte a conocer al personaje.

Descripción del entorno

La descripción literaria del entorno en las novelas tiene un papel crucial en la creación del telón de fondo sobre el cual se desarrolla la historia. Ésta aborda detalles sobre la ubicación, el periodo de tiempo o momento sociopolítico, el clima y la atmósfera, todos los cuales contribuyen al estado de ánimo y el tono general de la narrativa. Una descripción vívida se logra mostrando detalles sensoriales (a qué huele, por ejemplo) y diversos recursos literarios como metáforas y personificación, y puede usarse para fortalecer temas. Por ejemplo, una casa abandonada y en ruinas podría simbolizar temas de abandono o el pasado que atormenta al personaje. Describir el entorno puede ayudar también al desarrollo sólido y creíble de los personajes, porque influye en o refleja sus estados mentales. Un personaje, por ejemplo, puede sentirse atrapado en la isla de Cozumel, pero encontrar consuelo mirando al mar infinito, como Aniceto Mora en mi novela *Huracán*. La descripción del escenario donde sucede la historia puede y debe avanzar la trama. Un paso montañoso traicionero puede presentar obstáculos físicos, mientras que una ciudad bulliciosa puede proporcionar oportunidades para la interacción y el conflicto. En *Peregrinos*, el crudísimo invierno se convierte en un enemigo más a vencer.

👁 Ejercicio de observación

Te dejo este ejemplo de una muy buena descripción del entorno que aparece en *Matar a un ruiseñor* de Harper Lee.

> Maycomb era un pueblo antiguo, pero ya estaba cansado cuando lo conocí. En los días de lluvia, las calles se convertían en un lodazal rojo; la hierba crecía en las aceras y el juzgado se hundía en la plaza. De alguna manera, hacía más calor entonces: un perro negro sufría en un día de verano; mulas huesudas atadas a carros de Hoover espantaban las moscas en la sombra sofocante de los robles vivos en la plaza. Los cuellos rígidos de los hombres se marchitaban a las nueve de la mañana. Las señoras se bañaban antes del mediodía, después de sus siestas de las tres, y al anochecer eran como suaves pasteles de té con glaseado de sudor y talco dulce.

No sólo dijo que hace calor. Nos mostró el calor. ¿Lo sentiste?

Identifica los recursos literarios que usó, como la personificación, y luego identifica el uso que hace de elementos tan específicos que provocan la imaginación.

Cómo y cuándo describir el entorno

Parte de lo importante de las descripciones de entornos es encontrar el lugar perfecto para colocar los detalles. Como siempre, las descripciones sólo importan cuando importan. Entonces ¿cuándo importan? Importan cuando los lectores necesitan poder imaginar la escena y cuando los nuevos detalles son pertinentes para los eventos de la trama.

Al principio de la historia

Describe lo suficiente de tu entorno inicial para orientar a los lectores en la escena y, lo que es igual de importante, darles una idea del mundo general de la historia, ya sea Texas, Linares o Westeros. Esto no significa, sin embargo, que necesitas describir hasta el último rincón de tu entorno general justo al principio. Orienta a los lectores en esa primera escena y luego comienza a sembrar detalles adicionales sólo cuando sean pertinentes.

Al principio de una escena

Cuando comienzas una nueva escena necesitas orientar nuevamente a los lectores. ¿Pero deberías comenzar con una descripción completa del entorno cada vez? Vale la pena preguntarte esto: ¿es el entorno la parte más importante de esta escena? Si la respuesta es sí, definitivamente descríbela de entrada. Incluso podrías describirla completamente, dependiendo de la importancia que tenga en la historia. Si no lo es tanto, ten paciencia. Muestra algunos detalles del entorno para ayudar a los lectores a ubicarse, y luego distribuye lentamente otros descriptores puntuales a medida que los personajes interactúen con ellos.

Dirige la atención del lector hacia lo que te importa que mire. ¿De qué le sirve a un lector saber que en la esquina de la habitación hay una vela si la luz no proviene de ella, o si con ella no se iniciará un incendio o si el personaje no la utilizará para atacar al enemigo? De nada. Entonces no desvíes la atención del lector; fíjala sólo en las cosas importantes.

Recuerda: todo lo que muestres tiene que ser relevante, todo debe avanzar la historia. En *El murmullo de las abejas*, al principio de la novela se describe la casa de la familia desde lo sensorial y ciertos elementos, porque sólo importan las sensaciones y recuerdos que deja en el personaje y no cuántas recámaras tiene.

Como parte de su esencia, la casa también conservaba las risas y los juegos infantiles, los regaños y los portazos del presente y del pasado. El mismo mosaico de barro suelto que pisaron descalzos mi abuelo y sus veintidós hermanos, y luego mi papá en su infancia, lo pisé yo en la mía. Era un mosaico delator de travesuras nocturnas, pues con su inevitable clunc alertaba a la madre del momento del plan que fraguábamos sus vástagos. Las vigas de la casa crujían sin razón aparente, las puertas rechinaban, los postigos golpeaban rítmicamente contra la pared aun sin viento. Afuera, las abejas zumbaban y las chicharras nos rodeaban con su incesante canción de locura cada tarde del verano, justo antes del anochecer, mientras yo vivía mis últimas aventuras de la jornada. Al bajar el sol empezaba una y la seguían las demás, hasta

que todas decidían callarse de tajo, asustadas por la inminente oscuridad, sospecho.

En esta descripción del entorno (de la casa) en *El murmullo de las
abejas*, ¿cuánta información recibiste? ¿Sientes la nostalgia?

¿La segunda o tercera vez que regresas a un sitio?

Si los lectores ya han visto un sitio varias veces, no necesitas des-
cribirlo de nuevo cada vez para reorientarlos. Ya les has dado a los
lectores una imagen mental de este lugar. Si la escena implica la necesidad de actualizarla, adelante. Los únicos detalles que necesitas
para escenas repetidas son los nuevos. ¿Qué tal si el protagonista
entra a su habitación y nota que algo está fuera de sitio? Entonces sí
describe el cambio, porque avanza la historia.

Cuando tienes un entorno grande y complicado para describir

¿Qué tal si se trata de un mundo de fantasía o ciencia ficción?
¿Cómo proporcionas todos los detalles que los lectores necesitan
sin sobrecargarlos con descripciones innecesarias?

Empieza por lo primero, por lo importante:

- Dales a los lectores los detalles básicos que necesitan para comprender la escena. Si están en una jungla, deben saber que hay
vegetación densa que hay que cortar con machete, que los insec-
tos se pegan a la piel por el sudor.

- Poco a poco enriquece la escena con algunos detalles más interesantes. ¿Hay algo fuera de lo común o sorprendente en este
entorno en particular? ¿Cómo se sienten los personajes al respecto? Recuerda que no tienes que describir cada hoja de la selva.

- Agrega detalles adicionales a medida que se vuelvan relevantes
en la trama. Si hay una característica única que se volverá importante más adelante, descríbela brevemente cuando los personajes la vean por primera vez.

El narrador tiene una variedad de herramientas a su disposición
para crear descripciones vívidas y cautivadoras en una historia y alejarse de las listas de mandado:

1. **Lenguaje sensorial.** El uso de palabras e imágenes sensoriales permite que el narrador apele a los sentidos de los lectores, creando una experiencia más inmersiva. Descripciones que evocan la vista, el sonido, el sabor, el tacto y el olfato, ayudan a los lectores a conectarse con la historia a un nivel más profundo.

2. **Lenguaje figurado.** Metáforas, símiles y otras formas de lenguaje figurado pueden agregar capas de significado y creatividad a las descripciones. Ayudan a los lectores a visualizar ideas y emociones complejas de una manera más comprensible.

3. **Verbos vívidos.** Utilizar verbos vívidos añade intensidad a tu escritura, para que las acciones y las emociones de los personajes se perciban de manera más potente y precisa y den vida a las descripciones. En lugar de usar verbos genéricos como *caminar* o *correr*, el narrador puede emplear verbos más evocadores como *pasear* para pintar una imagen más clara. Te dejo más ejemplos de verbos vívidos y la versión no vívida:
   Reír:
   - Vívido: carcajear, soltar una risotada
   - No vívido: reírse
   Llorar:
   - Vívido: sollozar, gemir
   - No vívido: llorar

4. **Diálogo e interacción.** La forma en que los personajes interactúan entre sí y con su entorno puede revelar mucho sobre sus personalidades y el escenario. El diálogo también puede ser una herramienta para mostrar emociones y motivaciones.

5. **Punto de vista.** La elección del narrador y el punto de vista pueden influir en cómo se presentan las descripciones. La narración en primera persona permite descripciones más íntimas y subjetivas, mientras que la narración en tercera persona omnisciente puede proporcionar una perspectiva más amplia.

6. **Perspectivas de los personajes.** Las descripciones pueden variar según el punto de vista del personaje. Cada personaje puede

notar diferentes aspectos de una escena o persona según su personalidad, antecedentes y motivaciones.

7. **Simbolismo.** El uso de símbolos y motivos en las descripciones puede agregar capas más profundas de significado a la narrativa. El simbolismo puede representar temas, emociones o ideas más allá de la descripción literal.

8. **Mostrar vs. decir.** En lugar de decir directamente al lector cómo se ve o se siente algo, el narrador puede mostrarlo a través de las acciones, pensamientos y emociones de los personajes. Esto hace que la descripción sea más atractiva y permite que los lectores saquen sus propias conclusiones.

9. **Contrastes y comparaciones.** Las descripciones contrastantes pueden resaltar las diferencias entre personajes, escenarios o eventos, mientras que las comparaciones pueden enfatizar similitudes o establecer paralelos.

10. **Crear ambiente.** Las descripciones desempeñan un papel crucial en establecer el ambiente y el tono de la historia. Pueden crear una atmósfera de misterio, emoción, miedo o romance, según las intenciones del autor.

El narrador en busca de equilibrio

¿Recuerdas que el narrador es dios? No importa cuál tipo de narrador escojas, todos lo son un poco, porque nos muestran lo que quieren, aunque sea en primera persona. El narrador en tercera persona omnisciente, ya vimos, puede estar en todo lugar y podría parecer todopoderoso, pero no lo es. Le falta un poder: no puede emitir juicios y no puede describir sin límite y seguir funcionando. No sirve que el narrador nos diga: Espiricueta (de *El murmullo de las abejas*) ha sufrido, es malo o está enojado. Ya será el personaje, mostrándose a través de sus pensamientos, acciones, interacciones y diálogos que lo describen, quien debe invitar al lector a conocerlo y, entonces, a formar su propio juicio y a lograr un equilibrio.

¿Qué sucede con el narrador que solo narra? No funciona, porque no logra el equilibrio que el lector necesita. En cambio, si ha

construido muy buenos personajes, será porque también los ha utilizado para ser sus principales autodescriptores, de otros personajes y del entorno a través de sus perspectivas. Porque la descripción
es una constante, debe estar entretejida a todo lo que hagan, digan y sientan o dejen de hacer, decir o sentir los personajes. La descripción es una estrategia, pero curiosamente es mejor cuando no
se nota. Porque entre más se nota la descripción, más se nota el
narrador.

Describir a través de los personajes

Dale un descanso a tu narrador, dale un descanso al lector. Un narrador que lo acapara todo puede caer en el vicio de querer dictarle
al lector cómo es todo, cómo se siente todo, cómo se sienten los personajes, etc. Así es como es fácil caer en descripciones espesas. Es
fácil que el narrador omnisciente caiga en la trampa de emitir juicios
o mostrar prejuicios que no le corresponden. Un narrador en tercera persona, por ejemplo, nunca debe decir que "Voldemort es feo y
malo", pero puede darle los elementos necesarios al lector para que
sea éste quien concluya que Voldemort es aterrador. Un narrador hábil sabe que si usa bien a sus personajes, ellos sí pueden emitir juicios de todo tipo. Para eso están, para vivir y hacer vivir la historia
que habitan. Vamos a dejarlos. Vamos a aprovecharlos.

Los personajes son motores fundamentales de la descripción en
una novela. Con el propósito de crear y transmitirle al lector un mundo literario vívido, el narrador debe aprovechar este gran recurso que
tiene a su disposición. Transmitir descripciones literarias a través de
los personajes de una novela, en lugar de depender únicamente del
narrador, tiene varios beneficios importantes que pueden mejorar
el compromiso y la conexión del lector con la historia. Para empezar, los personajes cobrarán más vida, y se le ofrecerá al lector una
perspectiva muy personal del protagónico. Esto logrará una experiencia más inmersiva y sugestiva, pero además mostrará perspectivas
múltiples, que a veces incluso pueden ser contrarias, lo cual intriga
e invita a la reflexión libre del lector. Es a través de las acciones del
Homo fictus, de sus emociones, personalidades y relaciones, que se
generan oportunidades para crear descripciones ricas y detalladas

que dan vida a una historia que avanza a buen paso. Hay múltiples maneras de utilizar a los personajes como descriptores.

Descripciones físicas. Las apariencias físicas de los personajes pueden ser descritas por otros personajes en detalle, proporcionando a los lectores imágenes visuales de sus rasgos, vestimenta y lenguaje corporal. Podríamos llamarle el efecto de miradas cruzadas. Un personaje le hace el favor a otro de describir lo que ve en éste. El lector sabe que lo que lee viene desde la perspectiva subjetiva de tal personaje y dependerá de su buena voluntad y su credibilidad que el lector la crea o no. Estas descripciones no sólo crean una imagen mental del personaje descrito, también del descriptor, en la que se pueden revelar rasgos esenciales de su personalidad, antecedentes culturales o circunstancias personales.

Ejemplo de *El murmullo de las abejas*:

> Simonopio había dormido apaciblemente en la recámara de las nanas Reja y Pola toda su vida, primero en un moisés, luego en una cuna. A los cuatro años le hicieron una cama de manera urgente.
>
> Su madrina había entrado una noche, buscando a nana Pola, y lo vio acostado en su cuna, hecho bola, listo para dormir. Se acercó a acariciarle la frente y a taparlo mejor, pero se detuvo.
>
> —¡Mírate nada más, Simonopio! ¿Cuándo creciste tanto? —él, por supuesto, no ofreció respuesta—. Ya no cabes. Si sigues durmiendo aquí, vas a crecer enrollado como caracol.

En este ejemplo, a través de la mirada de Beatriz, el lector ya sabe algo del físico de Simonopio sin que el narrador tenga que decir algo como "y Simonopio creció mucho".

Descripción del entorno. No tiene que ser el narrador el que nos entregue la descripción del entorno. Si aprovecha el punto de vista de los personajes, la descripción puede resultar rica, vívida y memorable.

Lee esta descripción vívida de un escenario de *Our Souls at Night*, novela corta de Kent Haruf, que explora la intimidad que crece entre un hombre y una mujer viudos, mayores y solitarios que se juntan para dormir acompañados. Aquí, Haruf narra la primera vez que el hombre, Louis, se queda solo en la casa de Addie (la mujer):

> Mientras ella estaba fuera de la habitación, él miró los cuadros de su cómoda y los que colgaban de las paredes. Fotos familiares con Carl el día de su boda, en las escaleras de la iglesia en algún lugar. Los dos en las montañas junto a un arroyo. Un perrito blanco y negro. Sabía un poco a Carl, un hombre decente, bastante tranquilo, que vendía seguros de cosechas y otros tipos de seguros a gente de todo el condado de Holt hacía veinte años, y que había sido elegido alcalde de la ciudad por dos mandatos.

Ver las fotografías de Addie a través de los ojos de Louis nos da una idea de la relación entre ella y su difunto esposo, y también del personaje de Carl. Se nos da una descripción de los artículos que ve, pero sin que resulte un tsunami de información. Es más bien relevante para la acción: Louis se queda solo y mira a su alrededor. Intuimos que se siente a gusto.

Descripción de emociones y sentimientos. Las emociones y sentimientos de los personajes pueden ser descritos a través de sus pensamientos y monólogos internos. Los lectores pueden conectarse con los personajes a un nivel más profundo mientras experimentan sus alegrías, tristezas, temores y deseos. La expresión de estas emociones puede reflejar su estado mental y su evolución a lo largo de la trama.

Ejemplo de *Peregrinos* desde la perspectiva de Arno:

> Escondido en los túneles, que por primera vez observaba bien iluminados con los fuertes rayos del sol primaveral que, a pesar del volátil polvo, se filtraban entre los huecos, con el corazón tan roto como todas las casas del vecindario, deseó que el viejo tuviera razón y que hubiera sido escogido para dejar esta vida para ir a la que sigue, pero acompañado por su esposa. Más tarde rezaría un padrenuestro por ellos, pero todavía no tenía fuerza para amasar esas palabras tan dispersas como el polvo. ¿Por qué le fallaban las

palabras cuando eran importantes? ¿Por qué no le había dicho a Herr Beckmann todo lo que ahora deseaba decirle? Se arrepentía de su silencio. Herr Beckmann le había regalado consejos y abuela, y ya era demasiado tarde para decirle vámonos juntos.

En este ejemplo ¿cómo nos muestra Arno su profunda tristeza?

Descripción a través de diálogos y patrones de habla. La forma en que los personajes hablan puede ser utilizada para transmitir sus personalidades, niveles de educación, acentos regionales o estados emocionales. El diálogo también puede revelar las relaciones entre los personajes y avanzar la trama, ya que a través de sus interacciones se puede revelar información valiosa sobre ellos.

Ejemplo de *El murmullo de las abejas* de un diálogo de una paciente con el doctor:

—Ay, dotor. A todos en la casa nos ha apretado duro esta tal fluenzia y no hay uno para remendar al otro. ¡Todos 'tamos malos! A mi marido ni tiempo le dio de decir ni pío, ya ve. Un rato estaba ahí y al otro sabe Dios 'ónde se me fue ayer. Hasta yo me siento que me va a dar pa' no salir. Y 'ora este niño tiene unos paños que me le están saliendo como paños, pero que son unas ronchas que quién sabe cómo son. Y en su pirinola tiene también ronchitas, pero también en sus huevitos y en sus nalgas las tiene más feas.

Luego tiene esa cosa en la boca que no se le ve, pero que se le nota a simple vista y que no sé qué es, pero que es algo. En medio de la pobreza, nomás lo baño con alcohol, pero ni esto ha sido bueno pa' quitarle la picazón.

¿Qué sabes ahora de este personaje al leer sus palabras?

Descripción a través de acciones y comportamientos. Las acciones y comportamientos de los personajes brindan oportunidades para mostrar, no contar, sus personalidades y motivaciones. Las decisiones que toman y la forma en que interactúan con los demás ofrecen información sobre su brújula moral y su desarrollo a lo largo de la historia. Por ejemplo, una acción valiente puede revelar su determinación, mientras que una acción egoísta puede reflejar sus conflictos internos.

Ejemplo de *Peregrinos* desde la perspectiva de Janusz:

> Lo imaginó: podría adentrarse en el bosque, evadir a todos, regresar a su solitaria cabaña de la infancia, perderse para siempre. No tendría que volver a pronunciar u obedecer ninguna palabra en alemán. No tendría que escuchar palabra alguna en ruso. No tendría siquiera que hablar en su lengua materna. No tendría que hablar con nadie, ni mirar a nadie a los ojos nunca más. No tendría que preocuparse por nadie, tampoco.
>
> No. Imposible: en su propio universo se habían introducido muchas estrellas que no podía abandonar. Su universo estaba ligado y obligado al universo de otros. No podía robarles un caballo, rebajar sus posibilidades de supervivencia en la fuga que se avecinaba. No los desertaría.

¿Qué sabes ahora de Janusz? Además, ¿qué sabes de la circunstancia?

Descripción a través de relaciones e interacciones. Describir cómo los personajes se relacionan e interactúan entre sí puede resaltar sus dinámicas y arrojar luz sobre sus fortalezas y debilidades individuales. Estas descripciones pueden ayudar a los lectores a comprender mejor las motivaciones detrás de las acciones de los personajes y la evolución de sus relaciones a lo largo de la trama.

Aquí hay dos ejemplos de *El murmullo de las abejas*. En el primero, Espiricueta habla con Beatriz. En el segundo diálogo indirecto, habla con Francisco Morales:

> 1) —Pues yo le traje algunas cosas para su niña. Si necesita algo más, díganos. Si quiere podemos inscribirla en la escuela para…
> —No. Ahí solo se enseñan a ser sirvientas, y esta no va a ser sirvienta de naiden. ¿Sabe qué nehesito? Nehesito que se lleve sus caridades pa' alguien que las quiera. No hay nada que quiéramos de usté. ¿O qué? ¿Cree que con una muñeca le va

a reponer a m'ija su mamá? Llévese también a su niño y díga-
le que nunca vuelva a pisar mi tierra, porque a la siguiente lo
mato.

2) ¿Estaban perdidos? Sí, perdidos, contestaba dando tragos de
agua. ¿Se detuvieron por el bebé? Sí, por la cría, dijo mientras miraba a sus hijos, que ya humedecían sus células resecas. ¿Trabajas
la tierra? Algo sé de eso. ¿Vienes del sur? Del sur más sur. ¿Tienen
dónde quedarse? Ya sentía el agradecimiento de su lengua húmeda pero, viendo la humilde choza que se habían construido
cuando aún tenían fuerza en los cuerpos, contestó: no. ¿Necesitas trabajo? Sí, patrón, necesito trabajo. Sí, patrón. Sí, patrón.

¿Qué te dicen estos dos diálogos de la relación de Espiricueta con
cada personaje? ¿Se dirige igual a cada uno? ¿Qué quiere decir esto
sobre Espiricueta?

**Descripción a través de antecedentes e historia de los persona-
jes.** Las experiencias pasadas y la historia personal de los personajes
pueden ser utilizadas para crear contexto y agregar profundidad a
sus acciones y motivaciones actuales. Revelar detalles de su pasado
puede explicar por qué son como son y proporcionar pistas sobre sus
objetivos y conflictos.

Ejemplo de *Huracán*:

Aniceto Mora era regalado. No era hijo, ni huérfano, ni adoptado.
Soy regalado, decía siempre. Que es un borracho, es que soy regalado. Que anda con viejas, es que soy regalado. Que es un arrastra-
do, que anda perdido, que anda solo. Es que soy regalado. Lo decía
como respuesta mágica para todo, por cualquier motivo, por cualquier excusa. Era algo que de niño le había funcionado muy bien y
que seguiría usando el resto de sus días.

Esta descripción inicia la historia y define al personaje que a su
vez se autodefine con una sola palabra: regalado.

Descripción a través de simbolismos y metáforas. Los personajes pueden encarnar significados simbólicos o metafóricos, representando temas o ideas más amplias dentro de la historia. Un personaje puede representar la lucha entre el bien y el mal, o personificar una virtud o debilidad específica.

Ejemplo de *El murmullo de las abejas* desde la perspectiva de Francisco Morales:

—¡No! Déjate de cosas. Vine a decirte que Anselmo quiere echarle jabón a las abejas para matarlas. Dice que son las mensajeras del diablo, o no sé qué idioteces. No para de hablar. Ya ni entiendo lo que dice.

—Dile que no.

—¡Ya le dije! ¿Tú crees que a mí me hace caso ese hombre? No. Ve tú. Dejé a la pobre nana Reja, sentada en la mecedora, pero agitando su bastón. Está furiosa. ¡Hasta abrió los ojos!

—¿Y Simonopio?

—Simonopio nunca está cuando llega Anselmo. No sé dónde se esconde ese niño.

Ni los años, ni las largas pláticas, lograron que Anselmo Espiricueta dejara atrás sus supersticiones, pensó Francisco, frustrado. Miró su whisky. Miró a su mujer, pesaroso por abandonar el juego que habían iniciado. Poco tiempo le dejaban la guerra y la tierra para Simonopio, pero hoy se lo daría. Defendería a sus abejas por él, porque eran suyas, porque habían llegado con él, porque si bien Simonopio había tenido siempre manos que lo cuidaran y padrinos que velaran por él, a Francisco —en sus recorridos monótonos a caballo entre rancho y rancho—, lo asaltaba la noción de que ellas eran sus principales tutoras. Matarlas sería como matarlo un poco a él también. Sería como dejarlo huérfano.

Además, a pesar de que poco a poco habían ido cubriendo el techo del cobertizo de la nana, y que por lo tanto ya nadie se atrevía a entrar en él para guardar lo de costumbre, nunca habían lastimado a nadie. Ya la mayoría se había habituado a su presencia alrededor del niño. Parecían interesadas solo en Simonopio y él en ellas. Bastante dura sería la vida para él con las abejas a su lado. ¿Qué sería sin ellas?

Habían llegado con el niño. Razón habría. Las dejarían en paz.

Mira cómo hasta los diálogos sirven para describir. Luego fíjate en el diálogo interior de Francisco Morales. El narrador lo usó como vehículo para describir y darnos a conocer puntos importantes. ¿Qué te dice este fragmento de él?, ¿de su relación con su mujer? ¿Qué sabes de Espiricueta?, ¿de Simonopio? ¿Qué simbolizan las abejas?

Descripción a través del crecimiento y la transformación. Describir la evolución de los personajes a lo largo de la novela puede mostrar su crecimiento, desafíos y triunfos, haciéndolos más identificables y humanos. Los cambios en sus personalidades y actitudes pueden ser evidentes a través de sus acciones y decisiones.

Ejemplo de *El murmullo de las abejas*, perspectiva de Beatriz:

Al estallar la guerra Beatriz se había sentido segura en su pequeño mundo, en su vida sencilla, escudada tras la noción de que si uno no molesta a nadie, nadie lo molestará a uno. Vista de ese modo, la guerra le parecía algo lejano. Digno de atención, pero lejano. […]

No hay mal que por bien no venga, pensaba Beatriz. Ahora se daba cuenta de que se había engañado: de algún modo se había convencido de que, mientras no la sintiera propia, la guerra no la tocaría a ella ni a los suyos.

Al principio había tenido la juventud y el idealismo suficientes como para comulgar con el principio de no reelección y el derecho al voto válido. "Sufragio efectivo, no reelección": aquella frase le había parecido elegante y digna de pasar a la historia.

De seguro eso necesitaba el país para refrescarse y entrar de lleno en la modernidad del siglo xx. La sensatez reinaría, la guerra acabaría pronto con la deseada salida del eterno presidente Díaz y volvería la paz. […]

Hacía varios años que esta guerra había dejado de ser una curiosidad distante para convertirse en veneno insidioso. El autoengaño había terminado en enero de 1915, el día en que la lucha armada había llegado hasta su hogar y hasta su vida para quedarse como una invitada indeseable, invasiva, abrasiva, destructiva.

Había tocado a la puerta, abierta por su padre con una ingenuidad que Beatriz aún no le podía perdonar.

En este fragmento vemos el inicio del arco de personaje de Beatriz, desde su perspectiva. Es el inicio en la novela, pero además nos describe que su arco ya había empezado desde antes y que ella misma habla de su evolución. ¿Qué logra el narrador para el personaje al dejarnos ver su punto de vista?

Descripción a través de contrastes y personajes contrapuestos. Los personajes pueden ser utilizados como contrapartes de otros, enfatizando sus cualidades contrastantes y resaltando las características únicas de cada uno. La interacción entre personajes con personalidades opuestas puede generar tensión y conflictos interesantes.

Ejemplo de *El murmullo de las abejas*, desde la perspectiva de Espiricueta, recordando su primer encuentro con Francisco Morales:

Ahora, años después, no habría sabido expresar con exactitud su motivación de salir al encuentro de la carreta. Quería algo. Quería salvar a su familia. Quería impedir el paso por su propiedad, despojar a los de la carreta de algo, aunque solo fuera de su sensación de seguridad. Si su esfuerzo había sido interpretado por el grupo al que pensaban abordar como una petición de caridad, se debía a la arrogancia del jinete, el líder del grupo.

Francisco Morales echó un rápido vistazo a la patética tropa que había bloqueado su camino y ni por un momento consideró que su vida corriera peligro. Nunca se le ocurrió que estaba ante seres desesperados que habrían matado por un trago de agua. Tan maltrechos los encontró, tan cubiertos de tierra seca y desecante, con los pómulos pronunciados, la extrema palidez morena, los labios partidos y cubiertos por la capa blanca y espesa de la sed y los ojos saltados, que en ellos solo percibió a unos mendicantes con ojos plañideros. Tan pobres, tan insignificantes los había considerado, que al ver la choza que habían construido nunca supuso que se tratara de una invasión ni de un intento de posesión de su tierra.

Pronto le había quedado claro a Anselmo, a pesar de que la sed y el hambre también espesaban su proceso mental, que este enorme hombre blanco y rubio era el verdadero amo y señor de cada palo y cada piedra que la familia Espiricueta había utilizado en sus días de lo que había creído eran su tierra y libertad. Pronto olvidó su primer intento de agresión y sintió que esa parte servil de su alma, esa espina dorsal del espíritu tan entrenada para inclinarse, lo volvía a hacer, vencida por la presencia de ese gran señor dispuesto a ayudarlos, por la humillación de ser despojado de todo en un instante, sí, pero también subyugada por la ambición de sobrevivir ante todo.

¿Estaban perdidos? Sí, perdidos, contestaba dando tragos de agua. ¿Se detuvieron por el bebé? Sí, por la cría, dijo mientras miraba a sus hijos, que ya humedecían sus células resecas. ¿Trabajas la tierra? Algo sé de eso. ¿Vienes del sur? Del sur más sur. ¿Tienen dónde quedarse? Ya sentía el agradecimiento de su lengua húmeda pero, viendo la humilde choza que se habían construido cuando aún tenían fuerza en los cuerpos, contestó: no. ¿Necesitas trabajo? Sí, patrón, necesito trabajo.

Sí, patrón. Sí, patrón.

Recuerda que no es el narrador quien te entrega este punto de vista, es Espiricueta con su sesgo. ¿Qué contraste encuentras? ¿Qué te dice ese diálogo indirecto? ¿Qué concluyes de uno y del otro?

> 66 La descripción adecuada es aquella que involucra todos los sentidos del lector y lo sumerge por completo en el mundo creado por el autor. 99
>
> Isabel Allende

Otros consejos para crear descripciones impactantes y evocadoras

Utiliza los cinco sentidos: describir lo que los personajes ven es importante, pero no olvides los otros sentidos. Incluye detalles sobre los sonidos, olores, sabores y texturas para hacer que la experiencia sea más vívida. Los cinco sentidos son un terreno que tenemos todos los *Homo sapiens* en común. Si los usas, detonarás la memoria del lector y su propia imaginación.

Sé específico y detallado. Evita las descripciones vagas. Recuerda que tu narrador no emite juicios. Un personaje puede decir que un bosque es hermoso, pero un narrador no. En lugar de decir que un bosque es "hermoso", haz que tu narrador se enfoque en los detalles, como los rayos de sol que se filtran entre las hojas, el aroma a tierra húmeda o el sonido de los pájaros cantando. El lector decidirá que el bosque es hermoso "por su cuenta".

Usa metáforas e imágenes poéticas. Las comparaciones inteligentes y las imágenes poéticas pueden agregar profundidad y belleza a tus descripciones. Sin embargo, no exageres con ellas para no sobrecargar el texto, y no uses clichés.

Conoce tu punto de vista narrativo. La descripción puede variar según el punto de vista desde el cual se cuente la historia. Si es en primera persona, la descripción reflejará la percepción y personalidad del narrador. Si es en tercera persona, asegúrate de usar un lenguaje coherente con el tono de la narrativa.

Contextualiza. Las descripciones deben estar vinculadas al contexto y a la trama. No incluyas detalles que no sean relevantes para la historia, a menos que contribuyan a establecer la atmósfera o el estado de ánimo deseado.

Usa el poder del contraste. Las comparaciones inesperadas o el contraste entre dos elementos pueden hacer que una descripción sea más interesante y memorable.

Evita la sobrecarga de información. No satures al lector con párrafos largos de descripciones. Divide la información en pequeñas dosis y distribúyela de manera equilibrada en la narrativa.

Muestra, no digas. En lugar de decir simplemente cómo es algo o alguien, muestra a través de acciones y comportamientos lo que lo define. Esto permite que el lector se forme una imagen más clara y personal de la escena o el personaje.

Crea atmósfera y emoción. Utiliza la descripción para establecer el tono y la atmósfera adecuados para la escena o el momento en la historia. La descripción puede influir en las emociones que experimenta el lector.

La imaginería sensorial

La RAE describe la imaginería como un "conjunto de imágenes literarias usadas por un autor, escuela o época". La imaginería sensorial implica el uso de un lenguaje descriptivo para crear imágenes mentales. En la literatura, funciona involucrando los cinco sentidos del lector.

- La mayoría de las narrativas contienen algún nivel de imaginería.

- Una razón por la que los escritores de ficción utilizan detalles concretos significativos es permitir al lector el placer de llegar a sus propios juicios y conclusiones a través de pistas perceptivas.

- Sin embargo, los escritores no siempre tienen que recurrir a describir cómo lucen las cosas para crear imágenes mentales.

- Es mejor describir cómo algo sabe, huele, suena o se siente, no solo cómo se ve, hace que un pasaje o escena cobre vida.

- El uso de imaginería sensorial proporciona al lector la mayor cantidad de información posible y le ayuda a crear una imagen mental más vívida de lo que está sucediendo.

El uso de los sentidos como elementos de descripción enriquecen mucho mi narrativa. Está presente en todas mis novelas, pero en *El murmullo de las abejas*, específicamente, se habla de que es "Una conmovedora novela que cautivará tus sentidos y se instalará para siempre en tu corazón". En la contraportada, la sinopsis dice que "huele a lavanda, a ropa hervida con jabón blanco, a naranjas y miel".

No importa si son de Rusia, de Alemania, de España o de la Patagonia argentina, en sus reseñas, los lectores dicen que es una novela muy sensorial, que los conectó con sus sentidos, que con mi narrativa los transporté a casa de su abuela o que vivieron cada momento de la historia. El secreto es éste y te lo comparto: la imaginería sensorial puede ser universal.

El lector, como *Homo sapiens*, a veces transcurre su apresurada y sobreestimulada vida sin estar atento a su conexión con los sentidos (vista, oído, olfato, gusto y tacto) y a la importancia latente que tienen en su vida. La inmersión en la novela es un conducto para que logre esa conexión con la historia, pero también una conexión consigo mismo y sus sentidos, tan ignorados, aunque presentes más allá de lo inmediato, lo práctico y lo observable.

Pero hay estudios que demuestran que una parte importante de la evocación de la memoria está anclada en los cinco sentidos. A través de ellos se logran las asociaciones sensoriales y, además, avivar la memoria emocional. Si se acompaña de un olor o sonido específico, una experiencia particular puede ser recordada con más claridad o que la persona sienta nostalgia, felicidad o tristeza. Puedes ir pasando por una habitación y de repente llega a ti un aroma; es el aroma de tu abuela y te transportas de inmediato a aquel día de tu niñez en que te escondiste para que ella te buscara en su clóset. Por supuesto que no es que no recuerdes a tu abuela, pero un instante así evoca la memoria y te hace revivirla y sentirla.

En una novela pueden decir que una casa es grande, blanca, de dos pisos, en forma de ele y, bueno, pues el lector se la figura en la mente. Pero si la describen con los sentidos y las sensaciones que provocan, la imagen que se recrea en el lector es propia, y ésa es la mejor, la más vívida.

Ejemplo de *El murmullo de las abejas*. La amplia descripción de la casa de la familia Morales Cortés:

Aunque no lo recuerdo, el día en que nací la casa ya olía a lo que olería siempre. Sus ladrillos porosos habían absorbido como esponjas los buenos aromas de tres generaciones de hombres trabajadores y mujeres quisquillosas para la limpieza con sus aceites y jabones; se habían impregnado de las recetas familiares y de la ropa hirviendo con jabón blanco. Siempre flotaban en el aire los perfumes de los dulces de leche y nuez que hacía mi abuela, los de sus conservas y mermeladas, los del tomillo y el epazote que crecían en macetas en el jardín, y más recientemente los de naranjas, azahares y miel.

Como parte de su esencia, la casa también conservaba las risas y los juegos infantiles, los regaños y los portazos del presente y del pasado. El mismo mosaico de barro suelto que pisaron descalzos mi abuelo y sus veintidós hermanos, y luego mi papá en su infancia, lo pisé yo en la mía. Era un mosaico delator de travesuras nocturnas, pues con su inevitable clunc alertaba a la madre del momento del plan que fraguábamos sus vástagos. Las vigas de la casa crujían sin razón aparente, las puertas rechinaban, los postigos golpeaban rítmicamente contra la pared aun sin viento. Afuera, las abejas zumbaban y las chicharras nos rodeaban con su incesante canción de locura cada tarde del verano, justo antes del anochecer, mientras yo vivía mis últimas aventuras de la jornada. Al bajar el sol empezaba una y la seguían las demás, hasta que todas decidían callarse de tajo, asustadas por la inminente oscuridad, sospecho.

Era una casa viva la que me vio nacer. Si a veces despedía perfume de azahares en invierno o se oían algunas risillas sin dueño en medio de la noche, nadie se espantaba: eran parte de su personalidad, de su esencia. En esta casa no hay fantasmas, me decía mi papá: escuchas los ecos que ha guardado para que recordemos a cuantos han pasado por aquí. Yo lo entendía. Me imaginaba a los veintidós hermanos de mi abuelo y el ruido que deben de haber creado, y me parecía lógico que todavía, años después, se oyeran evocaciones de sus risas reverberando en algunos rincones.

Y así como supongo que mis años en esa casa le dejaron algunos ecos míos, pues no en balde me decía mi mamá ya cállate, niño, pareces chicharra, la casa dejó en mí sus propios ecos. Aún los llevo en mí. Estoy seguro de que en mis células llevo a mi mamá y a mi papá, pero también porto la lavanda, los azahares, las sábanas maternas, los pasos calculados de mi abuela, las nueces tostadas, el clunc del mosaico traidor, el azúcar a punto de caramelo, la leche quemada, las locas chicharras, los olores a madera antigua y los pisos de barro encerado. También estoy hecho de naranjas verdes, dulces o podridas; de miel de azahar y jalea real. Estoy hecho de cuanto en esa época tocó mis sentidos y la parte de mi cerebro donde guardo mis recuerdos.

Si hoy pudiera llegar sólo hasta allá para ver la casa y sentirla de nuevo, lo haría.

¿Cuántos sentidos están implicados en este pasaje descriptivo? ¿A qué huelen "los buenos aromas de tres generaciones de hombres trabajadores y mujeres quisquillosas para la limpieza con sus aceites y jabones"? Huelen a lo que el lector tenga en su memoria y no a lo que yo, como autora, le dicté.

Nunca, en toda la novela, digo de qué color es la casa, cuántas recámaras tiene, ni cuántos pisos. Lo que sé es que es a través de los sentidos el lector se formó su propia imagen de su casa, y no de la mía. Traté de estorbar lo menos posible a la imaginación para que el lector fuera cómplice en la construcción de esta historia. Éste es un poder que tenemos en la literatura y no en el cine y por eso muchos dicen que siempre funciona más una novela que la película. ¡Hay que usarlo!

Tipos de imaginería sensorial

Un pasaje de escritura puede contener imaginería que apela a múltiples sentidos. No te olvides de seguir usando las herramientas del narrador como motores de este tipo de descripción.

Imaginería visual. Incluye atributos físicos como color, tamaño, forma, claridad y oscuridad, sombras y sombras son parte de la imaginería visual.

Imaginería gustativa. Puede incluir los cinco sabores básicos, dulce, salado, amargo, agrio y umami, así como las texturas y sensaciones relacionadas con el acto de comer.

Imaginería táctil. Incluye texturas y las muchas sensaciones que experimenta un ser humano al tocar algo. Las diferencias de temperatura también son parte de la imaginería táctil.

Imaginería auditiva. Describe cómo suenan las cosas. Dispositivos literarios como la onomatopeya y la aliteración pueden ayudar a crear sonidos en la escritura.

Imaginería cinestésica. Parecido a la imaginería táctil, pero trata más con sensaciones corporales completas, como las experimentadas durante el ejercicio.

En agua corriendo, las alas aleteando y los corazones latiendo, son ejemplos de imaginería cinestésica. Los brazos al aire, alguien parado a espalda de otro personaje, las mariposas en el estómago...

Imaginería olfativa. El olor es uno de los desencadenantes más directos de la memoria y la emoción, pero puede ser difícil de describir. Dado que el gusto y el olfato están tan estrechamente relacionados, a veces encontrarás las mismas palabras (como "dulce") utilizadas para describir ambos. La comparación (similitud) es común en la imaginería olfativa, porque permite a los escritores comparar un aroma particular con olores comunes como tierra, pasto, estiércol o rosas.

Ejemplo en *Jane Eyre* de Charlotte Brontë. Las descripciones de temperatura y humedad son imaginería táctil:

> Escuché la lluvia golpeando continuamente la ventana de la escalera y el viento aullando en el bosque detrás del salón; poco a poco me fui enfriando como una piedra y mi valentía se desvaneció. Mi estado de ánimo habitual de humillación, duda de mí misma, y depresión desolada cayó sobre las brasas de mi enojo en decadencia.

En este caso, la lluvia y la incomodidad física de Jane reflejan su estado de ánimo oscuro. El uso de los sentidos para crear imaginería agrega a lo que la narradora dice.

Ejercicios para desarrollar imaginería sensorial en la escritura creativa, por Margaret Atwood, para Masterclass (abierto al dominio público).

Observa las cualidades particulares de las cosas que te rodean. El resto del mundo trata en abstracciones, pero para los escritores de ficción la verdad se encuentra en lo particular, en el detalle revelador. En la ficción, el significado se acumula en la super-posición de la textura sensorial, por lo que deseas impregnar tu narrativa no sólo con detalles visuales, sino también con el olfa-to, el sonido, el gusto y el tacto.

Limita un sentido. Esto requiere que los otros se vuelvan más aler-tas. Si cierras los ojos, ¿qué oyes y hueles? Si tapas tus oídos, ¿qué otros sentidos notas? ¿Se siente diferente la tela de una cortina?

Evoca un recuerdo de tu infancia. Busca uno que haya perdurado en el tiempo. Toma algunas notas en forma libre sobre cualquier cosa que recuerdes. ¿Dónde ocurrió? ¿Quiénes estaban allí? ¿Cómo te sentías entonces? Ahora, elimina a las personas de la escena y describe sólo el entorno utilizando detalles concretos y significativos. Trabaja para incluir detalles vívidos que dependan de todos los sentidos: tacto, gusto, olfato, oído y vista.

Sin detalles visuales. Como desafío adicional, realiza el mismo ejer-cicio que antes, pero esta vez prohíbete usar detalles visuales. Esta restricción enfocará y agudizará las otras imágenes senso-riales en el recuerdo. Si decides reintroducir la imaginería visual, el entorno tendrá una textura más rica al haber invocado todos los otros sentidos menos escritos.

Quita a las personas. Para tu proyecto personal, elige una escena y realiza el ejercicio anterior, quitando temporalmente a las per-sonas para centrarte en construir capas de detalles concretos y significativos. ¿Qué notaste sobre la escena o el recuerdo cuando no te concentrabas en lo que decían o hacían tus personajes? ¿Cambió de alguna manera la relación de tus personajes con su entorno o entre ellos?

Con estos consejos, estarás mejor preparado para utilizar la imaginería sensorial en tu escritura y enriquecer tus narraciones con detalles evocadores y vívidos que sumergirán a tus lectores en el mundo que has creado.

> **❝** No escribas sobre los horrores de la guerra.
> No. Escribe sobre los calcetines quemados
> de un niño tirados en el camino. **❞**
>
> RICHARD PRICE

Qué evitar al escribir descripciones

Hay algunas descripciones, ejercicios o hasta mañas que debes evitar en tu escritura.

Prosas excesivamente recargadas. La prosa recargada se refiere a un lenguaje demasiado adornado, florido o verborreico que puede resultar distractor y restar claridad e impacto a la narrativa. Utilizar demasiadas palabras extravagantes o descripciones elaboradas sin propósito puede hacer que la escritura se sienta pretenciosa y tediosa de leer.

Exposiciones excesivas. Vaciar grandes cantidades de antecedentes o explicaciones en una sola descripción puede resultar abrumador y perturbar el flujo de la historia. Es mejor integrar la información importante de manera gradual a lo largo de la narrativa.

Descripciones largas e innecesarias. Las descripciones extensas pueden ralentizar el ritmo de la historia y aburrir a los lectores. Concéntrate en transmitir los detalles esenciales que avanzan la trama y

en utilizar todas las herramientas descriptivas que tienes a tu disposición, como los personajes, sus pensamientos, sus acciones y sus
diálogos.

Descripciones cliché. Un cliché es un escenario o expresión que se
utiliza en exceso, hasta el punto de considerarse poco original. Un
cliché puede referirse a cualquier aspecto de una narrativa literaria:
una frase específica, un escenario, un género o un personaje. El término tiene una connotación negativa, ya que los clichés a menudo
se asocian con una escritura perezosa. Cuando una narrativa contiene clichés, el lector deja de sorprenderse, lo que hace que las cosas
parezcan poco auténticas y desafíe la suspensión de la incredulidad
del lector. Estas frases pueden ser efectivas en ciertos contextos,
pero su uso excesivo puede resultar en una narrativa predecible y falta de originalidad. Algunos ejemplos: "raudo y veloz", "más vale tarde
que nunca", "más rápido que un rayo", "el tiempo lo cura todo", "el sol
se escondía tras el horizonte", "la calma antes de la tormenta", "los
recuerdos inundaron su mente", "el tiempo vuela cuando te divier-
tes", "los opuestos se atraen". ¿Se te ocurren más?

Descripciones sin propósito. Recuerda, todos los aspectos de una
narrativa tienen que ser estratégicos. Las descripciones deben tener
un propósito en la historia, ya sea revelar rasgos de los personajes,
establecer la importancia de objetos que serán importantes para la
trama, establecer el estado de ánimo. En resumen y como siempre:
avanzar en la trama.

Descripciones ofensivas o estereotipadas. Esto es un arma de dos
filos. Los narradores deben evitar descripciones que perpetúen es-
tereotipos dañinos o que ofendan a ciertos grupos de personas, en
la literatura como en la vida. Cuando es gratuita. Porque, ojo: ¿debe
siempre ser políticamente correcta la literatura según los estándares del presente y no atreverse entonces a abordar ciertos temas que
existen o existieron? Ésta es una pregunta del nuevo milenio.

Hace poco, en una entrevista sobre *Huracán*, la cual es una novela
que echa una mirada dura a la condición humana, me preguntaron si
no sería mejor que la literatura solo abordara temas positivos, enal-
tecedores. Muy metafórica yo, y muy acorde al tema costeño, respondí

que la literatura debe actuar como un faro para dos cosas: iluminar la tormenta lejana e indicar el camino a tierra firme. Hay movimientos en la Cultura de la Cancelación para evitar que novelas que muestran momentos o actitudes diversas o inaceptables hoy en día sean leídas. Si éste fuera el criterio, tendríamos que cancelar *Lo que el viento se llevó*, *Matar a un ruiseñor* y muchas novelas más.

Si el narrador aprovecha a un personaje que precisamente viene a mostrar esa actitud ofensiva, tiene que asegurarse de que se entienda que es el personaje quien lo dice, piensa y actúa. En *Huracán* hay un personaje gringo que tiene a los mexicanos en muy baja estima. ¿Estoy escribiendo sobre la estima en que yo tengo a los mexicanos? ¡No! ¿Quiero que el que lo lea estereotipe de ese modo a los mexicanos? De ningún modo. Estoy escribiendo una verdad: existe el estereotipo mexicano que habla muy mal de nosotros. A mí me duele. Si lo escribo es porque quiero denunciarlo. Y romperlo. Igual: no se puede escribir sobre la Alemania nazi desde una perspectiva alemana y no tocar temas difíciles, como hice en *Peregrinos*. ¿Soy nazi? ¡Al contrario! Era un riesgo, claro. Mi aspiración era hacerlo para contrastar lo contrario y, con el faro que puede ser la literatura, mostrar un camino hacia la luz. Por los lectores que me escriben, sé que lo logré.

Pero si tu novela no busca denunciar el tema de la crueldad de los prejuicios y ésta no es parte de los marcadores de personalidad de tus *Homo fictus*, evítalos.

Descripciones demasiado explícitas o gráficas. Otra arma de dos filos. Si bien las descripciones vívidas pueden ser poderosas, las representaciones demasiado explícitas o gráficas de violencia, sexo u otros temas sensibles pueden alejar a los lectores o ser inapropiadas para ciertos públicos. En mis tres novelas hay situaciones delicadas. He decidido describir esas escenas de una manera de cierto modo indirecta, y describo más cómo afecta a los personajes esa situación porque para mí es lo que importa. El propósito final era lograr que el lector se enterara y viviera la experiencia.

Mi recomendación para las armas de dos filos: recuerda que la descripción debe avanzar la historia, debe tener un propósito. Si escribes literatura erótica, aun así, las escenas de sexo deben tener un propósito. Evita escenas de sexo gráfico o violencia gratuitas en tu novela literaria. Si son un intermedio sin sentido, si solo están echadas sin ton ni son, si no aportan nada, bórralas.

El uso y abuso de los adjetivos

Sería lógico usarlos para describir, ¿verdad? El problema es que se conviertan en un atajo flojo, en una maña. Nunca abuses de los adjetivos. Recuerda: si muestras y no lo dices (*show, don't tell*), necesitarás menos adjetivos.

El abuso tiene efectos negativos en la escritura creativa, como:

1) **Monotonía.** Demasiados adjetivos pueden hacer que el texto se vuelva repetitivo y predecible, lo que puede aburrir al lector y disminuir el impacto de la descripción.

2) **Sobrecarga.** Un exceso de adjetivos puede abrumar al lector con demasiada información, lo que dificulta la comprensión y puede distraerlo de la trama principal.

3) **Falta de sutileza.** El uso excesivo de adjetivos puede hacer que la descripción sea demasiado obvia o explícita, lo que puede restarle profundidad y misterio al texto.

4) **Pérdida de la voz del narrador.** Un narrador con una voz fuerte y distintiva puede perder su personalidad si se abusa de los adjetivos, lo que afecta negativamente la identidad del texto.

5) **Pérdida de la voz del personaje.** Si para describir todo estás usando un tesauro de adjetivos, de seguro estás desperdiciando el valioso recurso de descripción de un personaje.

6) **Falta de enfoque.** Demasiados adjetivos pueden desviar la atención del lector de los elementos más importantes de la historia, lo que puede hacer que la narrativa se sienta desorganizada y confusa.

Recomendaciones para evitar el uso excesivo de adjetivos

Priorizar la precisión. En lugar de utilizar múltiples adjetivos para describir un objeto o una escena, elige aquellos que sean más precisos y efectivos para transmitir la imagen deseada. ¿Qué quiere decir? Aquí hay ejemplos:

- En vez de "la comida estaba deliciosa", se puede expresar "el platillo tenía un equilibrio perfecto de sabores, con toques de especias que vibraban en su boca".

- En lugar de "la película es emocionante", puedes decir "toda la película estuvimos al borde del asiento con las escenas de acción y suspenso".

Mostrar, no decir. En lugar de utilizar adjetivos para describir emociones o estados de ánimo, intenta mostrarlos a través de las acciones y el comportamiento de los personajes. En lugar de decir "estaba muy cansado", puedes decir "llegó a rastras y apenas puso la cabeza en la almohada, se durmió".

Confía en los verbos y sustantivos. Utiliza verbos fuertes y sustantivos descriptivos para transmitir la información en lugar de depender únicamente de adjetivos. Tan sencillo como no decir "Luis estaba muy cansado cuando abrió la puerta" y mejor decir "Luis ya no podía dar ni un paso más cuando abrió la puerta.".

Simplificar cuando sea posible. Si encuentras una oración o párrafo con varios adjetivos innecesarios, considera eliminar algunos de ellos para hacer que la descripción sea más concisa y efectiva.

Equilibrar la descripción con el diálogo y la acción. Alterna entre descripciones detalladas y momentos de diálogo y acción para mantener el ritmo y el interés del lector. Recuerda que el balance del narrador es fundamental para mantener la coherencia y el enfoque en la narrativa. Un narrador bien equilibrado debe proporcionar información suficiente para que la historia sea comprensible y envolvente, sin revelar demasiado o demasiado poco. La elección del tipo de narrador también afecta la percepción de los personajes y la veracidad de los eventos, por lo que es importante seleccionar el enfoque narrativo que mejor se adapte a la historia que quieres contar.

Ejercicio para pulir la descripción que funciona

La Revolución mexicana fue el gran primer experimento para la fotografía de guerra y la fotografía en general en el mundo. Las cámaras en ese entonces eran muy primitivas, por lo que el sujeto no debía moverse. Por eso casi todas las fotos de la Revolución son estáticas. En esa época los sujetos individuales o en grupo típicamente posan y miran a la cámara.

Ahora, busca en internet la fotografía *Soldadera en el estribo del ferrocarril* del Archivo Casasola. Es una de las fotografías más famosas de la Revolución mexicana. Mi favorita. Es una foto muy rara para la época. En el aspecto técnico, su nitidez y enfoque son extraordinarios. Lo más especial es que, a pesar de que es una foto de tensa acción, no hay pose. Eso sí: para que la fotografía saliera tan nítida, tanto el sujeto (la mujer) como el fotógrafo tuvieron que haberse quedado estáticos. Se siente la intensidad del momento. La mujer no mira a la cámara y es obvio que no sabe que la están "mirando" por la lente o que hay algo que le importa más. Y así quedará inmortalizada para siempre.

Ahora observa su pose, su gesto, su mirada. ¿Qué busca? ¿Qué espera? Nunca lo sabremos, pero podemos imaginarlo. Imagínalo tú.

Describe esta escena, a esta mujer en tercera persona. ¿Qué se siente ser ella? ¿Qué se siente tocar el hierro del tren? ¿Cómo será vestir así? ¿A qué huele el ambiente? No te olvides del otro gran personaje involucrado en la escena. El que la mira. Recuerda: muestra, no lo digas. Tienes derecho a usar tres adjetivos máximo. No tienes derecho a ningún gerundio ni adverbio. Te faltará espacio. Utiliza las hojas que encontrarás al final de este manual o abre un documento de Word.

Capítulo 8

Grandes inicios y grandes finales

El final de una novela, como en la vida, debe ser satisfactorio y justificado. Un buen final es la culminación de todo lo que ha sucedido antes.

HARUKI MURAKAMI

Parecerá lógico, pero más vale hablarlo siempre. Si hemos de escribir, es bueno aspirar a ser leídos y aspirar a escribir lo mejor que podamos con las herramientas que tenemos. Es bueno aspirar a que un lector, o muchos, se enamoren de la historia que les contamos. Es bueno aspirar a que el amor sea a primera línea y que luego de tanto trabajo, para el punto final, el amor sea eterno, que dure más allá de la tinta y el papel, que el amor traspase la frontera entre el mundo *fictus* y el mundo real y ahí viva para siempre. Y que el lector comente nuestra obra e invite a otros a leerla. Y que, además, espere con ansiedad nuestra siguiente historia.

Inicios y finales con mucho estilo

No debemos olvidar que en el comienzo y cierre de la historia existen decisiones y estrategias, pues son fundamentales para la resonancia de la obra. Tanto el inicio como el final de una historia tienen un impacto significativo en la experiencia del lector y en cómo se percibe la obra en su conjunto, y debemos aspirar a ello.

Grandes inicios	Grandes finales
Enganchan al lector: un comienzo impactante, intrigante o emocionante captura la atención del lector desde el principio.	Dejan una impresión duradera: permanecen en la mente del lector mucho después de haber terminado la lectura. Pueden evocar emociones intensas y provocar reflexiones.
Establecen el tono y la temática: ayudan a los lectores a prepararse para lo que vendrá.	Ofrecen satisfacción y cierre: brindan satisfacción al lector, que siente que la lectura ha valido la pena y que ha experimentado una conclusión satisfactoria.
Presentan personajes y conflictos: introducen a los personajes principales y plantean el conflicto central de la historia.	Refuerzan temas y mensajes: dejan una impresión emocional o filosófica duradera, haciendo que los lectores reflexionen sobre el significado más profundo de la historia.
Cautivan la curiosidad: un comienzo que plantea preguntas o misterios despierta la curiosidad del lector y lo incita a seguir leyendo para obtener respuestas y resolver los enigmas.	Generan discusiones y reflexiones: los que dejan preguntas abiertas o tienen giros inesperados pueden llevar a los lectores a discutir y debatir sobre la interpretación de la obra. Esto enriquece la experiencia de lectura y mantenerla viva mucho después de haberla terminado.
Son memorables.	Son memorables.

Grandes inicios

Solo empiezas y ya, ¿o no? Empiezas por algún lado y de alguna manera, pero no quiere decir que logres el mejor comienzo en el primer intento. La primera frase es una puerta de entrada a tu historia, y puede marcar la diferencia entre que los lectores se sientan atraídos y sigan leyendo o se desconecten.

Grandes inicios de la literatura hay muchos y muy variados.

Tómate el tiempo necesario para pulir y perfeccionar esta frase, ya que puede ser la clave para enganchar a tus lectores desde el principio. Te recomiendo volver al inicio de vez en cuando. ¿Sigue siendo un inicio que hace justicia al desarrollo de tu historia? En el proceso de escritura muchas veces los temas evolucionan, la trama crece más allá de la idea inicial. Tal vez tu voz se desarrolló mucho más que en un principio. Recuerda que tu manuscrito no está labrado en piedra. No tengas miedo de reescribir partes ya escritas de tu novela, incluido el inicio.

> " Los escritores son bombardeados con consejos sobre cómo comenzar un libro: Salta directamente a la acción. No entres directamente. Dejemos el incidente incitador en las primeras 10 páginas. ¡Te estás apresurando! Necesitamos una descripción física de tu protagonista en la primera página. ¡Te estás concentrando en detalles que no importan! ¡No lo cuentes, muéstralo! ¡Muéstralo, no lo cuentes! ¡AAAAH! Es una locura. "
>
> MARY KOLE

La fórmula para un gran inicio

Lo siento. Como en todo, aquí tampoco hay fórmulas, pero sí hay consideraciones bien analizadas que, si las tomas en cuenta, te llevarán por buen camino para encontrar un inicio que funciona para tu historia que funciona.

- **Preguntas intrigantes.** Comenzar con una pregunta que provoque reflexión puede despertar la curiosidad de los lectores y hacer que deseen encontrar las respuestas dentro de la historia. Ejemplo de *El guardián entre el centeno*, de J. D. Salinger:

> Si realmente quieres saberlo, lo primero que probablemente querrás saber es dónde nací, cómo fue todo ese rollo de mi infancia podrida, qué hacían mis padres antes de tenerme a mí, y toda esa basura a lo David Copperfield, pero no tengo ganas de contarles todo eso, si quieren saber la verdad.

Lo curioso de este inicio es que da respuesta a una pregunta que no aparece en el texto, pero la intuimos como subtexto.

- **Imágenes vívidas.** El lenguaje descriptivo y evocador que pinta una imagen vívida en la mente de los lectores puede sumergirlos en el mundo de la historia desde la primera frase. Ejemplo de *El ingenioso hidalgo Don Quijote de la Mancha* de Miguel de Cervantes.

> En un lugar de la Mancha, de cuyo nombre no quiero acordarme, no hace mucho tiempo que vivía un hidalgo de los de lanza en astillero, adarga antigua, rocín flaco y galgo corredor.

- **Declaraciones impactantes.** Una afirmación audaz o sorprendente puede captar instantáneamente la atención de los lectores y hacer que se pregunten por qué o cómo podría ser cierta. Ejemplo:

> Todos los niños, excepto uno, crecen.

Este inicio y este tema han impactado tanto y a tantas generaciones, que ya nombraron un síndrome psicológico inspirado en *Peter Pan* de J. M. Barrie.

- **Acción o conflicto.** Comenzar con una escena de acción emocionante o un conflicto, puede involucrar de inmediato a los lectores y hacer que se sientan inmersos en la intensidad de la historia. Ejemplo:

Nací dos veces: primero como niña recién nacida, en un día en Detroit notablemente libre de contaminación en enero de 1960; y luego otra vez, como un niño adolescente, en una sala de emergencia cerca de Petoskey, Michigan, en agosto de 1974.

Middlesex, de Jeffrey Eugenides, novela de *coming of age* y que echa miradas históricas, tiene un gran inicio pues nos siembra un misterio que nos tomará toda la novela resolver. Resulta intrigante e invita a seguir averiguando cómo puede ser posible nacer dos veces. Te la recomiendo.

- **Empezar con diálogos memorables.** Una línea de diálogo poderosa o una conversación convincente pueden establecer el tono y presentar a los personajes de manera atractiva. De esto puede surgir una narración eficaz, pero hay que tomar varios puntos en cuenta para darle a conocer cierta información al lector lo antes posible, y entonces que el inicio sea atractivo y de impacto.

  - ¿Quién está hablando?

  - ¿A quién le está hablando?

  - ¿Qué relación tiene esa persona con el hablante?

  - ¿De qué están hablando?

  - ¿Dónde están?

  Mira este ejemplo de *Project Hail Mary* de Andy Weir, una de mis novelas de ciencia ficción favoritas:

—¿Cuánto es dos más dos?

Algo en la pregunta me irrita. Estoy cansado. Me vuelvo a dormir.

Pasan algunos minutos, luego la vuelvo a oír.

A la suave voz femenina le falta una entonación emotiva y su pronunciación es idéntica a la vez anterior que la pronunció. Es una computadora. Una computadora me está molestando.

—Djmpz —le digo.

Me sorprendo. Intenté decir "Déjame en paz", una respuesta completamente razonable a mi modo de ver, pero no había podido hablar.

—Incorrecto —dice la computadora—. ¿Cuánto es dos más dos?

Tiempo para hacer un experimento. Trataré de decir "Hola".

—Ochg —digo.

—Incorrecto. ¿Cuánto es dos más dos?

¿Qué está pasando? Quiero averiguarlo, pero no tengo mucho con qué trabajar. No puedo ver. No puedo oír nada más que a la computadora. No puedo ni sentir. No, eso no es cierto. Sí siento algo. Siento que estoy acostado. Estoy sobre algo suave. Una cama.

¡Qué inicio más intrigante! Rápido nos enteramos quién habló primero, pero que el narrador e interlocutor está impedido para contestar la pregunta más fácil. ¿Por qué? ¿Y quién es él? ¿Qué le pasa? ¿Dónde está? ¿Logrará abrir los ojos? ¿Te dieron ganas de seguir leyendo? Yo recuerdo que a mí sí.

- **Situaciones inusuales.** Presentar una situación única o inusual puede intrigar a los lectores y hacer que se pregunten cómo se desarrollará. Ejemplo:

En un agujero en el suelo, vivía un hobbit. No era un agujero repugnante, sucio y húmedo, lleno de puntas de gusanos y con un olor a cieno, ni tampoco un agujero seco, desnudo y arenoso, sin nada dentro para sentarse o para comer: era un agujero de hobbit, y eso significa comodidad.

¿Quieres saber más sobre dónde vive un hobbit? ¿Quieres conocer al hobbit? Varias generaciones vamos que nos hemos enganchado con este gran inicio de *El hobbit* de J. R. R. Tolkien.

- **Introducción de personajes.** Presentar a un personaje fascinante o con el que los lectores se identifiquen puede conectarlos de inmediato con la historia y hacer que se interesen en su trayectoria. Ejemplo:

El Sr. y la Sra. Dursley, del número cuatro de Privet Drive, estaban orgullosos de decir que eran perfectamente normales, muchas gracias. Eran las últimas personas que esperarías que estuvieran involucradas en algo extraño o misterioso, porque simplemente no toleraban esas tonterías.

Gran inicio para *Harry Potter y la piedra filosofal* de J. K. Rowling y para toda la serie. Hay mucha promesa en eso de: "las últimas personas que esperarías que estuvieran involucradas en algo extraño o misterioso". Nos avisa que, por supuesto, algo extraño y misterioso está por suceder. En unas cuantas líneas nos ubica perfectamente en un mundo *muggle*, a punto de partir al mundo *extraño y misterioso* de los hechiceros, pero el contraste ya está hecho: no querremos que Harry vuelva nunca a casa de los tíos "perfectamente normales".

- **Humor o ingenio.** Utilizar humor o ingenio en la línea de apertura puede establecer de inmediato el tono de la historia y atraer a los lectores con una sonrisa. Ejemplo:

Es una verdad universalmente reconocida que un hombre soltero en posesión de una buena fortuna, necesita una esposa.

En este ingenioso inicio de *Orgullo y prejuicio* de Jane Austen la frase inicial tiene un significado sutil y tácito. En su afirmación declarativa y esperanzadora de que un hombre rico debe estar buscando esposa, oculta bajo su superficie la verdad de tales cuestiones: es la mujer soltera la que está necesitada de un marido, especialmente uno rico.

- **Impacto emocional.** Comenzar con una oración emocionalmente cargada puede despertar empatía y conectar a los lectores con los sentimientos de los personajes. Ejemplo:

Era el mejor de los tiempos, era el peor de los tiempos. La edad de la sabiduría, y también de la locura; la época de las creencias y de la incredulidad; la era de la luz y de las tinieblas; la primavera de la esperanza y el invierno de la desesperación. Todo lo poseíamos, pero nada teníamos, íbamos directamente al cielo y nos perdíamos en sentido opuesto. En una palabra, aquella época era tan parecida a la actual, que nuestras más notables autoridades insisten en que, tanto en lo que se refiere tanto al bien como al mal, sólo es aceptable la comparación en grado superlativo.

En este impactante inicio de *Historia de dos ciudades* de Charles Dickens, una de mis novelas favoritas y que además siempre aparece en todas las listas de mejores inicios de la historia de la literatura, intuimos una dualidad en los conceptos contrastantes, tal como "mejor" y "peor", "luz" y "oscuridad", y "esperanza" y "desesperación". Éstos presagian las imágenes del bien y el mal que aparecerán a lo largo de la novela en sus personajes y situaciones. La línea, sin darnos una fecha ni mencionar ciudades todavía, nos ubica en tiempo y espacio: es 1775 en Londres y París, en una época marcada por actitudes contradictorias y los momentos de dos revoluciones que llegarán a ambos países: la Revolución francesa (muerte y miseria) y la Revolución Industrial de Inglaterra (paz y progreso). Además, inicia con una gran advertencia en la última frase: si crees que esto no puede volver a pasar, sólo mira tu presente.

- **Ambientación de tiempo o lugar.** Comenzar con una clara indicación del tiempo o lugar puede situar a los lectores en el mundo de la historia y proporcionar contexto para lo que está por venir. Ejemplo:

Muchos años después, frente al pelotón de fusilamiento, el coronel Aureliano Buendía había de recordar aquella tarde remota en que su padre lo llevó a conocer el hielo.

La intriga que nos ocasiona por el manejo del tiempo ha hecho que esta primera gran línea de *Cien años de soledad* de

Gabriel García Márquez se cuente entre las mejores de la literatura. Además, nos coloca en una situación peculiar: están a punto de fusilar al primer personaje con el que nos encontramos. ¿Le alcanzará el tiempo antes de los disparos para terminar su recuerdo? Y aunque no nos coloca precisamente en una época, nos coloca en espacio: viven donde y cuando no se conoce el hielo.

Después de la primera línea, la ruta crítica

Después de una primera frase atractiva y que empiece justo donde debe, y que llame la atención, sigue con un gancho sólido.

Recuerda: el género y el tono deben de ser claros para que se empiece a conocer la voz narrativa. Presenta la tensión o el conflicto, personajes atractivos, ambientación, una posible prolepsis (pistas del futuro), para que se sienta la promesa de un viaje interesante.

A eso aspiré yo en el inicio de *Peregrinos*.

👁 Ejercicio de observación

En el primer soplo, la vida duele.

¿Cómo no llorar la primera vez que la luz lastima los ojos o la primera vez que se siente el roce seco del aire en la piel? ¿Cómo no llorar cuando los pulmones se llenan de oxígeno frío y desconocido, cuando los ruidos suaves que antes llegaban a los oídos inundados, llegan duros, sin filtros? ¿Cómo no protestar con energía cuando el mundo se torna infinito y no ayuda para contener el cuerpo, hasta ese día tan ajustado, tan sostenido, tan abrazado en la oscura suavidad del interior de la madre?

La niña empezaba a acostumbrarse a ello, y quizá hasta a disfrutar de la vida en brazos de su madre, cuando la llevaron a la iglesia a darle nombre.

Ese día en que todo estaba por venir, el agua bendita de su bautizo mojó con bendiciones su frente y regó el suelo de Prusia Oriental cuando todavía existían esta y su gente sin saber que tenía los días contados, sin saber que le esperaba un propio bautizo de fuego que borraría el nombre de esa tierra para siempre. Ese día y desde 1918, la orgullosa Prusia existía separada de su Alemania, no por voluntad propia, sino por castigo impuesto por el mundo. Y sus habitantes —incluida esa niña, nueva bautizada— se habían quedado en el ostracismo, como una astilla que se separa de su palo: eres, pero no; perteneces, pero casi te olvido. Existían lejos, pero en eterna añoranza de sus hermanos germanos al oeste; separados por mar, pero más por tierra. Lejanos, pero nunca relegando al olvido la patria, y con el profundo deseo de transitar con libertad por sus otrora tierras convertidas en frontera que los separaban, tierras que antes también eran Prusia y que ahora el mundo se empeñaba en llamar Corredor Polaco.

¿Suena atractiva la promesa del viaje? ¿Cuál de los elementos de la ruta crítica cumple?

Mientras escribes de frase en frase y capítulo a capítulo tu historia, recuerda usar todas las herramientas que repasamos en este manual, pero además evitar ciertas cosas. Es cierto que dijimos que no hay reglas fijas para escribir una historia, pero ahorita hay que decir que sí hay pecados que aquí llamaremos trucos baratos.

> **“**No debe uno de enfrentarse a la página
> en blanco a la ligera. Yo trato de recordar que
> no es sólo una historia; también es una especie de
> verdad y, si soy capaz de contar esa verdad
> tan claramente como pueda, eso es lo mejor
> a lo que puedo aspirar. **”**
>
> STEPHEN KING

Trucos baratos o resoluciones artificiales

Los autores prometemos a los lectores una experiencia de narración cautivadora y atractiva cuando leen nuestras historias. A través de la escritura, ofrecemos varios elementos y garantías que invitan a los lectores a sumergirse en sus narrativas: trama cautivadora, personajes memorables, un tipo de impacto emocional, una oportunidad para la evasión y el descanso del mundo real, temas que invitan a la reflexión, un sentido de pertenencia, momentos de entretenimiento y todo presentado con lenguaje e imágenes ricas.

A veces, al explicar esto en mis talleres, equiparo escribir con sembrar un campo. En cada párrafo, en cada capítulo, vamos labrando los surcos de nuestro campo echando nuestras semillas que "regaremos" con coherencia, cohesión y con lógica, que son el mejor riego y el fertilizante. Pero cuando llega la hora de cosechar no podemos cosechar frijoles si sólo sembramos maíz. Lo mismo sucede con los elementos de una novela: lo que queremos cosechar al final, lo tuvimos que haber sembrado antes. A veces son elementos que al lector le parecerán pequeños, pero que al final, en la cosecha, tendrán sentido porque reconocerá ese elemento como uno que sembramos en los surcos de su fértil imaginación.

El lector sabe que está leyendo ficción, pero la ficción, por más fantástica, por más ciencia ficción llena de alienígenas, debe parecerle posible. Cuando el lector acepta nuestra promesa, y nuestra historia tiene los elementos de una narrativa que funciona, suspende la incredulidad. Se dice que esto sucede en ciertos géneros, pero yo pienso que se da en todos. Para que cualquier historia funcione, el autor propone y el lector dispone. Para que un lector de *Outlander* crea que Jamie se enamora de Claire —y viceversa— , primero tuvo que creer que es posible viajar en el tiempo de 1946 a 1743 a través de unas piedras imbuidas de magia. Debe haber una comunión, un pacto entre autor y lector que va así: lector, déjame contarte una historia emocionante, dame la mano, ven conmigo hasta el punto final, créeme. Dicho de otro modo, el lector deposita la confianza en nosotros y ése es un gran compromiso que tenemos que cumplir. Sacar trucos baratos es el pecado mortal de los escritores y de su novela, pues son una falta de respeto al lector.

Los trucos baratos en la narrativa suelen referirse a técnicas o estrategias que los autores usan para tapar errores y para tomar atajos y resolver, en su trama, de manera fácil y rápida, lo que a medio camino no podían resolver con buen oficio. ¿Te acuerdas de que hablamos que la trama se debe tejer como un macramé con hilos narrativos que se atan desde la base? Imagina los trucos baratos como hilazas de feo nylon ajenas al tejido orgánico y patrón original que se insertan a medio camino para tapar feos agujeros y para amarrar, de forma artificial, los cabos sueltos. No hay manera de que no se note el parche. Si acaso el lector llega hasta al punto final, éste terminará frustrado y sintiéndose incluso engañado, aunque no sepa distinguir por qué.

La coherencia, la lógica y la cohesión: éstas son las características del relato que suspenden la incredulidad. La suspensión de la incredulidad es una parte esencial de la narración moderna. Los lectores saben reconocer que las historias que disfrutan son ficción. Saben que los acontecimientos y los personajes no son reales, incluso cuando lo parecen. Sin embargo, en las historias que funcionan, los lectores los aceptan como reales para poder disfrutar la historia. Aun en una novela con elementos fantásticos, es importante pensar en la coherencia, la lógica y la cohesión.

Estoy segura de que conoces casos de éstos; los has leído o los has visto en alguna película. Al final, sin pista o lógica alguna, el asesino resulta ser el mayordomo, por ejemplo. O se construye un personaje de manera tan artificial, que es imposible de creer. ¿Te acuerdas de algún ejemplo? Aquí van unos.

En la novela *El marciano* de Andy Weir, el personaje, Mark Watney, queda varado completamente solo en Marte. Hay quienes creen imposible que alguien sepa tanto como él, pero pienso que lo más difícil de creer de ese personaje es su aspecto psicológico: en ningún momento desespera. Nunca pierde su actitud inquebrantablemente positiva y humorística. El personaje de Watney muestra sorprendentemente poca tensión psicológica. La falta de crisis emocionales o psicológicas profundas hace que su personaje parezca menos realista, ya que el aislamiento prolongado y el estrés quizá tendrían un impacto significativo en cualquiera. Estamos hablando de una novela

muy emocionante y divertida, que al final deja al lector de buen discernimiento preguntándose sobre la credibilidad del personaje y no
sobre la credibilidad de su estancia en Marte.

Todos los aspectos de una novela contribuyen para que el lector
logre suspender su incredulidad.

Algunas lectoras, a partir del movimiento #MeToo, me han preguntado que por qué Beatriz, personaje de *El murmullo de las abejas*, no es feminista. Antes de contestar, debo aclarar, si no has leído
la novela, que en esa historia también vive un niño que habla y casi
vive como abeja. Simonopio es un personaje con poderes mágicos
muy bien sembrado (y luego bien regado) que el lector irá conociendo poco a poco, pero aceptando de inmediato: en la Hacienda La
Amistad vive un niño que habla con abejas. Perfecto. Yo lancé la invitación para suspender la incredulidad. Cuando el lector la acepta,
entonces cree que Simonopio existe y es posible.

Ahora volvamos a Beatriz: ella es una mujer de Linares, Nuevo
León, que vive en el México de 1910. No tiene ninguna característica
mágica. Es una persona muy fuerte que se levanta varias veces cuando la vida la tumba, pero no anda clamando por el voto femenino o
tratando de quitarse el corsé. Las mujeres sufragistas ya existían en
ese entonces, pero no en Linares. Si hubiera creado una Beatriz feminista habría sido imposible pedirle al lector de buen discernimiento
que suspendiera su incredulidad. Hubiera sido un artificio inútil. Más
fácil creer que existe un niño abeja que una mujer feminista de esa
época, de ese lugar y de esa clase social. Misma novela, personajes
muy distintos de semilla y cultivo muy distinto. Al final, es lo bueno,
logramos una cosecha satisfactoria tanto su autora como los lectores: ambos son personajes muy creíbles y queridos por casi todos los
lectores.

> **"** Hacer que la gente crea lo increíble no es ningún
> truco; es trabajo [...] La credulidad y la absorción
> del lector se ganan en los detalles. **"**
>
> STEPHEN KING

Los trucos baratos, la resolución artificial, son como un as que el autor se saca de debajo de la manga por desesperación o falta de pericia cuando sabe que va a perder la partida porque ya no le queda ninguna carta buena en su mazo. Se ha metido en laberintos sin solución al contar su historia y no hay manera de justificar el final que buscaba. Busca un atajo facilón. Entonces parcha por aquí con la introducción repentina de un concepto o personaje inverosímil que resuelve la trama, engoma por allá con información clave, coincidencias increíbles o soluciones que aparecen en el momento justo y sin suficiente presagio (siembra), y al final le queda un feo nudo atado con una liga. Tal vez también queda con algunos cabos sueltos y un lector frustrado. A medida que adquieras experiencia y desarrolles tu técnica, aprenderás a reconocer y evitar estos trucos baratos y, libre de pecado, escribirás historias más atractivas y cautivadoras.

Trucos baratos: una traición

Deux ex machina

- No introduzcas un concepto o persona inverosímil que resuelven la trama.

Personajes y diálogos irreales

- Personajes inconsistentes imposibles de creer.
- Diálogos disfuncionales.

Hilos tardíos, cabos sueltos

- Cuando se insertan hilos a media narración.
- Cuando al final quedan cabos sueltos.

Experimentos o poses gramaticales

- Antes de experimentar, aprende las reglas y privilegia una historia que funciona.

¿Reconoces algunos de estos trucos baratos?

- **Personajes y diálogos irreales.** Escribir personajes inconsistentes imposibles de creer por su contexto, pensamientos, acciones y diálogos poco naturales es una de las promesas más notorias que, cuando se rompen, brillan como trucos baratos.

- **Conflictos no resueltos o con resolución no creíble.** O el recurso de *deus ex machina*, que se traduce al español como "dios desde la máquina". Proviene del teatro de la antigua Grecia, en donde un problema aparentemente insoluble es resuelto de manera repentina e inesperada por la intervención de una fuerza externa, como un dios o una figura poderosa. Un ejemplo de esto se da en *Medea* de Eurípides, cuando al final de la obra Medea escapa de las consecuencias de sus actos cuando el dios del sol Helios le envía un carro, lo cual resuelve su situación de una forma que parece externa a la lógica interna de la trama.

  En la literatura moderna y el cine, *deus ex machina* se utiliza para describir situaciones en las que una solución sorpresiva y poco realista se introduce repentinamente para resolver un conflicto, lo que puede dar la impresión de ser un recurso fácil para el desarrollo de la historia. En la película *Superman* (1978), Superman gira la Tierra en sentido inverso para retroceder el tiempo y salvar a Lois Lane. Es *deus ex machina* porque esta capacidad para revertir el tiempo es introducida sin precedente y resuelve el conflicto de una manera que parece arbitraria y forzada. Y nos da pie para preguntar: ¿entonces por qué no hace eso todo el tiempo? Y... ya que retrocedió el tiempo, ¿cómo afectó esto al resto de la humanidad?

- **Hilos tardíos.** Recuerda que en una historia que funciona, como en un buen tejido, las cosas suceden en momentos bien marcados y los personajes se introducen a buen tiempo. Los hilos sueltos que se ingresan más allá del punto de no retorno en el tejido de la historia la desmoronan. ¡Se notan los parches! Esto sucede cuando el autor, más allá de la mitad de la novela, se dice: no tengo cómo resolver el conflicto; entonces se le ocurre la buena idea de meter un elemento nuevo para hacer un truco de prestidigitación. Esto dejará a los lectores preguntándose: ¿y esto de dónde salió? ¡De debajo de la manga del autor! La magia en la literatura existe, pero se teje bien y desde un principio.

- **Hilos (o cabos) sueltos.** Cuando al final quedan hilos que el autor olvidó anudar y el lector se queda desconcertado. ¿Qué pasó con esto y aquello? ¿Por qué se acabó la historia y no volvimos a saber de...? ¿Será olvido del autor o será que ya no supo resolverlo? Da lo mismo: no se vale. Los lectores invierten tiempo en una novela para ver cómo se desarrollan las cosas, por lo que proporcionar una resolución es esencial.

- **Experimentos gramaticales.** Las novelas de todos los tiempos han sido escritas con las convenciones gramaticales de sus épocas. Las convenciones han evolucionado, pero hoy todavía la mayoría de los autores exitosos se atienen a las convenciones, porque los lectores son partícipes de éstas. Podemos retarlos con nuestra narrativa, aunque, por lo general, ¿para qué distraerlos y hasta repelerlos con ocurrencias gramaticales? Creo que lo importante aquí sería lograr que los usos gramaticales en los que incurramos se noten como licencia artística y no como faltas.

Pero, otra vez, éste es un caso de que en gustos se rompen, en esta ocasión, reglas. Hay escritores, como yo, que usamos los signos de puntuación convencionales. Yo los considero unos de mis recursos esenciales, parte de mi proceso creativo. Me gusta jugar a encontrarles nuevos sitios, me gusta usarlos para que mis oraciones suenen a mí y a nadie más. La coma, los signos de interrogación y exclamación, el punto, los dos puntos y los guiones son mis instrumentos y disfruto mucho usarlos para contar muy bien mi historia.

Por otro lado, hay escritores que han resuelto prescindir casi de todos los signos de puntuación. Hay quienes lo hacen con gran maestría. José Saramago es un caso. Fernanda Melchor es otro. Les funciona, opino yo, porque lo hacen sin perder de vista que, ante todo, lo que debe brillar es una buena historia. Les funciona, además, porque creo que nadie los podría acusar de no saberse las reglas convencionales de gramática. Estoy segura de que las saben y entonces deciden romperlas estratégicamente. Con licencia artística.

Porque luego hay otros que, por imitar este estilo sin saber dominar las reglas de la gramática, pierden de vista que lo importante siempre es contar una buena historia muy bien contada.

Mi recomendación es que conozcas, practiques y domines las reglas de gramática, que en ese tema sí que las hay. Entonces, rómpelas si decides hacerlo. Como en todo lo demás de la creación literaria, las reglas se pueden romper. Sólo que, antes de romperlas, tienes que saberlas bien.

Y es que la gramática sirve para más que dar lata:

- Los signos de puntuación son una herramienta muy valiosa para el estilo al escribir.

- Antes de romper lo que no conoces bien todavía, acércate a la gramática, practícala hasta en lo cotidiano, hasta en tus mensajes de texto. Recuerda que siempre sale a la luz lo que practicas.

- Se nota —y funciona— cuando un autor sabe de gramática, pero decide experimentar con su estilo, como Saramago. Hoy hay muchos que intentan imitar ese estilo, pero una advertencia: Saramago es un gran contador de historias que funcionan y por eso el lector tiene la paciencia de encontrarle el ritmo y el sentido a su estilo.

- Se nota cuando el experimento es una afectación de imitación y el autor no tiene ni idea ni respeto por la gramática.

- Las mañas de uso y abuso de formas y palabras se contagian cuando hablamos, pero se ven peor cuando escribimos. Evítalas.

- Hay ciertas recomendaciones. Practícalas, apréndelas. Después de que las domines, decide si van con tu estilo.

Gramática: qué sí y qué no

En la escritura creativa, la gramática desempeña un papel crucial para transmitir tus ideas de manera efectiva y cautivar a los lectores. Sigue estos consejos y tu escritura se elevará.

Esto sí	Esto no
Utiliza puntuación adecuada: como comas, puntos, signos de interrogación y exclamación, para crear oraciones claras y bien estructuradas.	Uso excesivo de signos y puntuación: evita que tus oraciones sean pesadas y difíciles de leer. Hay signos que NO pertenecen al narrador.
Varía la estructura de las oraciones: combina oraciones cortas y largas para agregar ritmo y fluidez a tu estructura.	Oraciones largas sin pausa: evita oraciones excesivamente largas que puedan confundir a los lectores. Divídelas en partes más pequeñas y manejables.
Emplea un lenguaje descriptivo: con cuidado, coloca adjetivos para agregar imágenes vívidas.	Utiliza puntuación adecuada: como comas, puntos, signos de interrogación y exclamación, para crear oraciones claras y bien estructuradas.
Sé consistente en los tiempos verbales: en una oración o párrafo, a menos que tengas una razón válida para cambiarlos.	Fragmentos de oraciones: evita utilizar fragmentos de oraciones, a menos que sea intencional, para lograr un efecto estilístico.
Cuida la concordancia entre sujeto y verbo: asegúrate de que el sujeto y el verbo concuerden en número (singular o plural) para evitar confusiones.	Modificadores desubicados: coloca los modificadores (adjetivos o adverbios) cerca de las palabras que modifican para evitar ambigüedad.
Sigue las reglas del diálogo: usa guiones para el diálogo y comienza un nuevo párrafo con cada cambio de interlocutor.	Punto de vista inconsistente: mantén un punto de vista coherente (primera persona, segunda persona, tercera persona) dentro de una misma pieza de escritura.
Párrafos bien estructurados: inicia un nuevo párrafo cuando haya un cambio de tema, tiempo, lugar o interlocutor. Esto crea una presentación visual atractiva y ayuda a la legibilidad.	Redundancia: evita la repetición innecesaria o frases redundantes que no aportan valor a la narrativa.
Utiliza la voz activa: prefiere la voz activa sobre la pasiva para hacer tu escritura más atractiva y directa. Voz pasiva: fue cargado. Voz activa: lo cargaron.	Evita las mañas del lenguaje hablado: no escribas como hablas. Fíjate qué mañas se te han pegado, como usar las palabras escuchar y ocupar para suplantar oír y necesitar.
Consistencia: mantén la coherencia en el uso de ortografía, mayúsculas y elecciones de formato en toda la escritura.	No abuses de los gerundios: (la maña mayor) porque afectarás la calidad y fluidez del texto. No uses lenguaje pasivo: es lenguaje periodístico.
Edita y revisa: conócete. ¿Qué errores eres dado a cometer? Búscalos con propósito y corrígelos.	Varios: no escribas los números con número y no abrevies palabras como señora, etcétera, doctor. No uses mayúsculas para cualquier cosa. En español no se usan mucho.

Una recomendación sobre los gerundios

Los gerundios son formas verbales que terminan en *-ando* o *-iendo* (por ejemplo, "escribiendo", "corriendo", "leyendo", "cantando", en español; y en inglés las palabras que terminan en *ing*, como "writing") y se utilizan para expresar acciones en progreso o continuidad. Son formas muy usadas en el lenguaje verbal cotidiano que, sin embargo, arruinan la calidad del lenguaje escrito cuando se usan de más, cuando se hacen maña. ¡Y todos los escritores iniciamos con esa maña! Una de las reglas absolutas en mis talleres de escritores principiantes o avanzados es que no se permite el uso de gerundios cuando son maña. En especial para el narrador.

- El escritor puede llegar a creer que, al usarlos, hace de su escritura una muy accesible y amigable.

- Con los gerundios mañosos se aplana la escritura y se adquiere un sonido repetitivo y monótono.

- Un exceso de gerundios puede hacer que el texto se sienta pesado y lento.

- Los gerundios a menudo se utilizan para expresar acciones simultáneas o en progreso. Si se utilizan en exceso, la claridad de las acciones y su secuencia pueden perderse, confundiendo al lector.

- El abuso puede llevar a una escritura pasiva, donde las acciones parecen estar ocurriendo por sí mismas en lugar de ser realizadas por personajes activos. Esto puede disminuir el impacto de la narrativa y la fuerza de los personajes.

- Recomendación: revisar el texto en busca de repeticiones de gerundios y considerar si algunas de las construcciones pueden reescribirse de manera más efectiva y elevada. Buscar variedad en la estructura de las oraciones y utilizar diferentes formas verbales para expresar acciones. Prestar atención al ritmo y la fluidez del texto y eliminar aquellos gerundios que puedan ralentizar innecesariamente la narración.

Ejercicio: el siguiente ejemplo es una creación inspirada en *Harry Potter*, en la que incluí gerundios y adverbios como maña escritora. Léelo en voz alta (advertencia: puede producirte urticaria):

Harry Potter iba caminando lentamente por los pasillos de Hogwarts, cuidadosamente evitando a los estudiantes que apresuradamente se dirigían a sus clases. Avanzaba con una mezcla de curiosidad y precaución, constantemente vigilando los rincones oscuros y escuchando los murmullos de los retratos.

Inesperadamente, Hermione apareció corriendo desde la biblioteca, sosteniendo un grueso tomo. "Harry, estuve buscando y por fin he encontrado algo increíblemente útil", dijo, respirando agitadamente. "Este libro detalla los antiguos hechizos de protección, posiblemente lo que necesitamos para la próxima misión".

Mientras tanto, Ron, tranquilamente masticando una rana de chocolate, se unió a ellos, preguntando despreocupadamente: "¿Y qué hacemos ahora? ¿Nos saltamos las clases de Pociones?". Hermione, frunciendo el ceño, respondió rápidamente: "No, Ron. Primero debemos investigar más antes de actuar precipitadamente".

Trabajaron incansablemente durante horas, Harry leyendo detenidamente los antiguos textos, Hermione tomando notas meticulosamente, y Ron ocasionalmente mirando distraídamente por la ventana. Finalmente, lograron descifrar el encantamiento protector, logrando una nueva comprensión de la magia antigua.

Justo antes del anochecer, decidieron regresar rápidamente a la torre de Gryffindor, conversando animadamente sobre sus descubrimientos. Sin embargo, mientras caminaban, un ruido sordo los alertó, haciendo que se giraran inmediatamente, varitas en mano, listos para enfrentar cualquier peligro.

Afortunadamente, solo era Peeves, el *poltergeist*, riéndose estruendosamente de su nerviosismo. "¡Siempre tan fácilmente asustados, niños de Gryffindor!", dijo burlonamente, desapareciendo traviesamente a través de una pared.

Aliviados y riendo nerviosamente, Harry, Hermione y Ron continuaron su camino, seguros de que, trabajando juntos, podrían enfrentar cualquier desafío que Hogwarts les presentara.

Ejercicio continuado: ¿cuántos gerundios y adverbios tuviste que leer antes de que dijeras ¡basta!? Ya que leíste estos párrafos, borra y sustituye los gerundios y los adverbios. Un ejemplo: "decidieron regresar *lo antes posible* a la torre de Gryffindor, mientras *conversaban de manera animada* sobre sus descubrimientos". Ahora síguele tú. Cuando termines, lee los nuevos párrafos en voz alta. ¿Notas alguna diferencia?

Otras mañas comunes

En la práctica sale a la luz lo que se practica siempre. Los gerundios no son la única maña que podemos transportar del lenguaje hablado al literario. Hay otras muy comunes. Pon atención a la diferencia enorme que hay entre el verbo oír y el verbo escuchar y piensa cuántas veces dices escuchar en vez de oír, cuando no corresponde. También pon atención a la diferencia que existe entre los verbos necesitar y ocupar, y entre ver y mirar. Mi recomendación es que te quites esas mañas al hablar para que, además, salves tu escritura.

Por otro lado, para cuando llegas a este punto de tu manuscrito, ya te conoces más, ya has compartido tu obra en algún taller, ya sabes cuáles mañas son tuyas en particular. Usa los recursos técnicos que te ofrece Word para buscarlos de manera automática.

> **66** Encuentra un tema que te interese y que en tu corazón sientas que a los demás debería interesarles. Es este cuidado genuino, no tus juegos con el lenguaje, lo que será el elemento más convincente y seductor de tu estilo. **99**
>
> Stephen King

Un concepto erróneo sobre la "alta literatura"

No hay palabras mágicas, pero hay magia en las palabras.

Ya sea que quieras romper reglas de esto o de lo otro, no olvides que antes de empezar a experimentar debes asegurarte de privilegiar la narrativa para escribir una historia que funciona. Ya lo hablamos al principio de este manual: hay autores que se decantan por contar una historia para contar sus palabras o sus experimentos gramaticales. Definitivamente defiendo la libertad del escritor para seguir su instinto y su voz, por supuesto, pero recuerda: a un autor no le conviene invadir ni sonar dentro del plano de existencia de su novela. Si se mete, estorbará de varias maneras. Ya vimos varias, ahora hablemos del vocabulario.

Los autores no deben olvidarse de lo principal: que lo primordial en la literatura siempre es la historia. La historia es más importante que el autor y más importante que sus palabras "de colección". Si lo olvida, corre el peligro de que, por adornar el texto con palabras sesquipedálicas, en la errónea creencia que así es como se crea la "alta literatura", les resulten historias sin sentido y sin corazón. Carentes de los elementos necesarios para que funcionen. El resultado es que luego se sorprenden de que nadie los lee o de que nadie los comprende.

Pero ¿te fijaste lo que hice arriba? Usé la palabra "sesquipedálica" para impresionarte. Me gusta mucho esa palabra, la cual es en sí una palabra sesquipedálica, por larga y exótica. Éstas son las palabras polisilábicas, largas, o muy impresionantes. En mi tierra les llaman palabras domingueras.

¿Pero viste otra vez lo que hice? Usé la palabra y acto seguido te dije su significado. ¿Sabes por qué? Porque no quiero perderte como lector. Te comparto la palabra para que te hagas el propósito de nunca usar palabras así, nunca ser un autor sesquipedálico. Sostengo que, en general, los autores de las historias que han funcionado no han tenido la inclinación de impresionar al lector con palabrotas que tendrá que buscar en el diccionario, porque es un sinsentido.

En *El murmullo*, como un juego en este sentido, me propuse usar una palabra sesquipedálica: *clourofobia*. Por supuesto que, porque no quería perder a ningún lector, el personaje que la usa procedió a explicar el significado: fobia a los payasos. Me di permiso de hacerlo porque no fue la autora tratando de brillar, ni fue el narrador el dominguero el que la usó: fue el personaje, para contarnos que Simonopio es clourofóbico. En *Peregrinos* y en *Huracán* me fui en otra dirección: mis personajes sueltan, de vez en cuando, frases en alemán y polaco o en inglés. Hice un intento para que el lector no germanoparlante o no angloparlante se ubique en el ambiente, pero que comprenda bien lo que se dice, de manera general, sin necesidad de acudir al diccionario bilingüe.

Cuando escribo, entiendo que mi misión no es ser maestra de vocabulario. Mi primer propósito es contar muy bien una muy buena historia, y una historia se cuenta mejor cuando el autor no le impone al lector barreras para disfrutar la historia de corrido. Los que contamos historias no debemos desear encandilar al lector con nuestro vocabulario: la mejor apuesta siempre será impresionar al lector con una historia que lo lleve, de manera efectiva, a vivir en otro espacio, otro tiempo y otras vidas. ¿Crees que esto sería posible si cada varios párrafos el lector tuviera que interrumpir su lectura para consultar el diccionario? No.

George Eliot dice: "El mejor lenguaje se compone principalmente de palabras simples y poco imponentes". Las palabras son los instrumentos que los escritores tenemos a nuestra disposición para contar los eventos, pero también los aromas, los recuerdos y la esencia de algún personaje de manera evocadora. Si las usamos bien y las hilamos con maestría y certeza, las palabras comunes transmitirán lo que les pedimos. Y es que tal vez usarás unas tan simples como las que usó Cervantes en *El Quijote*, pero aun así la construcción de cada frase debe ser única. Cómo las hile el autor para darles un significado nunca antes leído y en esa combinación precisa es lo que las hará su unión especial y hasta maravillosa.

Lee este fragmento de *La fiesta del chivo* de Mario Vargas Llosa, premio Nobel de Literatura.

Era la mujer de su vida, nunca podría estar con nadie más. El apuesto Amadito había dicho estas cosas a muchas mujeres desde sus días de cadete, pero esta vez las dijo de verdad. Luisa lo llevó a conocer a su familia, en La Romana, y él la invitó a almorzar donde la tía Meca, en Ciudad Trujillo, y, un domingo, donde los Estrella Sadhalá: quedaron encantados con Luisa. Cuando les dijo que pensaba pedirla, lo animaron: era un encanto de mujer.

Amadito la pidió formalmente a sus padres. De acuerdo con el reglamento, solicitó autorización para casarse al comando de los ayudantes militares. Fue su primer encontronazo con una realidad que hasta entonces, pese a sus veintinueve años, sus espléndidas notas, su magnífico expediente de cadete y oficial, ignoraba totalmente. ("Como la mayoría de los dominicanos", pensó.) La respuesta a su solicitud demoraba. Le explicaron que el cuerpo de ayudantes la pasaba al SIM, para que este investigara a la persona. En una semana o diez días tendría el visto bueno. Pero la respuesta no le llegó ni a los diez, ni a los quince ni a los veinte días.

¿Qué te pareció? ¿Cuántas veces tuviste que abrir tu diccionario? ¿Qué acaso este premio Nobel no conoce palabras más rimbombantes, más sesquipedálicas? Te aseguro que alguien como él, como muchos autores, tiene una colección de palabras domingueras. Tenerlas no quiere decir que le conviene usarlas para contar su historia. Debemos confiar en que Vargas Llosa usó las que consideró que, al hilarlas a su manera, contarían mejor esta historia sobre un dictador caribeño. Él invirtió su mayor esfuerzo en crear personajes complejos y creíbles en una compleja y magistral estructura narrativa no lineal. Todo sin necesidad de recurrir a palabras sesquipedálicas.

Ahora lee este fragmento de *Crónica de una muerte anunciada*, de Gabriel García Márquez, también premio Nobel de Literatura.

El día en que lo iban a matar, Santiago Nasar se levantó a las 5:30 de la mañana para esperar el buque en que llegaba el obispo. Había soñado que atravesaba un bosque de higuerones donde caía una llovizna tierna, y por un instante fue feliz en el sueño, pero al despertar se sintió por completo salpicado de cagada de pájaros. "Siempre soñaba con árboles", me dijo Plácida Linero, su madre, evocando 27 años después los pormenores de aquel lunes ingrato. "La semana anterior había soñado que iba solo en un avión de papel de estaño que volaba sin tropezar por entre los almendros", me dijo. Tenía una reputación muy bien ganada de intérprete certera de los sueños ajenos, siempre que se los contaran en ayunas, pero no había advertido ningún augurio aciago en esos dos sueños de su hijo, ni en los otros sueños con árboles que él le había contado en las mañanas que precedieron a su muerte.

Aunque un poco extendido, este fragmento, del que ya hablamos antes, aparece constantemente en las listas de los mejores inicios de la literatura universal. ¿Miden acaso su valor por estar tan lleno de palabras exóticas? ¿O será que lo valoran porque lo que brilla en la sencillez del vocabulario es la creatividad para plantear una invitación a seguir?

Me gusta mucho esta cita de Charles Mingus, un connotado músico y compositor de jazz, sobre la sencillez a la hora de crear una obra: "Hacer complicado lo simple es algo fácil; hacer que lo complicado parezca simple, asombrosamente simple, eso es creatividad".

Lo que es verdad para la música es verdad en la literatura. Leer a Shakespeare da miedo a algunos porque sus obras de teatro están escritas en pentámetro yámbico, un estilo inspirado en el teatro de la antigua Grecia, el cual utilizaba varias formas métricas, incluido el trímetro yámbico para el diálogo en las tragedias. El pentámetro yámbico que usa Shakespeare es diferente en estructura, por ser la medida que convenía más en inglés para mejorar el ritmo y la musicalidad del lenguaje escénico. Hoy nos suena un poco ajeno y elevado, pero recuerda que, en su época, Shakespeare escribía para todo tipo de público: entre la audiencia podía estar tanto la reina Elizabeth I, hasta la persona menos instruida del pueblo. Pero el Bardo escribía para seducir a su público con historias emocionantes y no para impresionar con palabrotas, y es por eso que hoy siguen siendo ejemplo y gozo.

Ya decir pentámetro yámbico suena bastante sesquipedálico, pero no te asustes; si te queda alguna duda del lenguaje sencillo que construye a la mayoría de las historias que funcionan, como las de Shakespeare, te comparto este fragmento del discurso de Marco Antonio en el funeral de Julio César en la obra de Shakespeare, *Julio César*, escrita alrededor de 1599. Hoy tal vez nos suene raro el ritmo de los parlamentos, pero sus historias siguen funcionando y nos siguen cautivando. Las palabras son accesibles siempre. Y este discurso es tan genial hoy como cuando lo escribió.

> Amigos, romanos, compatriotas, préstenme sus oídos;
> he venido a enterrar a César, no a alabarlo.
> El mal que los hombres hacen perdura después de ellos;
> el bien a menudo queda sepultado con sus huesos;
> Así sea con César. El noble Bruto
> les ha dicho que César era ambicioso:
> Si así fue, fue una falta grave,
> y gravemente César la ha pagado.
> Aquí, con el permiso de Bruto y los demás
> —Porque Bruto es un hombre honorable;
> así como todos ellos, todos hombres honorables–,
> vengo a hablar en el funeral de César.
> Él fue mi amigo, fiel y justo conmigo:
> Pero Bruto dice que era ambicioso;
> —Y Bruto es un hombre honorable—…

Esto es sólo un fragmento, te recomiendo que lo leas completo cuando puedas. Verás que, con palabras simples y comunes, el autor logra construir un discurso muy inteligente, *in crescendo*, lleno de contrastes, sutil sarcasmo y "mano izquierda", y apela a lo emocional para cambiar la percepción del pueblo romano. Además, su contrastante vaivén emociona a los lectores y nos resulta totalmente plausible que, para el final, el pueblo se vuelque a favor de la memoria del asesinado César. Comprobarás que todo esto no lo logró por las palabras exóticas, ya que no las usa. La genialidad está en cómo las hiló el autor para lograr el efecto que deseaba. Para mí, en mi juventud, esta lectura fue uno de mis momentos lectores más emocionantes, ya que, además de acercarme al teatro, me inspiró a desear escribir discursos que cambiaran al mundo tal como Marco Antonio cambió a Roma.

James Kilpatrick dice lo siguiente: "Utilice palabras familiares, palabras que sus lectores comprendan y no palabras que tengan que buscar. Ningún consejo es más elemental y ningún consejo es más difícil de aceptar. Cuando sintamos el impulso de utilizar una palabra maravillosamente exótica, acostémonos hasta que el impulso desaparezca".

Cada vez que el lector se tiene que alejar del libro para abrir un diccionario, no sólo se aleja de las páginas: se aleja de nuestra narrativa y de la invitación al viaje que es leer. Se enfría el fuego.

Pero no se trata de despreciar el intelecto lector. A veces pensamos que lo elegante es lo complejo, aunque te propongo esta idea: la elegancia consiste en crear algo hermoso, con un nivel apropiado de complejidad y filigrana, para deleitar y quizá, si es necesario, desafiar ligeramente al lector. Pero es la presunción la que lo aleja. Termino esta sección con esta cita atribuida a Leonardo da Vinci: "La simplicidad es la máxima sofisticación".

Como en la música, como en el arte, igual en la literatura.

👁 Ejercicio de observación

A continuación te doy una lista de palabras selectas. Pertenecen a un fragmento de una de las novelas más famosas de la literatura, publicada en castellano en 1605.

en, esto, o, de, que, su, aquel, con, a, sobre, la, descubrir, haber, decir, ver, guiar, ser, pensar, hacer, comenzar, quitar, pensar, acertar, desear, escudero, molinos, viento, treinta, cuarenta, campo, ventura, servicio, Dios, faz, gigantes, guerra, batalla, tierra, vidas.

Con estas palabras bien hiladas nos cuenta Cervantes cuando Don Quijote y Sancho Panza descubren por primera vez a los "treinta o cuarenta molinos". ¿Cuál de éstas no conoces? ¿Cuántas veces las has leído en otras novelas? ¿Cuál de todas estas palabras has usado o vas a usar para escribir lo tuyo? ¿Cuántas veces las vas a usar? ¿Cuántas historias diversas podrías construir con éstas? Las posibilidades son infinitas y, sin embargo, *Don Quijote de La Mancha*, sólo hay uno. Así, de la historia que construyas tú, sólo habrá una.

Grandes finales

Abrir una novela con un gran comienzo hace que el lector se quede contigo a lo largo de la historia. Cerrar con un gran final puede lograr que la historia se quede para siempre en el lector y hasta que busque más de tu obra y hasta tu próxima novela. Tu cierre es la impresión final que dejas en tus lectores y puede determinar cómo se sienten acerca de toda esa historia y toda tu obra.

Antes de llegar al gran final:

- Recuerda mantener la coherencia de tu voz narrativa y tu tono a lo largo de la historia.

- Fíjate si en verdad sembraste a lo largo de la novela lo que quieres cosechar al final.

- A medida que transcurra el arco de tu historia, confía en tus instintos y termina la novela de una manera que se sienta auténtica para tu historia, que te deje ser fiel a tu visión original. Revisa tu gramática y otras mañas.

- Recuerda resolver los trucos baratos en los que quizá hayas incurrido.

- Y entonces planea un gran final.

Los grandes finales literarios

Los grandes finales perduran en la mente. Dejan a los lectores en un estado de catarsis que puede durar días después de haber terminado tu historia. Es una de las razones por las que las personas terminan con resaca literaria. Esencialmente, un gran final tiene tres cosas: una resolución, un elemento sorpresa y una transformación. Aquí algunos de sus posibles logros:

- Logran impacto emocional. Escoge un final emocionalmente resonante que deje a los lectores sintiendo algo, ya sea alegría, tristeza, esperanza o satisfacción. Provocar emociones hará que el final sea memorable.

- Revelan sorpresa o giro (si son apropiados y están bien ejecutados). Considera incorporar un giro sorprendente si se siente natural para la historia. Sin embargo, evita giros únicamente para causar impacto si no sirven a la narrativa (truco barato).

- Reflexionan sobre el viaje. Tómate un momento para reflexionar sobre el viaje que han recorrido los personajes y los desafíos a los que se han enfrentado. La historia debe terminar con los personajes habiendo experimentado un desarrollo de personaje. No deben ser las mismas personas que eran al comienzo de la historia. Este cambio indica que el viaje que atravesaron tuvo un efecto. Esto da profundidad y significado a la conclusión.

- Ofrecen catarsis. Le dan a los lectores una sensación de catarsis donde sienten una liberación de tensión y emoción después de la resolución de los conflictos.

- Evitan la sobreexplicación. Si bien es importante proporcionar cierre, evita sobreexplicar cada detalle del final. Deja espacio para que los lectores utilicen su imaginación y saquen sus propias conclusiones.

- Dan una gran última imagen o línea. Para cerrar con broche de oro, y para dejar al lector sin aliento o con mucho que pensar, termina con una imagen final impactante o una línea de cierre memorable que perdure en la mente de los lectores.

Consejos para escribir el final perfecto

Como escritor, es de tu interés escribir el final que se ajuste a tu historia. Pero finalizar una historia es tan difícil como comenzarla. O incluso más.

Aquí hay algunos consejos que puedes usar para crear el final perfecto para tu historia.

- **Descubre y luego ten en mente tu pregunta central.** En el centro de cada historia hay una pregunta que se busca responder. Ésta es la fuerza impulsora detrás de tu trama. Comienza el conflicto y lleva a los personajes a un viaje significativo que termina en éxito, derrota o cambio. Recuerda, el comienzo de una historia hace una promesa; el final es donde la cumple. Responder a la pregunta central asegura que tus lectores sientan que valió la pena seguir hasta la última página.

- **Asegúrate de que los eventos conduzcan a un final creíble.** Insisto e insistiré con esto. Lo que más odian los lectores es un final ridículo. Dedicar tiempo a leer eventos que consideran significativos para la historia, sólo para ser sorprendidos por un final que no encaja, los frustra. Esto es un *deus ex machina*, y uno de los grandes pecados mortales, ¿recuerdas? Asegúrate de que tu trama signifique algo y que no deje huecos. Cualquier cosa que suceda dentro de la narrativa debe construirse hacia un final satisfactorio.

- **Usa todo lo que tengas a tu disposición.** De cierto modo, el último capítulo es más importante que el primero. Es donde dejas una impresión duradera en tus lectores. Toma en cuenta las emociones que has estado construyendo a lo largo de la narrativa. Considera los eventos que conducen al clímax y pregúntate qué sentirán y recordarán los lectores después de terminar tu libro.

- **Asegúrate de dejar a tus lectores con una imagen o una frase poderosa.** A menudo, esta imagen responde a la pregunta central de tu historia.

- **Deja algunas cosas sin decir.** Piensa en el subtexto y permite que los lectores lleguen a sus propias conclusiones. Al no incluir todos los pormenores, liberarás tu narrativa de cosas que pueden entorpecerla. Ahora tienes espacio para los detalles más importantes del final.

> **❝** El desenlace de una historia debe ser un eco
> que resuene en la mente del lector mucho tiempo
> después de haber terminado de leer. **❞**
>
> Margaret Atwood

Tipos de finales

En cierto sentido, una historia se define por su final. Todo lo que sucede lleva a la conclusión, y es lo que la gente recordará más. A continuación se presentan seis posibles formas de finalizar tu historia.

1. **Final resuelto**

   En un final resuelto, todas las preguntas son respondidas y no quedan cabos sueltos. No hay espacio para la continuación, ya que todo ha sido presentado claramente al lector. Éste es quizá el final más común en la literatura. Pero un final resuelto no siempre significa un final feliz. Lo que importa es que la historia brinde a los lectores un cierre satisfactorio.

   Ejemplo: en *Crimen y castigo* de Fiódor Dostoyevski, Rodion Raskólnikov es un estudiante que comete un asesinato y lucha con la culpa y la redención. Al final, Raskólnikov se entrega y encuentra la paz a través del arrepentimiento.

   Éste es sólo un ejemplo de novelas con final resuelto. Cada una de esas obras proporciona una conclusión satisfactoria a sus respectivas tramas, dejando al lector con una sensación de cierre y satisfacción.

2. **Final no resuelto**

   Los finales no resueltos dejan a la audiencia con más preguntas que respuestas. Existe cierto grado de resolución, pero los lectores quedan con ganas de más de la historia. La versión más popular de esto es el *cliffhanger*. Las series de libros utilizan este tipo de final para motivar a los lectores a seguir leyendo el siguiente libro.

   Ejemplo: *Los juegos del hambre* de Suzanne Collins termina con Katniss y Peeta ganando los juegos, pero la tensión sigue siendo alta cuando regresan a casa, con la Capital y el presidente Snow como amenaza presente y futura.

3. **Final inesperado**

   Un final inesperado es aquel que sorprende a tu audiencia. Algunos son sutiles e ingeniosos, mientras que otros te harán enojar. Lo importante es que sea algo que nunca esperaron que sucediera. Los finales sorprendentes son buenos para jugar con las emociones de tu audiencia, pero también conllevan riesgos significativos.

   Las personas apreciarán el esfuerzo que hiciste para ocultar el final, pero aun dejando suficientes detalles en la trama para justificarlo. Pero también podría arruinar la historia para ellos.

   Ejemplo: *El nombre de la rosa* de Umberto Eco es un gran ejemplo de este tipo de final. Ambientada en una abadía medieval, esta novela sigue al monje franciscano Guillermo de Baskerville mientras investiga una serie de misteriosos asesinatos. El final revela una verdad inesperada que cambia la percepción de los acontecimientos anteriores. ¡Pero funciona muy bien!

4. **Final ampliado**

   Un final ampliado, también llamado epílogo, muestra una escena que va más allá de los eventos de la propia historia. A menudo avanza en el tiempo y explica qué les sucede a los personajes principales años después. Los escritores lo usan para hacer un comentario final. A veces es para responder a una pregunta que no puede ser respondida en la trama principal. Como si la hija gravemente enferma del protagonista sobrevive y se gradúa de la universidad. Otras veces es para recompensar al lector mostrándole el destino de los personajes que han llegado a amar. Les dice que las batallas que estos personajes han atravesado no han sido en vano.

   Ejemplo: *La ladrona de libros* de Markus Zusak hace esto. Un ataque aéreo mata a todos en el libro, excepto a la joven Liesel. Años después, muere como una anciana, rodeada de familiares y amigos. La muerte viene a recoger su alma y conversan brevemente sobre la naturaleza de la humanidad.

En *Peregrinos* también dejo un final ampliado: recorremos brevemente la vida de posguerra de Arno e Ilse hasta su adultez y su destino final.

5. Final ambiguo

Un final ambiguo sugiere cómo posiblemente termine la historia. Deja suficientes detalles para que los lectores imaginen por sí mismos lo que sucede después de la escena final. No hay una respuesta correcta o incorrecta, ya que los lectores pueden llegar a diferentes conclusiones. Todo depende de cómo decidan explorar la información dada. Como tal, pueden reflexionar sobre cómo podrían haber terminado las cosas mucho después de haber dejado el libro. Es similar a un final no resuelto, pero en lugar de hacer que los lectores esperen respuestas, lo deja abierto a la interpretación.

Ejemplo: en el final de *The Giver*, la novela distópica juvenil de Lois Lowry, Jonas escapa de su comunidad distópica y salva a un bebé llamado Gabriel. Es posible que Jonas haya encontrado una familia fuera de su comunidad que pueda ayudarlos. Jonas escucha música, que está prohibida en su sociedad. "Pero tal vez fue solo un eco", dice la última línea de la novela. Dependiendo de su interpretación, Jonas y Gabriel han encontrado refugio o mueren congelados en la nieve, alucinando. La gente todavía debate el final en las redes sociales.

En *The Bell Jar* de Sylvia Plath, al final, Esther se somete a terapia de electroshock para tratar su depresión. El libro termina justo cuando entra a una habitación con sus médicos, quienes decidirán si está lista para ser dada de alta. La última línea simplemente dice: "Entré en la habitación".

Es el caso del final de *El murmullo de las abejas*. No quedan cabos sueltos, pero ¿qué pasó? ¿Se encontrará Francisco con Simonopio por fin?

6. Final conectado o circular

Un final conectado es aquel que cierra el círculo, terminando donde comenzó originalmente. En pocas palabras, revela el final antes de llenar los detalles de cómo llegó a ser así. Los escritores pueden declararlo explícitamente o esconder la revelación hasta el último segundo. Esto puede eliminar algunas sorpresas para el lector, pero los hace curiosos sobre cómo un personaje llegó a estar en una situación particular. A medida que se revelan los detalles, comienzan a formar una imagen coherente de lo que ha sucedido. En cierto sentido, este tipo de final es más fácil de escribir, ya que conoces la dirección hacia la que se dirige la historia. Sin embargo, los eventos en el medio deben ser lo suficientemente cautivadores como para mantener a la audiencia leyendo una historia cuyo final ya conocen.

También se puede describir así el final de *Peregrinos*. Empieza la novela por revelar que Prusia desaparecerá "en un bautizo de fuego". En eso no está el misterio de la novela; la aventura radica en el peregrinaje de los personajes hacia la salvación y en saber lo que perderán —o conservarán, si acaso algo— en el camino. El final nos regresa de cierto modo al principio:

> Ahí echarían raíces imposibles de trozar. Ahí, sus nietos, hijos del ámbar e hijos del maíz, guardarían como herencia estos cuentos y estos recuerdos de aquella lejana tierra cuyo nombre fue borrado para siempre de los mapas tras un bautizo de fuego.

7. Círculo completo

Otro caso —muy famoso— es *Crónica de una muerte anunciada*, en la que, desde el principio, el lector sabe lo que pasará porque el narrador destripa el desenlace desde el título de la novela. Lo importante en esa lectura es enterarnos de cómo pasará todo lo que debe pasar, para llegar al final cuando suceda lo que está anunciado desde el principio.

Al terminar tu novela

¿Qué final tendrá tu novela? Eso lo averiguarás. Escríbelo bien. Gózalo, revísalo, edítalo.

- Aléjate del teclado una semana. Descansa. Refresca tu mirada.

- Regresa dispuesto a leerla desde el principio y a notar errores que ya no veías.

- Mientras tanto, manda tu obra a registrar a derechos de autor; no tiene que estar perfecta.

- Escoge tres o cuatro lectores beta, amigos de confianza bien asertivos y buenos lectores, dales tu manuscrito impreso con una pluma de tinta roja. Exígeles que lean con cuidado y con la pluma dispuesta a marcar cuanto error vean.

- Cuando recibas retroalimentación de tus lectores beta, recuerda: no los odies. Dedícate a revisar y editar.

- Mientras esperas, haz la tarea: investiga sellos editoriales que publiquen tu género. Esto es muy importante. Muchos autores cometen el error de mandar, por ejemplo, su novela de ciencia ficción a una editora que atiende sellos de romance. No desperdicies tu energía y luego tu buen ánimo cuando no recibas respuestas.

- Entonces manda tu manuscrito a los sellos de tu elección (pero a un ser humano). ¡Primero hay que enamorar al editor!

- Investiga otras maneras de publicar: los concursos para nuevos talentos son buena opción. Estudia bien las bases y las fechas del concurso. Otra forma de hacerlo es mediante la autopublicación. Cada una de estas opciones ofrece diferentes ventajas y desventajas.

- Recuerda: aun si te decides por la vía de la autopublicación, busca el apoyo de un editor profesional independiente. Esa novela que crees perfecta porque la escribiste tú, no lo está. No te apures, es normal que tus ojos ya no vean el error de dedo o la frase que queda incomprensible para ojos frescos. Nos pasa a todos. Cualquier novela que se publica ya ha pasado por varias etapas de edición profesional. Si ese autor que admiras tanto tiene un editor a quien respeta y hace caso, ¿por qué no has de necesitarlo tú? No escatimes en tiempo y esfuerzo en la recta final: edita bien. No hay nada más triste que leer una novela autopublicada y no poder pasar de las primeras líneas.

• Ten paciencia: estas decisiones tardan. Mientras tanto, empieza tu siguiente novela. Y ya verás...

El respeto al lector

La libertad es un misterio literario, pero es real. Tan es real y necesaria para el autor que ha encontrado su propia voz para contar sus historias como para el lector que acepta o no la invitación al viaje que puede significar un buen libro. Los lectores son —somos, porque antes de ser escritores ya éramos y seguimos siendo lectores— libres de fijarnos en ciertos aspectos de una novela e ignorar otros; somos libres de leer con buena voluntad o no, de suspender la incredulidad o no; somos libres de que, con una lectura, haya cambios que obren en nosotros o libres de tomar la decisión de permanecer impenetrables, insensibles. Todo esto sucede en la soledad más profunda: en el interior de la mente de cada individuo lector al cual nadie le puede ordenar que piense, sienta o concluya alguna cosa. Y por eso hay tantos gobiernos de tantas épocas que han buscado quemar libros: ¡para controlar el pensamiento libre!

Cuando tu historia ya esté publicada, cuando ya haya llegado a las librerías o cartelera y luego cuando sepas que ya está en manos de los primeros lectores, vas a sentir algo de incertidumbre y hasta miedo. Ya mandaste tu mensaje y necesitas que el receptor responda para iniciar una verdadera comunicación. Pero hay un momento en el que sólo hay silencio. Este lapso se siente como flotar en un vacío donde podríamos encontrar una de dos: o alas para volar o plomo para caer. ¿Cuál de estas opciones es para ti?

Has dedicado mucho tiempo y has invertido hasta el corazón para elaborar un mensaje que acabas de mandar al mundo, y todavía no te responden los receptores. Y ¿quiénes son los que van a recibir tu obra? Y rondas por tu casa. ¿Cómo la van a recibir? Y meces la primera copia impresa de tu título. ¿La entenderán con profundidad? Y sigues con tus rondas mientras meces tu obra. ¿Les gustará tu mensaje? Y empiezas a preguntarle a quien se deje. ¿Les gustará tu novela/película/obra? ¿Les gustará? ¿LES GUSTARÁ?

Los que escriben teatro la tienen más fácil: se colocan tras bambalinas a escuchar la obra, pero también las reacciones espontáneas del público. Los que hacen cine tienen su *première* y ya salen de ahí con buena noción. Nada más sabroso que oír suspiros o carcajadas en vivo en el momento preciso cuando tú, al escribir, suspiraste o te carcajeaste. Los novelistas la tenemos más difícil: toma tiempo leer una novela y nunca veremos a los lectores reaccionar en vivo. Pero un día empezarán a llegar los comentarios y más en este mundo lleno de plataformas —tal como Goodreads—, creadas para que los lectores puedan reseñar, recomendarse libros, lanzar piropos a tu novela o lanzarle piedras.

Están en su derecho.

Nunca te olvides de respetar al lector y a su libertad. Recuerda que la escritura es un proceso creativo, y, como hemos dicho varias veces, en gustos se rompen géneros (cliché, por cierto, pero muy cierto). No hay novela que guste absolutamente a todos los lectores. Siempre habrá el lector que diga que le encantó al lado de otro que diga que no le gustó nada. Uno al que un libro lo mueva hasta las lágrimas y otro al que el mismo maravilloso libro no le diga nada. Uno que lanza piropos (ojalá que sean los más) a lado de otro que lanza piedras (ojalá que sean los menos).

¿Cuál de ellos está en lo correcto? Todos.

Puede haber muchas razones por las que un lector no conecte con una historia, por más bien contada y editada que esté. Será que la historia no es la correcta para el lector o que el lector no es el apropiado para dada historia. Será que el momento no es el ideal para el encuentro del lector con la historia que le cuentas o cómo se la cuentas. No importa. Tu historia ya salió al mundo, está fuera de tus manos y tu obra ya les pertenece a los que la reciben. La reacción que tengan es propia de cada uno y ésta también está fuera de tus manos. Lo que no está fuera de tus manos es cómo tomas y reaccionas ante las alabanzas y ante las críticas negativas.

En México hay una canción muy antigua, pero muy sabia, que dice: "no soy *monedita de oro, pa' caerle bien a todos*". Tampoco tu novela, ni ninguna novela de la historia de la literatura, es monedita de oro. Piensa en la novela más laureada y vitoreada que conozcas, y te aseguro que también tendrá sus detractores, aunque sean los menos o aunque no se atrevan a confesarlo en voz alta. Te aseguro que hasta la catalogada por los críticos como "novela imprescindible" encontrará lectores que digan que sí pueden vivir sin haberla leído. La belleza —y la perfección— radica, al final, en la libre mirada lectora.

Tal vez vas a escribir la mejor novela de la década o "el descubrimiento literario del año", como tuve la gran fortuna de que fuera nombrado mi *Murmullo*, o hasta la nueva novela clásica e imprescindible, pero eso no quiere decir que todos los lectores están obligados a amarla. Hay quienes dicen que ni siquiera Simonopio les "dijo" nada. Hay quienes dicen que el principio es malo, otros que la parte del centro es mala y otros más que dicen que el final es lo malo. Hay quienes opinan que debería de borrar cien páginas. La mayoría de los lectores de todo el mundo, para mi fortuna y mi coincidencia, dice que le encanta todo de la novela.

¿Entonces? Lo que te puedo recomendar es encontrar tu voz como escritor y tomar en cuenta todos los elementos que tienen las historias que han funcionado a lo largo de la historia de la literatura para encontrar lectores para la tuya. ¡Gózalos! ¡Agradécelos! Pero comprende que, aun así, habrá quienes no te den buena reseña.

Duele, no lo podemos negar, pero ¿cómo se cura esa herida? ¿Debes "colgar la pluma"? ¿Debes entregarte al despecho y a la autoflagelación? ¿A dudar de ti y de cada palabra que escribiste?¿Debes abrazarte a ese fenómeno llamado síndrome del impostor? No. Al contrario. Si cuando escribiste le entregaste todo lo que tenías que dar a tu narrativa, si le entregaste el corazón, la tripa y tus pensamientos, si, al terminar, ya bien editado tu texto, quedaste satisfecho de haber logrado, a tu entera satisfacción, tu propósito, ya con la novela publicada cántate así: no soy monedita de oro, pa' caerle bien a todos... y festeja la libertad del lector.

Un último consejo y una última cita de mi colección

A lo largo de este manual, hemos hablado de lo técnico, de lo estratégico, de la estructura, de equilibrio y de fórmulas que no existen. Todo esto lo teníamos que hablar y ojalá que lo tomes en cuenta para ayudarte a contar una historia que funciona.

Pero tengo que terminar con esta cita de Frost, que encontrarás al final de esta sección y de este manual. Cuando la encontré resonó en mí como una gran verdad. Yo ya estaba escribiendo *El murmullo de las abejas* y antes ya había escrito *Huracán* (en su primera versión), pero sabía que lo que Frost dijo de manera tan sencilla era algo en lo que yo creía y aplicaba de forma instintiva cada vez que me sentaba a escribir.

Hoy sostengo que escribir así es la razón por la cual me escriben o me dicen tantos lectores que vivieron en mi historia, que vivieron las vidas de los personajes, que se enojaron, que se enternecieron, que lloraron mares, que rieron a carcajadas, que los desvelé, que comprendieron algo nuevo. Y me preguntan ¿cómo le haces, Sofía? Y yo contesto que al escribir yo viví la vida de mis personajes, que me enojé, que me enternecí, que lloré a mares, que reí a carcajadas, que me desvelé y que comprendí algo nuevo. Y luego les digo: gracias por acompañarme, porque siempre tengo en cuenta que es prerrogativa del lector dejarse llevar lejos en tiempo, espacio y vida.

Si acaso hay alguna fórmula en la creación literaria es ésta: sin perder de vista lo técnico y lo estratégico y demás, déjate llevar por tu propia historia como si fueras el primer lector. Escribe siempre con pasión, sin miramientos, sin escatimar. Esto es algo que aplico siempre, hasta al escribir este manual, en el cual espero que hayas percibido mi pasión por el tema.

Pues esto debe llevarse a su máxima intensidad al crear historias de ficción.

Los lectores de ficción tenemos un súper poder que ni la ciencia ni la magia han podido igualar o recrear: al leer podemos viajar en el tiempo, dejar el cuerpo atrás y convertirnos al instante en alguien diferente si logramos suspender la incredulidad. Sólo así logramos vivir una cantidad infinita de vidas dentro de las páginas de los libros. Ésa es la mayor satisfacción que nos da la lectura a los ávidos lectores: un escape que sintamos real.

Y sé que te estoy hablando de magia y súper poderes fantásticos y que tal vez te suenan a esoterismo, pero aterricemos un poco este fenómeno que se ha comprobado científicamente. Existen estudios de psicología cognitiva sobre cómo la lectura vívida afecta la memoria y la experiencia general del lector. Las investigaciones muestran que la imaginería mejora la retención de la memoria. Cuando los lectores crean imágenes mentales detalladas de las escenas que leen, es más probable que recuerden el contenido de manera similar a cómo se procesan las experiencias reales, pues su cerebro las procesa como experiencias reales. Del mismo modo, se ha comprobado que un contenido cargado de emociones tiende a recordarse mejor que un contenido neutral. Así es como se asegura el compromiso emocional del lector, la transportación narrativa y la relevancia personal que mejora la retención en la memoria porque ha sentido lo que ha leído.

Si ya eres lector, si ya sabes lo que se siente tener esa experiencia fuera de tu cuerpo que se instala en tu imaginación y a veces hasta en tu corazón, ¿por qué no querrías ejercitar ese súper poder al escribir?

No les des a tus personajes sentimientos que no te atrevas tú a sentir. Vive sus vidas, sumérgete en su mundo con todos tus sentidos, huele los aromas, siente todos los sentimientos, llora las lágrimas, ríe las risas, ama como ama un *Homo fictus*, muérete de miedo con el miedo, odia con todo el odio y verás que lograrás transmitirlo a tus lectores. Lograrás que acepten tu invitación al viaje y que suspendan la incredulidad. Y que se atrevan a sentir contigo. Escribe con absoluta honestidad y déjate sorprender por lo que encontrarás primero tú y luego tus lectores. Porque primero tienes que creerlo y vivirlo tú para que luego ellos lo crean y lo vivan.

Así es como lograrás una comunión con la mayoría de tu público (lector o espectador). Lograrás que los lectores te encuentren a medio camino y que luego esparzan la buena noticia de haber recibido un mensaje maravilloso en forma de historia que no pueden olvidar.

Lograrás contar una historia efectiva e inolvidable.

❝ Si no hay lágrimas en el escritor,
no hay lágrimas en el lector.
Si no hay sorpresa en el escritor,
no hay sorpresa en el lector. **❞**

ROBERT FROST

Obras y autores mencionados en este manual

Para adultos

- *1984* de George Orwell

- *Fahrenheit 451* de Ray Bradbury

- *El cuento de la criada* de Margaret Atwood

- *Un mundo feliz* de Aldous Huxley

- *Historia de dos ciudades* de Charles Dickens

- *El código Da Vinci* de Dan Brown

- *Crónica de una muerte anunciada* de Gabriel García Márquez

- *Cometas en el cielo* de Khaled Hosseini

- *Orgullo y prejuicio* de Jane Austen

- *Crimen y Castigo* de Fiódor Dostoyevski

- *Si esto es un hombre* de Primo Levi

- *Bright Lights, Big City* de Jay McInerney

- *Don Quijote de La Mancha* de Miguel de Cervantes

- *La epopeya de Gilgamesh*, Anónimo

- *Macbeth* de William Shakespeare

- *Matar a un ruiseñor* de Harper Lee

- *Los miserables* de Victor Hugo

- *El señor de los anillos* de J. R. R. Tolkien

- *El gran Gatsby* de F. Scott Fitzgerald
- *La metamorfosis* de Franz Kafka
- *Canción de hielo y fuego (Juego de Tronos)* de George R. R. Martin
- *La odisea* de Homero
- *El murmullo de las abejas* de Sofía Segovia
- *Huracán* de Sofía Segovia
- *Peregrinos* de Sofía Segovia
- *Romeo y Julieta* de William Shakespeare
- *Julio César* de William Shakespeare
- *Hamlet* de William Shakespeare
- *El extraño caso del Dr. Jekyll y Mr. Hyde* de Robert Louis Stevenson
- *Moby Dick* de Herman Melville
- *Edipo Rey* de Sófocles
- *Sherlock Holmes* de Arthur Conan Doyle
- *Emma* de Jane Austen
- *El viejo y el mar* de Ernest Hemingway
- *Fiesta* de Ernest Hemingway
- *Guernsey Literary and Potato Peel Pie Society* de Mary Ann Shaffer y Annie Barrows
- *El jorobado de Notre Dame* de Victor Hugo
- *Cold Mountain* de Charles Frazier
- *Jane Eyre* de Charlotte Brontë
- *La noche de Tlatelolco* de Elena Poniatowska
- *Cien años de soledad* de Gabriel García Márquez
- *Heart of Darkness* de Joseph Conrad

- *Animal Farm* de George Orwell
- *La naranja mecánica* de Anthony Burgess
- *El nombre de la rosa* de Umberto Eco
- *La ladrona de libros* de Markus Zusak
- *The Bell Jar* de Sylvia Plath
- *Dune* de Frank Herbert
- *The Road* de Cormac McCarthy
- *El nombre del viento* de Patrick Rothfuss
- *Outlander* de Diana Gabaldon
- *El guardián entre el centeno* de J. D. Salinger
- *La biblia envenenada* de Barbara Kingsolver
- *Anna Karénina* de León Tolstói
- *Our Souls at Night* de Kent Haruf
- *En el tiempo de la mariposas* de Julia Álvarez
- *American Psycho* de Bret Easton Ellis
- *Outlander* de Diana Gabaldon
- *Ensayo sobre la ceguera* de José Saramago
- *Temporada de huracanes* de Fernanda Melchor

Juveniles

- *El jardín secreto* de Frances Hodgson Burnett
- *Los juegos del hambre* de Suzanne Collins
- *El principito* de Antoine de Saint Exupéry
- *Matilda* de Roal Dahl
- *Harry Potter* J. K. Rowling (toda la saga)

- *Huckleberry Finn* de Mark Twain
- *Un cuento de Navidad* de Charles Dickens
- *Nosotros* de Yevgeny Zamyatin
- *The Lion, the Witch and the Wardrobe* de C. S. Lewis
- *Twilight* de Stephenie Meyer

Libros de referencia

- *On Writing* de Stephen King
- *The Lie that Tells a Truth* de John Dufresne
- *Techiques of the Selling Writer* de Dwight V. Swain
- *The Hero with a Thousand Faces* de Joseph Campbell
- *Aspects of the Novel* de E.M. Forster

Películas o series

- Citizen Kane
- The Shawshank Redemption
- The Usual Suspects
- La guerra de las galaxias
- The West Wing
- The Newsroom
- The Social Network
- Gilmore Girls
- The Marvelous Mrs. Maisel
- Titanic
- El rey león

Agradecimientos

Todos los días recuerdo todo lo mucho que tengo que agradecer, pero aprovecharé este espacio para dejar casi escrito en piedra mi aprecio.

Antes que nada, debo agradecer a Eloísa Nava, mi grandiosa editora, su paciencia y su fe. Cuando le dije que antes que la novela —¡sorpresa!— había escrito este manual, sé que tomó aire, pero acto seguido me dijo, va, vamos, iremos, ¡y aquí estamos! Gracias también al gran equipo de Penguin Random House por creer y apoyarme en esta faceta mía.

Si ya leíste el manual, sabes que escribirlo me sacó de una especie de bloqueo, gracias a la oportunidad de dar un taller online. Necesitaba el empujón y el jalón que me dio el gran equipo de Seek Comunicación, Cristina Canales y Alejandro Ordoñez. ¡Gracias por eso! Además, agradezco que, cuando les dije que unos "folletitos" se convertirían en un libro, no dudaron y me ayudaron a que tomara orden y forma, aunque éste creciera y creciera.

Notas

Esta obra se terminó de imprimir
en el mes de noviembre de 2024,
en los talleres de Impresora Tauro, S.A. de C.V.
Ciudad de México.